커피 향미의 시작
그린커피

커피 향미의 시작

그린커피

신혜경 지음

 서 문

커피시장이 급성장하면서 그린커피의 수입 평균 가격이 2004년 8천 7백만 달러를 넘어섰고 전년 대비 꾸준한 성장을 하고 있다. 국내 커피점 개업도 1만 5천 개 이상으로 증가하고 있다. 고객의 커피 취향이 고급화되고 니즈가 다양해짐에 따라, 커피 시장은 새로이 개발된 다양한 가공법으로 색다른 향미를 나타내는 스페셜티 커피를 찾는 부류와 가성비에 집중하여 저가이면서도 먹을 만한 커피를 찾는 부류로 양분화되고 있는 시점이다.

커피가 일상생활 속의 문화로 자리잡으면서 '커피 오마카세'까지 등장하고 있다. 마케팅 차원에서도 커피 향미의 차이를 더욱 강조하고 있으며, 심지어 스페셜티 커피를 넘어 하이엔드급 커피를 찾고 있다. 다양한 발효기법을 사용한 인퓨즈드(infused) 커피와 여러 가지 향신료나 향미를 가미한 가향(flavered) 커피가 선풍적인 인기를 끌고 있다. 이제는 프리미엄 커피로 유명한 게이샤 품종의 커피도 여러 산지에서 많은 양이 생산되면서 우리 주변에서 비교적 쉽게 접할 수 있는 고급 커피가 되었다.

커피를 공부해 온 나로서는 커피 맛이 다양하며, 이 다양한 커피 맛은 만드는 사람의 손맛뿐만 아니라 사용하는 재료에 따라 크게 달라진다는 것을 알고 있다. 아무리 손기술이 뛰어난 사람이라 하더라도 재료가 좋지 않으면 감탄할 만한 맛을 만들어 낼 수가 없는 것이다. 하지만 현재 진행되고 있는 커피 교육은 커피 추출과 로스팅 기술 및 서비스 기술에만 치우치는 경향이 있다. 그러

다 보니 커피를 배우고자 하는 학생들에게 사용하는 재료의 중요성을 깨닫고 그 재료를 의도에 맞게 선별하고 찾아내는 안목을 길러주지는 못하고 있는 실정이다.

한편, 우리 주변을 둘러보면 로스터리 카페가 점점 더 많이 생겨나고 있는 것을 알 수 있다. 그만큼 로스팅을 실현할 줄 아는 로스터리가 늘어나고 있다는 의미이고, 이는 더더욱 볶을 재료, 즉 그린커피에 대해 상세히 잘 알고 목적에 맞게 그린커피를 선별하여 로스팅을 할 줄 아는 실질적인 교육이 절실히 요구된다는 것을 말해준다.

이제부터는 커피 시장에 맞춰 커피 추출과 서비스 등의 실무 교육과 더불어 커피의 기본 재료인 그린커피까지 섭렵할 수 있는 광범위하고 깊이 있는 교육이 필요한 때이다. 특히 커피 관련 아카데미에서는 '그린커피'란 새로운 교과목으로 그린커피에 대한 광범위한 지식뿐만 아니라 실습까지 경험할 수 있는 학습 환경을 마련해 줄 때이다. 이를 위한 보탬이 되고자 커피 관련 아카데미에서 그린커피 교육에 쉽게 다가설 수 있도록 보조 자료로 활용할 수 있는 이 책을 쓰게 되었다.

책을 구성하기 위하여, 먼저 국내외의 커피 관련 문헌 속에서 그린커피에 관한 내용을 탐색한 후에 주된 집필 내용과 목차를 구상하며 정리해 나갔다. 여러 차례의 수정을 거쳐 메인 목차를 정립하고 하나하나의 항목에 내용을 채워

나가는 형식이다. 그린커피 초판은 2012년 '그린커피' 논문 작성을 위해 모아 두었던 자료와 원서들을 기반으로 집필하였고, 두 번의 발리 커피 농장 체험, 미국 동서부 커피 투어, 제주 커피 농장 투어, 하와이 커피 농장 투어, WCE 세계 커피대회 현장을 토대로 축적한 자료와 사진들을 사용하였다. 개정판에는 최근 커피 시장에서 이슈가 되고 있는 다양한 발효 가공법, 국제커피기구(ICO)의 역사와 역할 등을 추가하였다.

책의 구성은 수업에 적합하도록 각 챕터마다 초입에 수업 목표를 알려주고, 그에 관한 내용을 제시하고 정리한 형식이다. 또한 이해를 돕기 위해 그린커피에 관련된 용어나 자료를 재해석해 정리하였고 주요한 내용은 반복하여 개념을 제시해 주었다. 그린커피는 각 생산국의 그 해 작황과 사용하는 재배 및 가공 방법에 따라 많이 좌우되므로, 각국의 다양함에만 치우치기보다 그린커피에 대한 근본을 알 수 있는 이론적 배경, 즉 품종, 재배, 수확, 가공, 포장 및 저장에 대해 제시하여 설명하려고 노력하였다.

이 모든 노력이 닿아 책을 펼친 독자들이 커피의 본질이자 향미의 원천인 '그린커피'를 이해하고 커피를 즐길 수 있게 된다면 그 이상의 보람은 없을 것이다.

2025년 4월
신혜경

목 차

목 차

 목 차

-1장-

그린커피의 이해

◑ 그린커피, 로스팅, 추출, 즐기기의 유기적인
　관계를 알아본다.
◑ 그린커피의 향미 결정 요소를 살펴본다.
◑ 그린커피의 품질 및 향미를 구별해 본다.

1 한 잔의 커피 만들기

커피는 물과 만나 커피의 성분이 녹아나와 향과 맛을 지닌 액체로 추출되는 것이다. 제대로 된 커피 한 잔을 마시기 위해서는 다양한 로스팅 방법으로 그린커피(Green coffee bean, 커피생콩)[1]를 볶아서 여러 가지 방법으로 추출하는 일련의 과정을 거치게 된다. 나아가 입맛에 맞는 제대로 된 커피 한 잔을 만들기 위해서는 많은 노력이 들어간다.

커피를 만드는 방법 중에 최고의 해법이란 없다. 다만, 즐기려는 기호에 맞춰 다양하게 향미를 낼 수 있다는 점이 매력적이다. 커피를 만드는 사람의 기호, 각기 다른 추출 방법과 숙련된 기술에 따라 커피의 향미는 다양하게 변주할 수 있기 때문이다.

한 잔의 커피를 만들 때는 다양한 요소를 고려해 보아야 한다. 첫 번째는 어떠한 맛을 가진 커피를 만들 것인가이다. 사용하는 재료인 그린커피는 와인과 같이 독특한 고유의 향기와 맛을 지니고 있어서 원하는 기호에 따라 선택하여야 한다.

두 번째는 선택한 그린커피를 어떻게 볶을 것인가이다. 그린커피 고유의 특성을 어떻게 발현시키는가에 따라 커피 향미는 크게 달라진다. 미국 스페셜티 커피협회(SCAA)의 팀 오코너(Tim O'Connor)와 문준웅 박사도 '에스프레소의 핵심 가치는 그린커피에 들어 있는 향기와 맛 성분을 정확히 알고 최상의 맛을 위하여

---

1) 커피체리 속을 채우고 있는 그린커피(Green Coffee)나 그린커피빈(Green Coffee Bean)을 말한다. 그린커피와 커피생콩을 혼용하여 사용하기도 한다.

로스팅하고 블렌드해야 한다는 점'을 강조하고 있다.

이처럼 원하는 커피의 향미를 최대한 끌어내기 위해서는 우선, 가지고 온 그린커피의 고유의 특성을 잘 파악하고 그 특성을 최대한 잘 이끌어 낼 수 있는 적절한 로스팅 방법과 과정을 적용해야 한다는 점이다.

세 번째는 로스팅된 원두를 어떻게 추출할 것인가이다. 사용하는 추출 원리에 따라 도구의 선택과 추출하는 방법이 달라지고 커피 향미의 결과는 크게 차이가 나기 때문이다. 볶아진 정도에 따라 커피 원두의 세포조직 상태가 달라지므로 이에 따라 적절한 추출 원리를 적용하고 그에 맞는 추출 도구를 가져와 추출을 하는 일련의 과정을 잘 설계하고 적용해야 한다는 것이다.

네 번째는 추출된 커피를 어떠한 농도와 온도에서 즐길 것인가이다. 커피는 진한 정도와 마시는 온도에 따라 만족도를 다르게 느낄 수 있다. 추구하는 커피 맛에 따라 농도를 정하고 온도를 적절하게 유지하여 즐기면 최상의 맛을 음미할 수 있을 것이다.

그 외에 언제, 어디에서, 누구와 어떻게 즐기느냐에 따라서도 느끼는 향미와 만족도는 또 달라질 수 있다.

위와 같은 각 요소들은 원하는 한 잔의 커피를 만들기 위하여 반드시 거쳐야 하는 일련의 수행 과정이기도 하다. 원하는 향미를 먼저 결정하고, 그에 부합되는 그린커피를 선별하여 가지고 와서 그 특성에 맞게 로스팅하고 추출하여 원하는 온도와 농도로 맞추어 한 잔의 커피를 만들어 내는 것이다.

따라서 [그림 1-1]과 같이 한 잔의 커피를 마시기 위해서는 4단계의 일련의 과정을 거치게 된다. 각 단계들은 최대한 잘 수행되어야 하며 그 결과가 다음 단계에 상호작용하여 밀접하게 영향을 미치게 된다. 다시 말해서, 선택한 그린커피가 어떠한 향미와 특성을 가지고 있는지를 모르고서 로스팅할 수 없으며 로스팅된 원두의 상태를 모르고 추출을 진행할 수 없기 때문이다. 쌀의 종류와 특성을 잘 모르면 제대로 된 밥을 지을 수 없는 것과 같은 맥락이다.

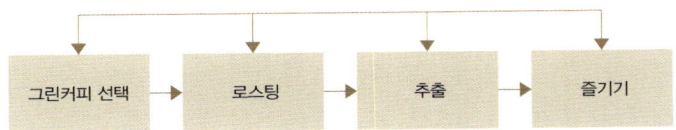

[그림 1-1] 한 잔의 커피를 위한 일련의 과정(신혜경, 2012)

따라서 자신이 추구하는 한 잔의 커피를 위해서는 사용하는 재료인 그린커피에 대해 가장 먼저 알고 원하는 향미의 그린커피를 제대로 선택하여 적절한 추출 방법과 온도를 고려하는 것부터 시작하여야 할 것이다.

2 그린커피의 향미 결정 요소

커피의 재료인 그린커피가 어떠한 종류인가? 즉, 어떤 품종인가? 어떤 환경에서 자랐는가? 어떻게 수확되고 가공되었는가? 어떤 방식으로 저장되어 유통되었는가에 따라 향미 특성은 크게 차이날 수 있다.

그린커피가 만들어지기 위해서는 씨앗을 파종하고 길러서 수확하고 가공한후, 저장하고 유통하는 일련의 과정을 거치게 된다. 이러한 각 과정들은 그린커피 고유의 특성과 향미를 형성하는 데 큰 영향을 미치는 요소들이다.

첫째, 그린커피는 티피카와 버번, 카투라, 카투아이 등 다양한 품종에 따라모양, 크기, 색깔, 센터컷의 모양과 색깔, 효소적 향기, 물리적·화학적 성분, 고유의 맛 등의 특성이 다르게 나타난다. 이러한 특성들은 여러 가지 향미를 만들어 내고, 우리가 입맛에 맞는 커피를 골라서 즐길 수 있도록 해준다.

둘째, 그린커피가 재배되는 환경과 생육 조건은 그린커피의 품질에 영향을미친다. 산지의 토양 및 고도, 일조량, 기후, 수분, 온도 등에 따라 커피체리의성장 상태가 결정되며, 이와 더불어 어떠한 경작법을 적용했는가에 따라 최종상품성 및 생산량에까지 영향을 미치게 된다.

셋째, 그린커피를 수확하는 과정에서도 품질과 등급이 나뉜다. 커피체리가얼마나 여물었는지에 따라서 그린커피 고유의 향미는 달라지므로 수확할 시점에 그린커피의 숙성 정도를 잘 살피는 것이 중요하다. 덜 익은 풋내와 떫은맛을 내는지, 아니면 달콤하고 풍성한 맛을 충분히 내는지는 체리의 성숙 정도에따라 결정되기 때문이다.

또한, 수확하는 방법에 따라서도 품질이 달라진다. 각 산지의 지형과 노동력의 활용 정도에 따라 적절한 수확 방법을 선택하게 되는데, 높은 산지의 농장인 경우에는 기계수확이 어려워 노동력을 이용하여 일일이 손으로 수확하는 핸드피킹(Hand picking)을 주로 활용한다. 비록 인건비가 많이 들지만 잘 익은 체리만을 골라서 딸 수 있어 좋은 품질을 만들 수 있는 장점이 있다. 하지만 브라질과 같은 대단위 농장인 경우는 대부분 기계로 수확하므로 미숙두가 쉽게 섞일 수 있어 전체 그린커피의 등급을 떨어뜨릴 우려가 있다.

넷째, 수확된 그린커피는 당일에 가공 처리되는데, 그 방법에 따라서도 향미의 특성은 달라진다. 주로 산지의 특성, 일조량, 습도, 바람 등의 조건에 따라 나라별로 가공 방법을 달리 선택하게 된다. 그 방법으로는 크게 건조 공정(Dry processing), 반건조 공정(Semi dry processing), 펄프드내추럴 공정(Pulped natural processing), 수세 공정(Washed processing), 반수세 공정(Semi washed processing), 허니 공정(Honey processing) 등으로 나뉘는데, 이러한 다양한 가공 방식들을 거치게 되면 그린커피의 향미는 달리 나타난다.

건조 공정은 바디가 강하고 달콤 구수하며(Sweet) 부드럽고(Smooth) 복합적인 향미를 가지는 데 비해 수세 공정은 더욱 깔끔하고 더욱 밝고(Brighter) 과실향(Fruitier)이 많이 나는 편(Jean Nicolas Wintgens, 2004)이나 바디가 약한 단점이 있다. 펄프드내추럴 공정은 수세식 공정보다는 달콤 구수함과 어느 정도의 바디를 더 지니고 건조 공정보다는 상큼함(Acidity)이 도드라지는 편이다.

다섯째, 가공을 통해 생산된 그린커피는 저장되고 유통되는 과정에서 그 상태는 신선하게 잘 유지되거나 혹은 산패되어 향미가 바뀔 수 있다. 그린커피는 아직 로스팅되지 않은 상태이므로 발아력과 생명력을 가진 씨앗이라고 해도 과언이 아니다. 쉽게 부패되고 곰팡이에 취약할 수 있으므로 저장하고 보관하는 환경, 즉 장소, 통풍, 온도와 습도를 잘 맞추어 주는 것은 중요한 일이며, 산지에서 소비자에게로의 유통되는 과정 중에서도 유통되는 기간, 운송되는 온도 및 습도, 운송 방법 등을 적절히 고려해 주는 것도 필수적인 일이다.

위와 같이 그린커피를 파종하여 기르고 수확하여 가공한 후 저장되고 유통되어 내 손안에 다다르기까지는 다양한 과정들을 거치게 된다. 이러한 각 과정들은 그린커피의 품질과 향미를 결정짓는 데 큰 역할을 하게 된다. 따라서 한 단계라도 등한시하거나 빠뜨려서는 안 될 것이다.

● [그림 1-2] 그린커피의 향미를 결정하는 일련의 과정(신혜경, 2012)

그린커피 품종 → 그린커피 재배 환경 → 그린커피 수확 및 가공 → 그린커피 저장 및 유통

3 그린커피의 품질 및 향미 구별해 보기

앞에서 본 바와 같이 그린커피는 품종-재배-수확-가공-저장-유통의 과정을 거치면서 그 특성과 품질을 형성해 간다. 따라서 그린커피의 향미는 품종의 종류, 재배 환경, 영양 정도, 성숙 정도, 보관 조건 등의 영향을 받아 형성되는데, 같은 품종, 같은 환경이라고 할지라도 경작하는 방법과 가공 방식에 따라 향기의 농도와 향기가 조금씩 달라지고 맛의 특성도 달라질 수 있다.[2]

그 차이는 오감을 통해 구별할 수 있다. 시각적으로는 그린커피의 모양과 색깔, 크기 등의 차이에서 구별하고, 후각과 미각적으로는 로스팅 후 추출하여 커핑을 해봄으로써 차이를 느낄 수 있다. 그 결과에 따라 그린커피의 품질 등급을 구분하게 되고, 가격을 결정짓는 것이다.

다음으로, 다양한 측면에서 그린커피의 품질과 등급에 대해 알아본다.

가. 그린커피 외관

그린커피의 외관은 품종의 종류와 재배되는 환경 및 경작법에 따라 잘 생장하였는지를 나타내며, 그린커피 고유의 특성을 드러내기도 한다.

---

2) 최낙언(2014), "과학으로 풀어본 커피향의 비밀", 서울꼬문, 53-55

1) 그린커피의 크기

그린커피의 크기는 스크린 사이즈(Screen size, 1/64=약 0.4mm)로 구분되는데, 크기가 클수록 더 우수한 품질로 분류한다. 크기에 따른 등급을 재는 방법은 스크린의 지름에 따라 단계별로 숫자(No.)를 부여한 체(Screens)를 준비한 뒤, 체에 그린커피를 통과시켜 등급을 정한다. 이때 스크린 No.16 이상이면 제품으로서의 가치가 있다.

그린커피의 크기는 품종마다 다르므로 같은 품종 중에서 비교해야 한다.

✿ [표1-1] 그린커피 스크린 사이즈 구분

스크린 No.	크기(mm)	English	Spanish	Colombia	Africa
20	7.94	Very Large Bean	–	–	
19	7.54	Extra Large Bean			AA
18	7.14	Large Bean	Superior	Supremo	A
17	6.75	Bold Bean			
16	6.35	Good Bean	Segunda	Excelso	B
15	5.95	Medium Bean			
14	5.55	Small Beam	Tercera		C
13	5.16	Peaberry	Caracol		PB
12	4.76				
11	4.30		Caracoli		
10	3.97				
9	3.57		Caracolillo		
8	3.17				

출처 : (사) 한국커피협회, "바리스타 1급 자격시험 예상문제집", 커피투데이, 50

🌱 〈사진1-1〉 그린커피 크기에 따른 구분

하와이

하와이

케냐

2) 그린커피의 색깔

그린커피는 품종의 종류나 가공 방법에 따라, 그리고 수확한 후 보관 기간에 따라 색상과 명암에 차이가 난다.

일반적으로 아라비카는 청록색을 띠고 로부스타는 아라비카보다 짙은 갈색을 띠는 경향이 있다. 또한 수세식 가공 그린커피는 건조식에 비해 깔끔하고, 밝은색을 지니며, 건조식 가공 그린커피는 수세식에 비해 좀 더 진한 갈색을 띤다.

갓 수확된 그린커피(Current crop)는 짙은 청록색을 띠지만, 수확된 지 1~2년 사이의 패스트 크롭(Past crop)은 수확 시점보다 색이 점점 연해지며 2년이 지난 올드 크롭(Old crop)은 색이 눈에 띠게 엷어진다. 특히 센터컷의 색상이 많이 사라져 거의 흰색에 가까워진다.

🫘 〈사진 1-2〉 가공 방식에 따른 그린커피의 색깔 차이

에티오피아 이르가체페 내추럴　　　　에티오피아 이르가체페 워시드

🫘 〈사진 1-3〉 수확 시기에 따른 색깔 차이

콜롬비아 수프리모 뉴크롭　　　　콜롬비아 수프리모 올드크롭

3) 그린커피의 모양

그린커피의 모양은 품종에 따라 차이가 난다. 티피카는 대체적으로 크고 평평하며, 버번은 작고 동그란 모양이다. 센터컷은 주로 S자 형태를 이룬다. 로부스타는 상하단이 뾰족하게 삐쳐있고 센터컷의 중심부가 옴폭하게 파여 있다.

또한 산지에 따라서 그 모양이 조금씩 다르다. 브라질 그린커피는 작고 둥근 편이고, 에티오피아 그린커피는 지역마다 조금씩 차이가 나지만 대개는 보트를 연상케 하는 기다란 타원형이다. 특히 게이샤는 아주 크고 긴 보트 모양이다.

🌿 〈사진 1-4〉 티피카와 버번

티피카　　　　　　　　버번　　　　　티피카와 버번의 단면

🌿 〈사진 1-5〉 로부스타 · 아라비카 · 리베리카

로부스타　　　　　　　　　　　　　아라비카

리베리카

숏베리   롱베리

4) 그린커피의 두께와 센터컷

그린커피의 두께는 그린커피의 성숙 상태를 나타낸다. 잘 자란 그린커피는 충분한 영양분 섭취로 두께가 두꺼운 편인 반면, 미성숙한 그린커피는 부족한 영양 상태로 인해 두께가 얇고 가장자리가 날카로워 보인다.

그린커피의 센터컷 또한 그린커피의 성숙 정도를 나타낸다. 센터컷이 선명하면 잘 자란 완숙 상태이지만, 센터컷이 흐릿하게 보이면 아직 미숙한 상태를 나타낸다.

🌱 〈사진 1-7〉 그린커피의 두께

얇음   두꺼움

선명함   흐릿함

5) 실버스킨 잔여 여부

보통 그린커피의 실버스킨은 가공 과정 중에 많이 떨어져 나간다. 가공 단계
를 거쳤음에도 실버스킨이 얼룩진 형태로 많이 남아 있다면 이는 미성숙한 그
린커피일 가능성이 크다. 미성숙 그린커피는 실버스킨이 표피에 달라붙어 잘
떨어지지 않기 때문이다. 반대로 실버스킨이 깔끔하게 제거되어 있다면 완숙
한 그린커피이다. 완숙 그린커피는 실버스킨이 쉽게 떨어져 나가므로 깨끗하
고 매끈한 표면을 가진다.

〈사진 1-9〉 실버스킨 잔여 여부

실버스킨이 남아 있는 그린커피   실버스킨이 깔끔하게 제거된 그린커피

나. 결점 정도

그린커피의 결점두는 재배되는 환경 및 경작하는 과정, 수확하고 가공하는 과정, 저장하고 유통하는 과정에서 발생한다. 그린커피의 결점두 비중을 등급을 판별하는 기준으로 분류하는 국가는 브라질, 인도네시아, 에티오피아가 대표적이다.

🍃 [표 1–2] 결점 정도에 따른 품질 등급

등급	결점두 개수	
	브라질(Brazil) 분류법	뉴욕(New York) 방식
2	4	6
2/3	8	9
3	12	13
3/4	19	21
4	26	30
4/5	36	5
5	46	60
⋮	⋮	⋮

다. 환경적 영향에 따른 차이

1) 그린커피의 고도

그린커피의 생산 고도는 커피의 산미와 밀도에 영향을 준다. 생산 고도가 높을수록 기온이 낮아지고 일교차가 심해지며 더욱 강렬한 UV 방사선의 영향을 받게 된다. 이에 산미가 증가하고 밀도는 높아져 단단해지며 콩의 크기는 더 작아지고 짙은 청록색을 나타낸다. 이와 반대로 높은 온도와 습한 기후에서는 부정적인 향미를 드러내고 초록빛을 띤 은색을 나타낸다.

🌿 [표 1-3] 고도에 따른 품질 등급과 대표 산지

산지	등급	해발고도
코스타리카	SHB(Strictly Hard Bean)	1,200~1,650m
	GHB(Good Hard Bean)	1,100~1,250m
	HB(Hard Bean)	950~1,100m
	MHB(Medium Hard Bean)	600~1,200m
	HGA(High Grown Atlantic)	900~1,200m
	LGA(Low Grown Atlantic)	200~600m
	P(Pacific)	400~1,000m
과테말라	SHB(Strictly Hard Bean)	1,600~1,700m
	FHB(Fancy Hard Bean)	1,500~1,600m
	HB(Hard Bean)	1,350~1,500m
	Semi Hard Bean	1,200~1,350m
	Extra Prime Washed	1,000~1,200m
	Prime Washed	850~1,000m
	Extra Good Washed	700~850m
	Good Washed	700m
온두라스	SHG(Strictly High Grown)	1,500~2,000m
	HG(High Grown)	1,000~1,500m
	CS(Central Standard)	700~1,000m

	SHG(Strictly High Grown)	1,700m 이상
멕시코	HG	1,000m
	Prime Washed	700~1,000m
	Good Washed	700m 이하

2) 기온, 습도 및 강수량, 토양 등

해발고도에 따라 기온, 습도 및 강수량, 토양의 상태가 차이 나며 그린커피의 생장에 많은 영향을 준다. 건기에는 생리 활동이 줄어들며 가뭄이나 해일 등을 겪으면 과실을 많이 잃게 된다. 따라서 환경적 여건을 충분히 맞추어 주는 것이 필수적이다.

환경적인 면에서, 비옥한 토양일수록 더 높은 등급의 결과물을 만든다. 예를 들어, 우간다와 케냐 지역에서 블루마운틴을 생산한다고 해도 자메이카 본 토만큼 좋은 등급을 받지는 못한다. 블루마운틴은 자메이카의 환경적 요인에 더 적합하기 때문이다.

한편, 적절한 경작 방법 및 적량의 비료를 잘 활용하면 더 많은 생산량과 더 나은 결과물을 만들 수 있다. 하지만 더 많이 생산하기 위하여 질소를 지나치게 사용하면 밀도가 낮고 저급한 콩을 생산하게 되고, 칼슘과 칼륨을 과도하게 사용하면 쓰고 거친 향미를 내게 된다. 또 아연이 부족하면 작고 가벼운 회색빛의 콩을 만들게 되고, 토양이 높은 산도(pH)를 가지고 있으면 철분 결핍 증상으로 인해 호박색을 띤 덜 여문 저급의 콩을 생산하게 된다.

라. 저장 상태

그린커피는 저장하고 유통하는 과정에서 물리적인 외관(모양, 색깔 등) 및 커피 향미가 변할 수 있다. 그러므로 로스팅 전에 그린커피를 보관해 둘 때는 항온항습 상태(상대습도는 60% 미만, 최소 20℃ 이하)를 적절히 유지시키는 것이 좋다. 공기 습도가 80% 이상이면 그린커피의 산패 속도는 가속화되고 곤충이 생기거나 그린커피 주변에 오렌지 분의 곰팡이가 생기고 불쾌한 악취가 나기 쉽다.

저장 기간이 오래된 그린커피일수록 짙고 누런 빛을 띠게 된다. 그린커피의 표면도 건조되어 만져보면 메마른 느낌의 콩 마찰음이 들리고, 향기도 많이 사라져 그린커피 특유의 향을 느끼기가 어렵고 퀴퀴한 곰팡내가 난다. 특히, 보관이 잘못된 오래된 콩에서는 오크라톡신(Ochratoxin) 등 곰팡이류가 생기기 쉽다.

마. 향미

그린커피의 향미는 품종에 따라 다르게 나타난다. 로부스타는 쓰고 풍부한 바디를 가지고 있으나 상큼함이 부족하고, 아라비카는 향기롭고 상큼한 반면 바디는 약한 편이다. 코스타리카의 투리알바(Turrialba) 지역에서는 품종별 향미의 차이를 [표 1-4]에서와 같이 나타내었다.

[표 1-4] 코스타리카 투리알바 지역에서 테스트한 품종별 향미 특성[3]

품종	하위 품종	향미 특성
아라비카	Bourbon	High acidity, Little body
	Red Catura	Light flavor, Good body, Acid
	Blue Mountain	Good body, Mild flavor
	Bourbon (El Salvador)	Good body, Good flavor, Good acidity
로부스타		Harsh, Bitter, Earthy

3) Gialluly M.(1958), "Factors affecting the inherent quality of green coffee", Journal, Nov, 12-132

일반적으로 그린커피의 품질 및 등급에 따라 '밝고 상큼한지(Acidity)'와 '구수하며 묵직한 촉감이 있는지(Body)'로 향미의 차이를 구분 짓는다.

상큼함(Acidity)은 잘 익은 과일에서 느낄 수 있는 달콤하면서 상큼하며 가벼운 신맛으로 감칠맛을 돌게 하는 것이다. 이런 맛은 그린커피의 재배 고도에 따라 크게 좌우된다. 고지대의 커피일수록 밝고 상큼한 향미가 풍부한 편이다. 저지대보다 고지대의 그린커피가 밀도가 높으며 깔끔하고 상큼한 신맛을 많이 지니고 있다.

바디(Body)는 성숙 정도에 따라 다르게 나타난다. 성숙할수록 달콤하고 구수한 풍미가 강하고, 미성숙할수록 거칠고 설익은 떫은맛을 드러낸다.

위와 같이 몇 가지 측면에서 그린커피의 상태를 구분하여 살펴볼 수 있었다. 하지만 그린커피가 지닌 고유한 특성은 무궁무진하다. 이들의 차이와 변화를 살펴보는 데에 끊임없는 노력과 연구가 뒷받침되어야 할 것이다.

〈사진 1–10〉 포대에 담긴 그린커피

- 2장 -

품종

◗ 커피나무의 식물학적 분류를 살펴본다.
◗ 세계 그린커피의 시초 원종과 그 변화를
　알아본다.
◗ 산지별 그린커피의 특성을 비교해 본다.
◗ 그린커피의 품종별 특성을 비교해 본다.
◗ 그린커피의 화학적 성분을 알아본다.

한 잔의 커피를 만들기 위해서 필수적으로 준비해야 하는 첫 번째 요소는 그린커피이다. 그린커피는 품종에 따라 고유의 특성과 성질이 다르게 나타나며 그에 따른 향미도 크게 차이를 보인다. 또 그 품종이 어디에서, 어떻게 자랐는지에 따라서도 그 향미는 달라진다.

 # 1 커피나무의 식물학적 분류

커피나무는 식물학적 분류 체계에서 꼭두서니과(The family *Ruciaceae*科)의 코페아속(The genus *Coffea*屬)에 속하는 다년생 쌍떡잎식물이며 열대성 상록교목이다.

코페아속에는 [그림2-1]과 같이 4개의 그룹이 있는데, 그중 하나인 유코페아아속(*Eucoffea*亞屬)이 바로 커피나무이다. 유코페아아속 중에서도 커피의 기원은 이리트로코페아(*Erythrocoffea*), 패키코페아(*Pachycoffea*), 나노코페아(*Nanocoffea*), 멜라노코페아(*Melanocoffea*), 모잠비코페아(*Mozambicoffea*) 등 여러 가지 종(種, Species)으로 나뉜다.

이 가운데 전 세계적 규모로 재배되는 커피나무의 주요 종인 카네포라(Canephora)와 아라비카(Arabica) 품종은 이리트로코페아종에 속해 있고, 비주요 재배종인 리베리카종(Liberica種)과 엑셀사종(Excelsa種)은 패키코페아종에 포함되어 있다. 리베리카와 엑셀사 품종은 껍질이 두껍고 단단하여 서부 아프리카와 아시아 지역에서 제한적으로 재배되고 있으며 전 세계 생산량의 1~2%에 불과하다.

커피의 분류 체계는 계속 변하고 있으며 현재의 분류 체계도 최종적이라고 할 수 없다. 지속적인 게놈 연구로 인해 커피나무의 분류는 더욱 세분화되거나 반대로 단순화될 요인들이 산재해 있기 때문이다. 이 책에서는 지금까지의 커피 산업의 발전과 생산 현황을 토대로 정리해 나갈 것이다.

[그림 2-1] A. 슈발리에(A. Chevalier)에 의한 커피나무의 식물학적 분류[4]

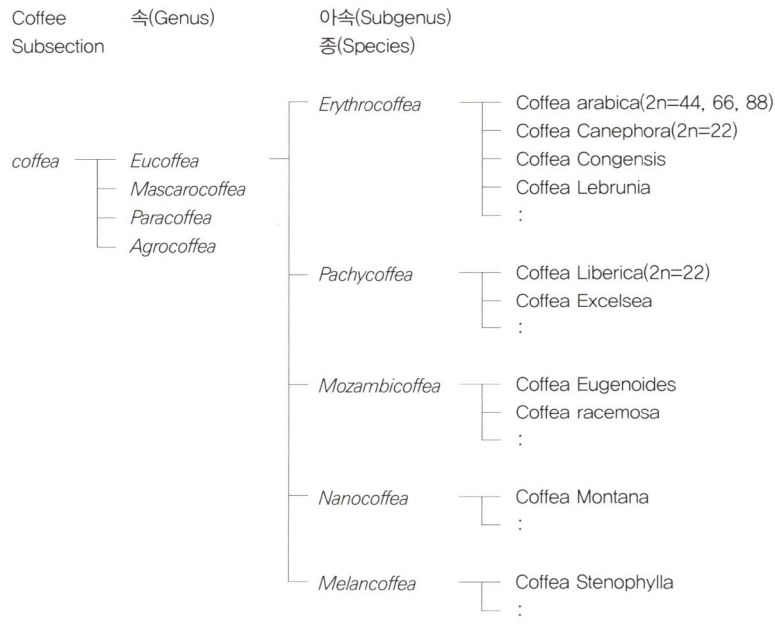

Coffee Subsection	속(Genus)	아속(Subgenus) 종(Species)	
coffea	Eucoffea Mascarocoffea Paracoffea Agrocoffea	Erythrocoffea	Coffea arabica(2n=44, 66, 88) Coffea Canephora(2n=22) Coffea Congensis Coffea Lebrunia :
		Pachycoffea	Coffea Liberica(2n=22) Coffea Excelsea :
		Mozambicoffea	Coffea Eugenoides Coffea racemosa :
		Nanocoffea	Coffea Montana :
		Melancoffea	Coffea Stenophylla :

4) 장상문 외, "커피학", 광문각, 2006, 33. 원자료) F.Berthou, C.mathier and F. Verder : ASIC, 10th Colloque, Salvador-Bahia, 1982, 421.

2 세계 그린커피의 시초 원종

현 생물학적 관점에서 꼭두서니과의 쌍떡잎식물에 속하는 커피는 [표 2-1]과 같이 계통을 나누고 있으나, 초창기에는 세계 그린커피의 원종을 [표 2-2]와 같이 아라비카, 카네포라, 리베리카, 엑셀사 등 네 가지로 구분하였다.

아라비카 주 원종의 경작지는 고도 1,300m와 2,000m 사이의 에티오피아 지역에서 시작되었다. 아라비카종은 산미가 있고 달콤하면서도 청정하고 고급스러운 맛으로 각광 받으며 오늘날 커피 생산량의 대부분을 차지하고 있다.

카네포라종은 로부스타 품종이 대부분이며, 고도 1,000m 이하에서 재배하여 대체로 쓰고 구수하나 탁하고 거친 편이다.

리베리카종은 적도 아프리카와 말레이시아의 저지대에서 5~10m까지 높이 자란다. 재배가 힘들고 과육이 두꺼워 텁텁하다는 특징이 있어 생산량이 줄어들고 있다. 한편, 리베리카종과 특성이 거의 유사한 엑셀사종도 중서부 아프리카와 베트남에 위치한 낮은 고도의 숲에서 자라며 전체 생산량의 1~2% 정도로 제한적으로 생산되고 있다.

📍 [표 2-1] 커피의 식물학적 관점의 현 계통

Family	Genus	Sub-Genus	Species	Variety
과(科)	속(屬)	아속(亞屬)	종(種)	품종(品種)
Rubiaceae	*Coffea*	*Eucoffea*	Arabica	Typica 등
			Canephora	Robusta

지역 \ 품종	아라비카	카네포라	리베리카	엑셀사
아프리카	내륙의 높은 고원, 마다가스카르, 서부 해안	서부와 중앙 아프리카의 낮은 고도 지역, 동부 아프리카의 중간 고도 지역	서부 해안이나 적도 부근의 아프리카, 라이베리아 지역	중앙과 서부 아프리카, 차드, 남수단, 마다가스카르, 모리타니 지역
아시아	아라비아에서 필리핀까지 내륙을 가로지르는 높은 고도의 지역(예멘, 인도, 파푸아뉴기니, 모리셔스, 레위니옹 섬, 뉴칼레도니아, 베트남, 하와이 등)	중간 고도와 낮은 고도 지역(인도, 인도네시아, 필리핀, 말레이시아, 태국, 중국 등)	주로 말레이시아의 낮은 고도 지역(인도네시아, 필리핀, 베트남, 태국 등)	주로 베트남, 인도네시아, 필리핀 지역
아메리카	아열대 아메리카의 높은 고원 지역, 남아메리카의 중간 고도 지역, 카리브 해 섬의 산지 지역	브라질 최북단, 에콰도르, 가이아나, 멕시코, 트리니다드 토바고의 습한 열대 지역	가이아나, 수리남 지역	주로 푸에르토리코 지역

5) Wintgens, Jean Nicolas(2004), "Coffee : growing, processing, sustainable production", WILEY-VCH Veriag GmbH & Co. KGaA

3 세계 그린커피 원종의 변화

　초창기 세계 대표 원종으로 알려진 네 가지 원종 중에서 생산량과 향미의 특성을 고려하여 전체 생산량의 60~70%를 차지하는 아라비카와 그 다음으로 많은 생산량을 차지하는 로부스타만 남게 되었다. 전체 생산량의 1~2% 정도를 차지하던 리베리카와 엑셀사는 그 마저도 줄어드는 실정이다.

　19세기초, 브라질은 기계화 농법으로 대량생산이 가능해지면서 세계 커피 수확량의 3/4을 차지하게 되었다. 이에 ICO(International Coffee Organization)는 커피 공급량과 커피 가격을 [표 2-3]과 같이 통제하게 되었다. ICO의 커피 가격 지표에는 콜롬비아 마일드(Colombian milds), 기타 마일드(Other milds), 브라질 내추럴(Brazil naturals), 로부스타로 구분하여 제시하였다.

[표 2-3] ICO 가격 지표 (ICO Indicator prices)

(US cents/lb) 14/04/2015

		change
ICO Composite	**126.71**	**−0.2%**
Colombian Milds	153.11	−0.3%
Other Milds	160.37	+0.1%
Brazilian Naturals	132.71	−1.0%
Robustas	92.50	+0.4%

이는 세계 그린커피 대표 원종의 구분을 바꿔 놓는 데 큰 역할을 하게 되었는데, [표2-4]와 같이 아라비카를 마일드 계통(콜롬비아 마일드와 기타 마일드를 합친 것)과 브라질 계통으로 나누고 있다. 따라서 세계 3대 커피를 마일드한 아라비카, 브라질계 아라비카, 그 외에 로부스타계로 새로이 자리매김하게 되었다.

　대량 생산되는 브라질계 아라비카는 맑고 깔끔한 마일드계 아라비카에 비해 다소 거친 면이 있지만 로부스타계보다는 덜 쓰고 거친, 아라비카와 로부스타의 중간적인 향미 특징을 가지고 있다. 깨끗하고 고급스러운 아라비카의 속성을 어느 정도 지니면서 조금 거칠지만 풍부하고 구수한 향미를 내포하고 있기 때문에 진하고 구수한 맛을 구현하는 에스프레소 커피의 블렌드용으로 즐겨 사용된다.

🫘 [표 2-4] 세계 그린커피 원종의 변화

맛 ＼ 품종	아라비카 (60~70%)	로부스타(30%)	리베리카&엑셀사 (1~2%)
대표적인 맛	신맛, 단맛	구수한 맛, 쓴맛	텁텁함
마신 느낌	맑고 깨끗함, 고급스러움	탁하고 거침	톱밥 같음

맛 ＼ 품종	아라비카		로부스타
	마일드	브라질	
대표적인 맛	신맛, 단맛	중간맛	구수한 맛, 쓴맛
마신 느낌	맑고 깨끗함, 고급스러움		탁하고 거침

가. 세계 3대 그린커피의 특성 비교

마일드계 아라비카는 해발 800m 이상의 고지대에서 자라며 유기산이 많아 밝은 신맛을 내고 향기가 풍부하며 온화하고 가벼운 맛의 특성을 가지고 있다. 탄수화물의 당질과 지방이 로부스타보다 많은 편이며 카페스톨(Cafestol)과 카웨올(Kahweol)의 커피 오일 성분 모두 함유하고 있다. 모양은 편평하고 사이즈는 큰 편이며 S자 센터컷을 나타낸다. 중남미계의 대표 품종으로는 콜롬비아(Colombia), 과테말라(Guatemala), 코스타리카(Costa Rica), 멕시코(Mexico), 엘살바도르(El Salvador), 온두라스(Honduras), 파나마(Panama), 페루(Peru) 등이 있고, 아프리카계의 대표 품종으로는 이르가체페(Yirgacheffe), 하라(Harrar), 시다모(Sidamo), 짐마(Djimmah), 탄자니아(Tanzania), 케냐(Kenya) 등이 있으며 섬나라의 대표 품종은 하와이 코나(Hawaii Kona), 블루마운틴(Blue Mountain), 도미니카(Dominica), 쿠바(Cuba) 등이 있다. 아시아, 태평양 지역의 대표 품종은 만델링(Mandheling), 코피루왁(Kopi Luwak), 마타리(Matari), PNG 등이 있다.

브라질계 아라비카는 신맛과 단맛이 약하며 대체로 거칠고 구수한 맛을 가지고 있다. 대부분 넓은 농장에서 기계 수확을 통해 대량 생산된다. 수확 시기에 여러 나무의 성장과 발육 상태를 일괄적으로 맞추기 위하여 미성숙 상태에서부터 농약과 비료에 의존하여 인위적으로 맞추어 나간다. 체리의 겉은 속성으로 익은 모습(빨간색)을 보이나 속은 아직 미숙한 상태로 수확된다. 그 결과 그린커피는 야위어서 가장자리가 날카롭게 보이고 덜 익은 떫은맛을 낸다. 품종은 버번이 대부분이며 산토스(Santos), 미나스제라스(Minas Gerais) 등이 대표 지역이다.

로부스타는 해발 800m 이하 저지대에서 자란다. 아열대 지역의 많은 강우량과 습한 기후를 버텨 내고 잦은 병충해에 맞설 수 있도록 강한 성분을 많이 지니게 된다. 그래서 카페인이 아라비카에 비해 2~4배 더 많고 거칠고 쓴 편이다. 탄수화물의 당질과 지방은 아라비카보다 적으며 커피 오일 성분은 카페스톨만 있고 카웨올은 없다. 크기는 작고 둥근 모양이며 센터컷은 선명한 직선 형태이다.

[표 2-5] 아라비카와 로부스타의 특성 비교[6]

	항목	아라비카	로부스타
모양 및 구조	그린커피		
	꽃	겉꽃잎 5, 수술이 있는 꽃밥 5, 암술 1	겉꽃잎 6 이상, 수술이 있는 꽃밥 6 이상, 암술 1
	잎사귀	뾰족한 연녹색	둥근 진녹색
	뿌리 시스템	깊게 뻗어감	얕게 뻗어감
	크기 및 모양	• 크고 평평한 긴 보트 모양 • S자 곡선 센터컷 • 초록빛	• 작고 동그란 모양 • 일자 직선 센터컷 • 누른빛
특성	원산지	에티오피아	콩고
	기록 연도	1753년	1895년
	기온	18~22℃	22~28℃
	해발고도	800~2,500m	0~700m 이하

6) (1) 中林敏郎 외(2006), "커피학", 광문각
 (2) GenusCoffea, http://genuscoffea.wordpress.com/coffea-article
 (3) Elisabetta Illy(2010), "Aroma of the world", WHITE STAR PUBLISHERS, 29 참고

	강우량		2,000~3,000ml	3,000~4,000ml
	염색체 수(2n)		44개	22개
	수정		자가수분	타가수분
	개화 시기		비온 뒤	불규칙적
	1hr 당 나무 수(평균)		2,500~3,300그루	1,250~2,500그루
	생산량(hr)		1,500~3,000kg	2,300~4,000kg
	병충해		약함	강함
	성숙 기간		9개월	10~11개월
	성숙 체리		나무에서 떨어짐	나무에 달려 있음
	향미		향기가 풍부하고 밝은 신맛이다. 덜 쓰고, 덜 떫다.	거칠고 쓴맛이 있으며 구수하고 중후한 편이다. 더 강하고, 더 바디감이 있다.
	전 세계 생산량		55~60%	40~45%
	무게(평균)		18~22g	12~15g
화학성분(%)	탄수화물	자당	6.0~9.0	0.9~4.0
		환원당	0.1	0.4
		다당류	34~44	48~55
		리그닌	3.0	3.0
		펙틴	2.0	2.0
	질소화합물	단백질	10.0~11.0	11.0~15.0
		유리아미노산	0.5	0.8~1.0
		카페인	0.9~1.3	1.5~2.5
		트리고넬린	0.6~2.0	0.6~0.7
		지방	15~17.0	7.0~10.0

산류	디터펜류	0.5~1.2	0.2~0.8
	클로로겐산	4.1~7.9	6.1~11.3
	유기산	1.0	1.0
	퀸산	0.4	0.4
	미네랄	3.0~4.2	4.4~4.5

Tip. 카페스톨(Cafestol)과 카외올(Kahweol)

그린커피에 열을 가하면 열분해되면서 커피오일을 생성한다. 휘발성 디테르펜(Diter-penes)으로서 카페스톨과 카외올로 분해된다.

향기를 형성하는 주된 성분이며 열에 강하다. 그러나 커피 산패에도 직접적인 영향을 미치는 성분이기도 하다.

에스프레소로 추출하면 콜로이드화되어 크레마를 생성하여 풍성한 맛을 더해 준다.

카페스톨은 아라비카(0.5%~0.9%)와 로부스타(0.2%)에 모두 포함되어 있으나 카웨올은 아라비카(0.3%)에만 포함되어 있다.

한국식품연구원 연구팀은 카페스톨과 카외올이 신생혈관 형성을 억제하는 데 도움을 준다고 밝혔다. 이는 상처가 났을 때 정상적으로 혈관을 형성하는 정상인과는 달리 비정상적으로 새로운 혈관을 형성하는 당뇨병성 망막증, 암의 성장, 류마티스성 관절염, 자궁내막증 환자에 효과가 있을 것으로 기대하였다.

Tip. ICO(International Coffee Organization)

1963년 국제커피협정(International Coffee Agreement, ICA)의 운영조직으로서 국제커피기구(ICO)가 조직되었다. 그 당시 대량 생산되는 브라질과 콜롬비아의 커피의 공급량을 조절하기 위하여 설립되었다. UN에서 파견된 대표와 전미커피협회(National Coffee Association, NCA)의 대의원으로 구성되었다.

초기에는 커피생산국과 소비국 간의 커피 수출과 수입에 대하여 할당량을 부과하고 커피 거래의 인허가서를 발부하여 각국의 거래 할당량을 통제했다. 하지만 1970년대 비회원국들의 커피 생산량이 늘어나면서 커피 가격이 폭락하게 되었다. 더이상 ICO

가 회원국들에게 높은 가격으로 거래 할당량을 통제하여 부과하는 것이 힘들게 되었다. 급기야 1993년 미국이 탈퇴하면서 사실상 ICO의 설립 목적은 유명무실해졌다(한승헌,2009). 커피생산국을 위하여 ICO는 미국에게 재가입을 요청하였고 이에 2005년 미국이 재가입하게 되었다.

오늘날 ICO의 주된 역할은 많이 변화하여 주로 다음과 같은 일을 한다.

①커피 시장의 상황에 대해 의견을 교환하고 ②소규모 생산국의 품질을 향상시키기 위하여 커피 생산 기술을 전수하고 전문적인 정보를 제공해 주며 ③세계 커피생산국의 경제 이익을 위해 자금을 마련하는 데 있다.[7]

---

7) (1) 한승헌(2009), 국제커피기구(ICO)의 창설 및 붕괴 과정 연구, 이화여자대학교 석사논문
  (2) 니나 루팅거, 그레고리 디컴(2010), The Coffee book, 사랑플러스
  (3) www.ico.org

4 산지별 그린커피의 특성 비교

커피나무는 아열대 기후의 다양한 지역에서 경작된다. 과테말라의 화산지대, 브라질의 넓은 붉은 농장, 예멘의 좁은 산의 경사지, 에티오피아의 무성한 숲, 카메룬의 습한 계곡, 인도의 몬순 기후의 산지까지 다양하게 퍼져있다. 이는 적도에서 남위 23~27도, 북위 23~27도 내의 열대, 아열대 기후의 나라들로 '커피존(Coffee zone)'을 이루고 있으며 마치 벨트 모양을 나타낸다고 하여 '커피벨트(Coffee belt)'라고도 부른다.

세계 커피 생산국으로는 남아메리카 45%, 중앙아메리카 14%, 아프리카 13%, 아시아와 오세아니아가 28%를 차지하고 있다.[8]

산지별 커피는 지역의 특성과 기후, 환경적인 영향으로 모양, 크기, 색깔, 센터컷 형태, 센터컷 색깔, 효소적 향기, 물리적 · 화학적 성분, 고유의 맛 등이 차이나며 그 특성을 잘 알면 원하는 향미의 커피를 쉽게 선택하여 즐길 수 있다.

---

8) Elisabetta Illy(2010), "Aroma of the world", WHITE STAR PUBLISHERS, 103

🌶 [그림 2-2] 커피벨트

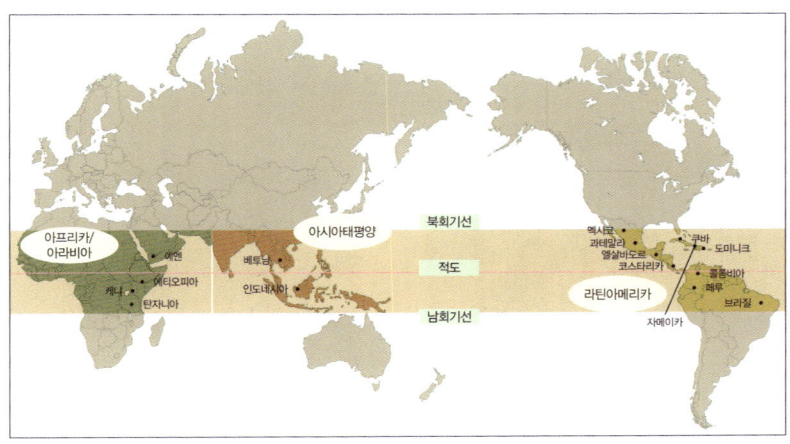

가. 카리브해와 중남미계

중남미는 보통 해발고도가 1,000m 이상으로 높은 지리적인 특성이 있다. 따라서 대부분의 커피들이 유기산이 많아 밝고 상큼한 신맛을 내며 뛰어난 향기를 지니고 있다. 기후와 토질의 영향 때문에 맑고 깔끔한 맛을 내며 코코아 향과 너트 향의 풍미가 잘 조화된 그린커피를 생산한다.

1) 콜롬비아(Colombia)

세계 3위의 커피생산국이다. 콜롬비아 아라비카는 티피카의 특성과 비슷하며 풍부한 향기와 상큼하고 달콤 구수함을 강하게 드러내는 개성 있는 성격이다. 모양은 작고 둥글게 생겼다.

대표 품종은 콜롬비아종(Colombia種)이다. 이는 카투라(Caturra)와 HdT(Hibride de Timor)를 교배한 것으로 대부분의 농장에서 재배된다.

크기에 따라 수프리모(Supremo), 엑셀소(Excelso) 순으로 등급이 나뉜다. 대표 산지로는 메델린(Medellin), 아르메니아(Armenia), 산타페데보고타(Santa Fe de Bogota), 부카라망가(Bucaramanga), 마니살레스(Manizales) 등이 있다.

🫘 〈사진 2-1〉 콜롬비아 그린커피

2) 과테말라(Guatemala)

과테말라 아라비카는 커피 재배의 최적지인 화산 지대에서 자라 품질이 좋기로 유명하다. 상당한 단맛과 중간 정도의 바디, 약간의 상큼한 신맛과 초콜릿맛이 깔려있다. 호두 향, 스모키 향이 지배적이다. 콜롬비아보다 약간 작으면서 참하고 여성스러운 모양이다. 약간은 중성적인 맛[9]을 가지고 있어 블렌딩 기반으로 많이 쓰인다. 해발고도에 따라 등급이 나뉘는데 1,600m 이상부터 SHB(Strictly Hard Bean), FHB(Fancy Hard Bean), HB(Hard Bean) 순이다. 대표 산지로는 안티구아(Antigua), 코반(Coban), 우에우에테낭고(Huehuetenango), 산타로사(Santa Rosa), 산마르코스(San Marcos) 등이 있다.

---

9) 너무 신맛으로 튀지도 않고 지나치게 쓰지도 않으며 어느 정도 단맛도 가지고 있는 맛

3) 코스타리카(Costa Rica)

카투라의 교잡종이 주를 이루며 풍부한 향기와 우수한 신맛이 두드러지고 약간은 상큼하면서 달콤한 균형 잡힌 맛의 특성을 나타낸다. 과테말라의 모양과 비슷하나 비교적 작고 단단하며 통통한 편이다. 해발고도 1,189m를 기준으로 SHB, HB 순으로 등급이 나뉜다. 대표 산지로는 타라주(Tarrazu), 트레스리오스(Tres Rios), 브룬카(Brunca), 투리알바(Turrialba) 등이 있다.

〈사진 2-3〉 코스타리카 그린커피

4) 멕시코(Mexico)

해발 1,700m 이상의 고지대에서 자란 '에스트리크타멘테 알투라(Estrictamente Aaltura)'를 최상급으로 꼽으며, 1,000~1,600m에서 재배된 커피에는 '알투라(Altura)'

등급으로 불린다. 멕시코시티 남부에 있는 타파출라(Tapachula)의 유기농 커피와 치아파스(Chiapas), 오악사카(Oaxaca), 베라크루즈(Veracruz) 등이 유명하다.

🌱 〈사진 2-4〉 멕시코 그린커피

5) 자메이카

자메이카 동쪽에 있는 자메이카 블루마운틴(Jamaica Blue Mountain)의 높은 산지에서 자라 최고의 커피로 알려져 있다. 세인트메리(St. Mary), 세인트앤드류(St. Andrews), 포틀랜드(Portland), 세인트토마스(St. Thomas), 맨체스터(Manchester) 등이 유명하다. 향기가 풍부하고 매우 부드러우며 상큼한 신맛과 초콜릿 향이 특징이다.

🌱 〈사진 2-5〉 자메이카 그린커피

6) 브라질(Brazil)

초기에는 버번 품종이 대부분이었으나 최근에는 카투라, 카투아이 등의 교배 품종이 주를 이룬다. 평평한 분지에 위치한 대단위 농장에서 아라비카(80%)와 로부스타(20%)를 함께 재배하고 있다. 기계로 수확하여 자연 건조시키는데, 향기와 상큼한 맛은 대체적으로 부족하나 중후하고 달콤하여 다른 커피와 잘 어우러진다. 블렌드용 커피로 많이 쓰인다. 수출용 커피는 결점두 수에 따라 No.2, No.4, No.6, No.8로 분류되며, 미나스제라이스(Minas Gerais), 상파울루(San Paulo), 에스피리투산투(Espirito Santo), 파라나(Parana) 등에서 주로 생산된다.

🌱 〈사진 2-6〉 브라질 그린커피

🌱 [표 2-6] 카리브해와 중남미계 그린커피의 특성과 등급 분류[10]

국가명	분류 방법	등급 분류	특징	대표 지역
콜롬비아	크기	Supremo(17) Excelso(16) U.G.Q(15~16) C(14)	· 세계 3위의 생산국 · 티피카와 비슷한 특성 · 향기 풍부, 상큼, 달콤하며 구수함(남성적임) · 작고 동그란 모양 · 대표 종은 콜롬비아종	· 메델린 · 마니젤라스 · 보고타 · 아르메니아

과테말라	고도	SHB(1,600~1,700m)	· 단맛, 중간 바디, 약간의 상콤함과 초콜릿 맛 · 호두향과 스모키향 · 콜롬비아보다 약간 작은 크기(여성스러움) · 블렌딩용으로 많이 사용	· 우에우에테낭고 · 안티구아 · 산마르코 · 코반 등
		HB(1,350~1,500m)		
		SH(1,200~1,350m)		
		EPW(1,000~1,200m)		
코스타리카	고도	SHB(1,200~1,650m) GHB(1,100~1,250m)	· 카투라의 교잡종 · 풍부한 향기, 우수한 신맛과 달콤함 균형됨 · 과테말라와 비슷 · 비교적 작고 단단하며 통통한 편	· 타라주 · 트레리오스 · 트리알바
		HB(950~1,100m)		
		MHB(600~1,200m)		
멕시코	고도	SHG(1,700m 이상)	· 해발 1,700m 이상-에스트리크타멘테 알투라 등급(최상급) · 해발1,000~1,600m-알투라 등급 · 상쾌한 산미	· 치아파스 · 베라크루즈 · 푸에블라 · 오악사카
		HG(1,000m)		
		Prime Washed(700~1,000m)		
		Good Washed(700m 이하)		
자메이카	크기	No.1(18)	· 대표커피-자메이카 블루마운틴 · 향기 풍부, 매우 부드러우면서 상콤한 신맛과 초콜릿 향이 남	· 마비스뱅크 · 웰렌포드 · 세인트메리 세인트앤드류, 포틀랜드, 세인트토마스, 맨체스터 등
		No.2(17)		
		No.3(16)		
브라질	결점두수	No.2(4개 이하)	· 초창기-버번종 위주 · 최근-카투라,카투아이 등 교배 품종이 대부분 · 아라비카(80%), 로부스타(20%) 생산 · 대단위 농장, 평평한 분지 재배, 기계 수확, 자연 건조 · 향기와 상콤한 맛은 부족한 편이고 중후하고 달콤하여 다른 커피와 잘 조화됨 · 블렌드 커피의 베이스로 많이 사용	· 미나스제라이스 · 상파울로 · 파라나 · 에스피리투산투
		No.3(12개 이하)		
		No.4(26개 이하)		
		No.5(46개 이하)		
		No.6(86개 이하)		

10) 강승훈, "맛있는 커피 기본, 원두", Coffee&Tea
http://navercast.naver.com/contents.nhn?rid=173&contents_id=14822

나. 아프리카계

1) 에티오피아(Ethiopia)

수많은 품종과 다양한 지역의 에티오피아 커피는 1920년대까지 '하라'와 '아비시니아' 두 종류의 커피로만 분류되다가, 1937년 니그라(Nigra)에 의해 하라(Harrar), 레켐티(Lekempti), 짐마(Djimmah), 시다모(Sidamo)로 분류되었다. 1990년에 와서 이르가체페(Yirgacheffe), 리무(Limmu), 베베카(Bebeka), 카파(Kaffa), 벤치마지(Bench Maji) 등이 알려졌다.[11]

아주 건조한 하라(Harrar)의 특수 지역을 제외한 에티오피아 북부, 아디스아바바 동부까지 에티오피아 전역에서 커피가 재배된다. 대부분의 식물은 에티오피아의 남부인 시다모와 이르가체페 지역에서 잘 자란다. 해발고도 1,200~1,900m, 평균 온도 27~28도, 4월에서 10월까지의 적절한 긴 우기 등 좋은 환경 조건을 갖추고 있기 때문이다. 특히 고도 1,500~1,800m의 동부 에티오피아는 롱베리 하라와 숏베리 하라, 모카 하라(Mocha Harrar)가 유명하다.

에티오피아 커피는 꽃향기가 강하고 레몬, 자몽 등의 과일향이 나며 밝은 신맛이 있고 고급스러우며 마일드한 향미를 나타낸다. 대체적으로 그린커피는 보트 모양의 기다란 타원형이며 체리의 모양에 따라 길게(Long berry) 혹은 짧게(Short berry) 생겼다. 센터컷은 S자 모양이다.

에티오피아에서 생산되는 품종은 산지와 농장의 토양, 기후, 재배 방법, 가공 방법, 상품화하는 방법, 유통 과정 등에 따라 지역별 특성이 강하게 나타난다.

아디스아바바를 중심으로 서부에는 와인맛과 중후함이 강한 로부스타의 특성을 나타내는 짐마가 있고 동부에는 침비(Chimbi)라고 불리는 수세식 가공 커피가 있다. 향미는 하라와 유사하나 더 풍부하고 더 균형있고 바디가 훨씬 좋은 편이다. 하라는 블루베리와 같은 과일맛과 함께 꽃향기가 나며 바디가 어느 정

---

11) 테라로사 도서관(www.terarosalibrary.com), "당신은 에티오피아 커피에 대해 얼만큼 알고 계십니까?"

도 있는 브라질과 같은 특성을 나타낸다.

남부 에티오피아는 이르가체페, 코케(Koke), 시다모가 있는데 레몬과 같이 상큼 달콤하면서 꽃향기가 풍부한 특성이 있다. 하지만 바디는 약하고 단아한 편이다.

🫘 〈사진 2-7〉 에티오피아 그린커피

시다모

짐마

이르가체페 내추럴

이르가체페 워시드

코케

하라

[그림 2-3] 에티오피아 지역별 맛의 특성

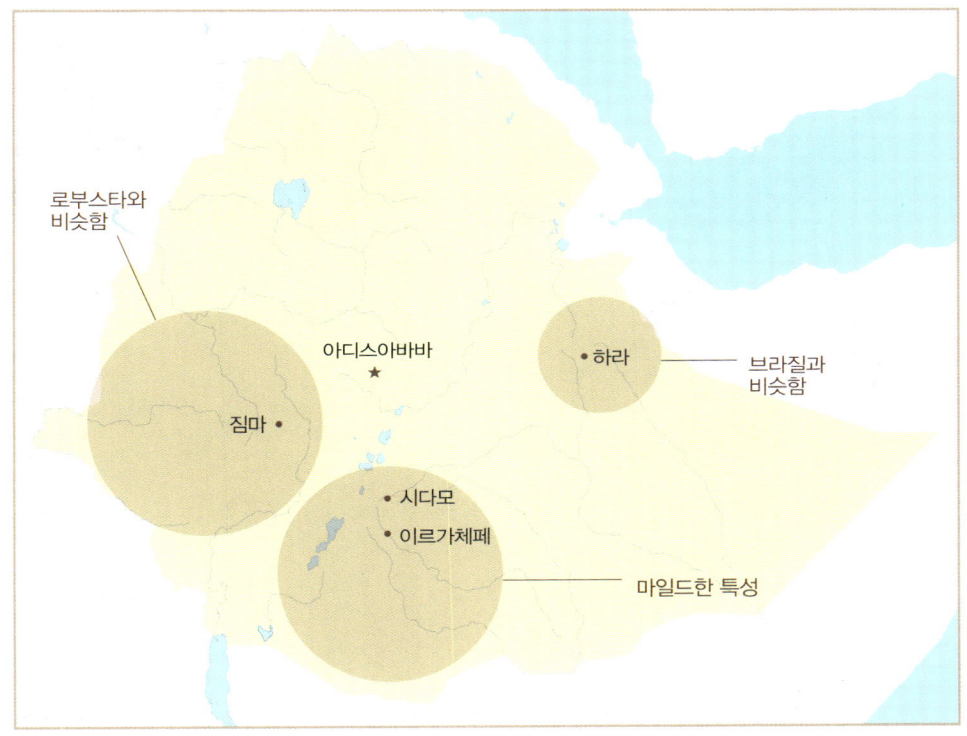

2) 탄자니아(Tanzania)

북탄자니아의 킬리만자로(Kilimanzaro) 화산지대에 있는 모시(Moshi), 탕가니카 (Tanganyika) 호수, 니아사(Nyasa) 호수에서 주로 재배된다. 회색빛이 도는 그린색 이며 뛰어난 향과 강한 신맛을 가지고 있다.

3) 케냐(Kenya)

1,500m 이상의 고원지대에서 주로 자라며 옅은 청록색을 띠는 버번종이 대부분이다. 꽃향기가 강하고 달콤하면서 신맛도 풍부해 향미를 짙게 드러내는 남성적인 매력이 있다. 대표적인 산지로는 나이로비의 북쪽에 있는 케냐 산(Mt. Kenya), 엘곤 산(Mt. Elgon), 나쿠루(Nakuru) 등이 있다.

🌿 〈사진 2-9〉 케냐 그린커피

케냐AA 일반   케냐AA 피베리

4) 서부 아프리카

주로 로부스타가 집중적으로 자란다. 우간다(Uganda), 콩고(Congo), 짐바브웨(Zimbabwe), 아이보리코스트(Ivory Coast), 카메룬(Cameroon)이 대표적이다.

국가명	분류 방법	등급 분류			특징	생산 지역
에티오피아	결점두	가공방식	좋은 등급	보통 등급	· 지역별 특성이 강함 · 보트와 같은 타원형 · 체리 모양에 따라 롱 베리, 숏베리로 나뉨	· 이르가체페 · 시다모 · 하라 · 짐마
		수세가공	Grade1 (1개 미만)			
			Grade2 (1~12개)	13~25개		
		자연건조 가공	Grade1 (1개 미만)			
			Grade3 (26개 미만)			
			Grade4 (26~38개)	39~45개		
			Grade5 (46~75개)	76~90개		
케냐	크기	AA(18이상)			· 1,500m 이상의 고 원지대에서 재배 · 버번 품종이 대부분 · 꽃향기가 강하고 달 콤하면서 신맛이 풍 부함	· 케냐 산 · 엘곤 산 · 나쿠루
		A(17~18)				
		AMEX(-)				
		B(16~17)				
		C(15~16)				
탄자니아	크기	AA(18)			· 킬리만자로 화산지 대에서 재배 · 회색빛이 도는 녹색 · 뛰어난 향과 강한 신 맛	· 모시 · 탕가니카 호수 · 니아사 호수
		A(17)				
		AB(15~16)				
		C(14)				

12) (1) 강승훈, "맛있는 커피 기본, 원두", Coffee&Tea
　　　http://navercast.naver.com/contents.nhn?rid=173&contents_id=14822
　　(2) 테라로사도서관(www.terarosalibrary.com) "당신은 에티오피아 커피에 대해 얼만큼 알고 계십니까?"

다. 아시아와 태평양계

아시아는 아라비카 외에 아열대 저지대 지역에서 로부스타 품종도 집중적으로 생산되고 있다. 대표적으로는 베트남에서 연간 약 2억 포대, 인도네시아에서 연간 약 8백만 포대를 생산한다.

1) 인도(India)

인도 커피는 주로 자연 나무 그늘 아래에서 자라기 때문에 우아하고 매력적인 향기를 가지고 있으며 달콤하면서 은은한 신맛과 이국적인 풍미를 지니고 있다. 또한 몬순 기후의 특징을 살려 구운 옥수수처럼 구수하고 중후하며 진한 초콜릿 맛을 낸다. 과실향이 풍부하고 중후한 풀 바디와 어느 정도의 쓴맛과 매운 아로마(Spicy Aroma)의 특징을 가지고 있다. 마이소르(Mysore)와 말라바르(Malabar)에서 자란 아라비카 체리와 몬순 아라비카는 최근 커피 수출에 큰 역할을 하고 있다.

한편, 아라비카가 자라지 않는 지역에서는 주로 로부스타를 기계 생산하고 있다. 다품종 농작물 시스템(Multiple cropping system)을 통해 커피와 더불어 고추, 오렌지, 카다몬과 같은 다른 농작물을 재배한다. 이 농작물들은 커피나무에 그늘을 드리워 지나친 성장을 막아 주고 동시에 부수적인 수입까지 만들어 준다.

커피나무는 몬순 기후의 영향으로 우기인 5~10월에 꽃을 피우고, 10~12월 사이에 수확한 후 2~3월 사이에 건조한다.

🌱 〈사진 2-10〉 인도 그린커피(카피 로얄)

2) 인도네시아(Indonesia)

대표적인 커피로는 수마트라 만델링(Sumatra Mandhelling), 술라웨시(Sulawesi), 자바(Java)가 있다. 수마트라는 흙내음과 나무의 잔향, 스파이시한 맛에 묵직한 여운을 준다. 자바는 심플하고 좋은 바디감과 더불어 스파이시한 여운과 호두 맛이 깃들어 있다. 술라웨시는 캐러멜과 버터 풍미가 시럽을 떠올리게 할 만큼 달콤하다.

한편, 인도네시아에서는 아프리카로부터 옮겨온 로부스타도 함께 재배하고 있다.

🍃 〈사진 2-11〉 인도네시아 그린커피

인도네시아 WIB(로부스타)   만델링

3) 파푸아뉴기니(Papua New Guinea)

파푸아뉴기니의 품질은 비교적 균일한 편이며 그린커피의 크기에 따라 플랜

🍃 〈사진 2-12〉 파푸아뉴기니 그린커피

테이션(Plantation) AA와 A 순으로 등급을 나눈다. 열대 과일의 밝고 산뜻한 맛을 내며 바디감이 좋아 블렌딩에 용이하다.

4) 예멘(Yemen)

상업적인 교류가 활발한 항구 지역이다. 커피로는 베니 마타르(Bani Mattar), 하라즈(Haraz), 사나미(Sanami)가 대표적이며 과일맛에 흙내음과 스모키 향이 어우러져 중후한 풍미가 있고, 강렬한 모카의 초콜릿 향도 느낄 수 있다.

5) 하와이(Hawaii)

하와이안 코나 커피는 화산지대의 높은 고도에서 자라며 크기가 아주 크고 매끈하며 푸른빛을 띤다. 향미는 매우 부드러우며 상큼하고 향기가 풍부하다. 향기는 포도주 또는 과일향과 유사하며 신맛이 강한 편이다. 하와이 코나에서 자란 커피에 한해서 '코나(Kona)'라는 이름을 붙이며, 등급에 따라 코나엑스트라 팬시(Kona Extra Fancy), 코나 팬시(Kona Fancy), 프라임(Prime) 순으로 나뉜다.

7월말에서 2월까지 수확한다. 주로 선그로잉(Sun-growing)을 하며 지역 특성상 오후에는 구름에 가려 자연 그늘 재배(Shade growing) 효과를 누리기도 한다.

〈사진 2-13〉 하와이안 코나 그린커피

[표 2-8] 아시아와 태평양계 그린커피의 특성과 등급 분류[13]

국가명	분류 방법	등급 분류	특징	생산 지역
인도	크기	Plantation PB(피베리) Plantation A(17) Plantation B(15) Plantation C(14)	· 자연 그늘 재배 · 몬순 기후의 특징 · 구수하고 중후하며 진한 초콜릿맛 · 과실향 풍부, 풍부한 바디, 약간의 쓴맛, 매운 아로마가 특징	· 카르나타카 · 케랄라 · 타밀 나두
인도네시아	결점두	Grade 1(11) Grade 2(12~25) Grade 3(26~44) Grade 4(45~80)	· 수마트라 만델링-흙맛에 나무의 잔향, 스파이시한 맛, 굵고 묵직한 느낌 · 자바-풍부한 바디, 스파이시한 맛, 호두 맛 · 로부스타종도 재배	· 수마트라 만델링 · 자바 · 술라웨시 · 루왁 등
예멘	지역에 따라	Mattari Hirazi Sanani	· 상업적인 항구 도시 · 과일맛, 흙내음, 스모키 향 · 중후하고 강렬한 모카의 초콜릿 향	· 베니 마타르 · 하라즈 · 사나미
하와이	크기 · 결점두	Kona Extra Fancy (19, 10개 이내) Kona Fancy (18, 16개 이내) Kona Caracoli No.1 (10, 20개 이내) Kona Prime (—)	· 화산지대 · 매우 부드럽고 상큼한 향기, 강한 신맛	· 코나 · 카우아이 · 몰로카이 · 마우이

13) 강승훈, "맛있는 커피 기본, 원두", Coffee&Tea
http://navercast.naver.com/contents.nhn?rid=173&contents_id=14822

5 그린커피 품종별 특성 비교

그린커피의 품종은 크게 약 70여 종으로 분류되나 아라비카종만을 더욱 세분화하여 분류해 보면 150여 종으로 더 널리 퍼져 있다.

그린커피 품종의 종류에 따라 커피의 향미는 매우 다르게 나타나므로 상업적 필요에 의해서 계속 연구되어 꾸준히 개량과 교배가 진행되고 있다.

그 가운데 그린커피의 유전자형 품종은 번식을 위해, 생산성 향상을 위해, 질병과 해충 등에 대응하기 위해, 외견상 우수하게 만들기 위해(유대준, 2009, 41) 자연적으로 돌연변이 되거나 품종간 교배를 통해서 새 품종들이 계속 등장하고 있다.

그린커피의 대표 품종과 그 하위의 계통도는 [표 2-8]과 같다.

14) (1) Eskes, A.B.and Leroy, Th."Coffee Selection and Breeding"
(2) Wintgens, Jean Nicolas(2004), "Coffee : growing, processing, sustainable production", WILEY-VCH Veriag GmbH & Co. KGaA
(3) genusCoffea, http://genuscoffea.wordpress.com/coffea-article
(4) ⓒcafe Imports

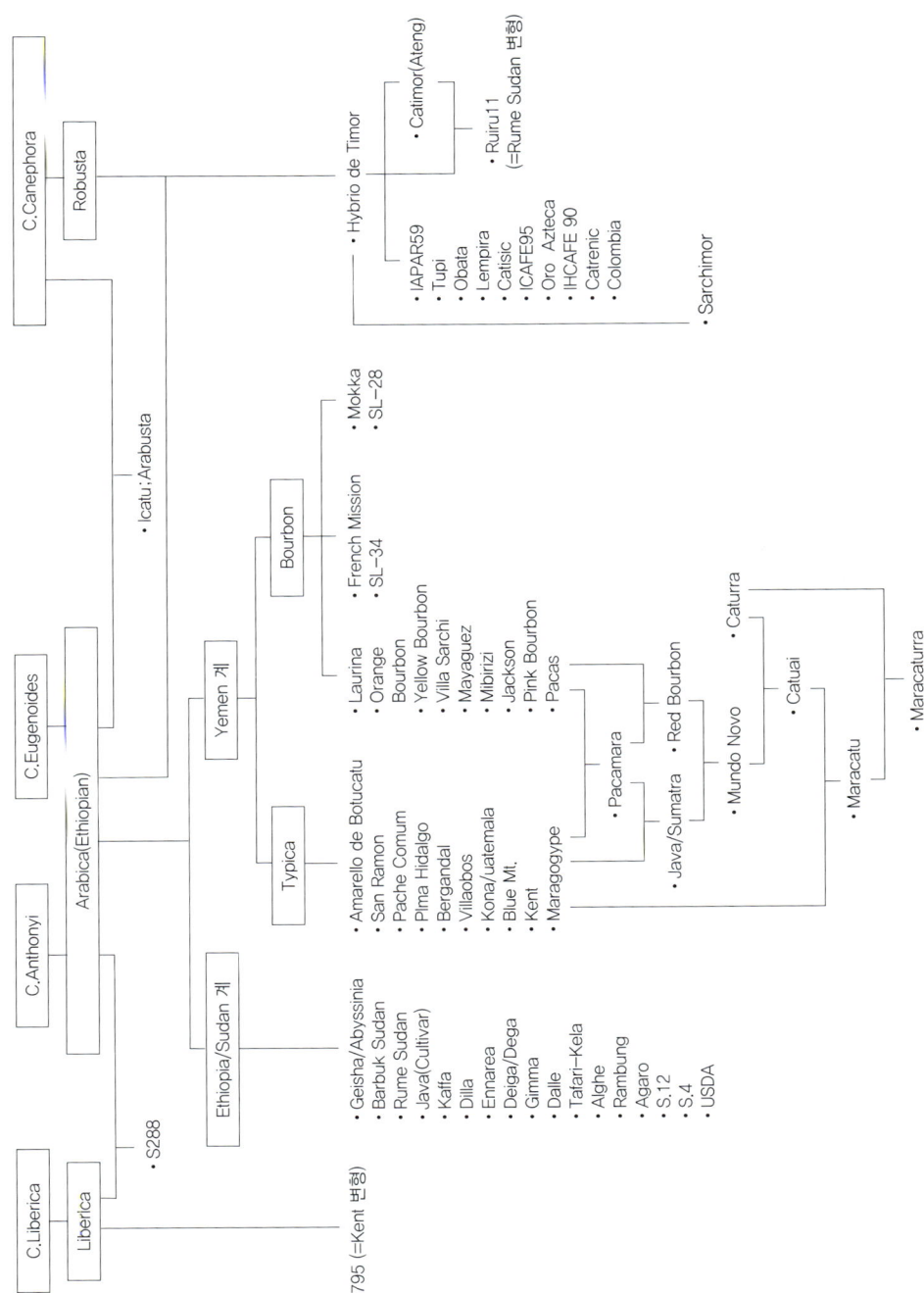

가. 아라비카 품종

아라비카종은 커피 발견지라고 불리는 에티오피아 아비시니아(Abyssinia)에서 유래되었다. 어떤 자료에 의하면, 에티오피아 동부에 위치한 하라 지역의 고원지대에서, 또 다른 자료에 의하면 카파(Kaffa) 지역의 고원지대(지금의 에티오피아 남부)에서 유래되었다고 전해진다. 하지만 불행하게도 정확한 자료는 알려져 있지 않다. 그렇지만 15세기 중반, 예멘 중부에서 이미 커피를 마시고 있었던 것은 분명하다.

아라비카 품종은 1753년 스웨덴의 식물학자인 칼 린네(Carl von Linné)에 의해 처음으로 분류되었다. 린네는 현대 분류학과 생물 체계를 발견하면서 커피 식물의 정식 명칭에 칼 린네의 'L'자를 따서 코페아 아라비카 L. 아비시니카 카베(Coffea Arabica L. Abysinica Chev)라고 명명하였다.

아라비카종은 일반적으로 해발 고도 800~2,500m에서 재배되며 로부스타보다 부드럽고 향기가 풍성하고 카페인이 더 적다. 식물학적으로 아라비카의 가장 오래된 품종으로는 티피카(Typica)와 버번(Bourbon)을 들 수 있는데, 그중 티피카가 가장 오래된 고유 품종이고 버번은 티피카의 자연 돌연변이 품종으로 알려져 있다.

1) 에티오피아(Ethiopia)/수단(Sudan) 계통[15]

(1) 게이샤(Geisha)/아비시니아(Abyssinia)

1931년 영국 대사관이 에티오피아 서남쪽 카파(Kaffa) 지역에서 연구용으로 커피체리를 가져왔다. 1936년, 게이샤 씨앗에서 발아된 싹은 우간다의 카완다 역(Kwanda station)과 탄자니아의 야문구 역(Lyamungu station)으로 보내졌다. 이 종자는

---

15) (1) Wintgens, Jean Nicolas(2004), "Coffee : growing, processing, sustainable production", WILEY-VCH Veriag GmbH & Co. KGaA
　(2) genusCoffea, http://genuscoffea.wordpress.com/coffea-article

카파 내에 있는 게이샤 지역에서 가져왔다고 하여 게이샤종 또는 에티오피아의 옛 이름인 아비시니아종으로 불렀다.

게이샤는 1953년 탄자니아로부터 코스타리카로 보내졌고, 1963년에는 파치 세라신(Don Pachi Serracin)에 의해 중앙아메리카에 위치한 파나마에도 전해져 재배되기 시작했다. 처음 수확했을 때에는 맛이 뛰어나지 않아 재배를 포기하였다. 이후 낮은 재배 고도가 문제였음을 깨닫게 되었고, 해발고도 1,500m 이상에 맞춰 좋은 품질의 게이샤를 생산할 수 있게 되었다.

게이샤는 2005년 파나마에서 재발견되었다. 커피 중에서 가장 섬세하고 복합적인 향미를 가지고 있으며 베리류와 시트러스 계열의 과일, 망고, 파파야, 복숭아를 응축시킨 향을 가지고 있다. 나무와 체리는 매우 크고 희귀하며, 잎은 길쭉하고 좁은 편으로 티피카와 비슷하다. 잎의 수가 적은 편이고 가지와 줄기 역시 듬성듬성하게 쳐져 있다. 'Ojo de Gallo'라고 하는 녹병에 저항성이 있는 편이나 생산성이 매우 낮다. 최근에는 주로 코스타리카와 파나마에서 재배되고 있다. 2004년부터 파나마 보케테(Boquete) 지역 외곽에 위치한 에스메랄다 농장에서 재배되고 있는 것으로 밝혀졌다.

(2) 바르북 수단(Barbuk Sudan)

보마 고원(Boma Plateau)에서 1940년대에 발견된 품종이다.

(3) 루메 수단(Rume Sudan)

티피카의 아종으로서 수단 남동부에 위치한 보마 고원에서 1940년대에 발견되었다. CBD(Coffee based Disease, 커피 질병)에 저항력이 있다. 잎사귀의 끝부분이 브론즈색을 띠고 있다.

(4) 자바(Java)

자바 섬에서 따온 이름이다. 1928년 크라머(P. J. S. Cramer)[16]가 에티오피아에서 자바 섬으로 가져왔으며 후대에는 카메룬으로 다시 되돌아가 재배되었다. 그 이유는 카메룬에서는 자바종을 헥타르당 1.5톤~2톤 정도의 체리를 생산할 수 있었는데 비해, 문도노보나 카투라를 재배하는 환경에서는 고작 1톤 정도만 생산할 수 있었기 때문이다. 이는 다른 환경에서는 적응력이 낮음을 알고 가장 잘 적응하는 카메룬으로 다시 되돌아가 경작하게 된 경우이다. 따라서 1980년 이후에는 카메룬에서 대부분이 생산되었다. 자바 동쪽에서 발견한 종은 아비시니아와 닮은 모양이다. 자바의 체리와 씨앗은 가늘고 긴 편이고 어린잎은 브론즈색을 띤다.

자바는 생명력이 강하고 CBD에 강한 저항력을 가지고 있다.

2) 예멘(Yemen) 계통

(1) 티피카(Typica)

티피카는 에티오피아에서 네덜란드 인에 의해 예멘으로, 또 인도와 인도네시아로 유입되었다가 카리브해 지역과 라틴 아메리카로 전파된 것이다(유대준, 2009, 33).

모양은 크고 긴 타원형이고 S자 형태의 센터컷을 확인할 수 있다. 잎사귀는 비교적 좁고 긴 편이며, 어린잎은 브론즈색을 띤다. 각종 질병이나 해충에 약하여 생산성이 낮은 단점이 있다. 나무의 주된 줄기와 1차 가지가 호리호리한 편이며 거의 수평으로 뻗어 있다.

격년으로 수확을 해야 하므로 생산성이 낮고 병충해에 약해 그늘재배가 필

---

16) 인도네시아에서 커피를 탐구하고 문헌을 고찰하는 저자이다.

수적이기 때문에 재배와 수확이 어려운 편이다. 구수한 맛을 내며 우수한 향과 신맛을 가지고 있다. 상큼한 레몬향과 꽃향을 느낄 수 있고 달콤한 뒷맛이 있다.

티피카는 콜롬비아, 중앙아메리카, 캐리비안 지역(Blue Mountain), 파푸아뉴기니, 태평양지역, 인도네시아(Java Typica, Blawan Pasumah, BLP, Bergendal), 카메룬 등지에서 재배되고 있다.

티피카의 고유 품종을 기반으로 하여 아종이나 돌연변이종은 다음과 같다.

① 아마렐로 드 보투카투(Amarelo de Botucatu) : 노란 체리를 갖는 티피카의 아종이다.

② 생 라몬(San Ramon) : 브라질에서 유래된 티피카의 자연 돌연변이종이다.

③ 파체 코뭄(Pache Comum) : 티피카의 자연 돌연변이종이다. 과테말라의 엘 브리토(El Brito), 산타크루즈 나란호(Santa Cruz Naranjo), 산타 로사(Santa Rosa) 농장에서 발견되었다. 해발고도 1050m~1680m에서 잘 자라며 맛은 부드럽고 담백한 편이다.

④ 플루마 히달고(Pluma Hidalgo) : 티피카의 자연 돌연변이종으로 수마트라 지역에서 유래되었다.

⑤ 버간달(Bergandal) : 티피카의 아종이다. 1880년대 인도네시아에서 발생한 녹병에서 살아남은 품종이다. 대부분의 티피카종이 1880년대 커피 녹병으로 사라졌지만, 버간달과 시디칼랑 품종만 생존했다. 수마트라의 고지대에서 발견되었다.

⑥ 빌라로보스(Villalobos) : 코스타리카에서 유래한 티피카의 돌연변이종이다. 2차 가지는 주된 줄기에서 60도 정도 기울어 있다. 높은 지역에서도 생산량이 매우 높은 편이며 바람에 대한 저항력도 강하고 영양분이 적은 땅에서도 그늘 재배로 잘 자란다. 뛰어난 단맛과 좋은 신맛을 지니고 있다.

⑦ 코나/과테말라(Kona/Guatemala) : 티피카종의 잡종으로, 하와이 섬에서 자란

다. 하와이 섬에서는 과테말라 품종도 함께 재배하고 있다.

⑧ 블루마운틴(Blue Mt.) : 자메이카의 블루마운틴에서 재배되어 '블루마운틴' 이라 부른다. 현재, 과테말라종으로 알려진 하와이 코나 섬에서도 재배가 되고 있다. 블루마운틴은 커피 녹병에 저항력이 있고, 높은 고도에서도 잘 자라는 적응력을 가지고 있다. 모든 기후 조건에 다 적응하는 것은 아니지만 위치에 상관없이 고품질의 맛을 유지한다.

⑨ 켄트(Kent) : 일부 정보에 의하면 인도에서 발견된 티피카의 자연 돌연변이 종이라고 말하고, 또 다른 정보에 의하면 1911년 케냐에서 길러낸 품종이라고도 한다. 1920년부터 인도에 많이 심어졌고, 1934년에는 케냐의 메루(Meru) 지역에도 심어졌다. 매우 높은 생산성을 보이며, 커피 녹병에 대해 부분적으로 저항력이 있다.

⑩ 마라고지페(Maragogype) : 티피카의 돌연변이로서 1870년 브라질의 한 농장에서 발견되었다. 긴 줄기 마디와 큰 잎을 가진 커다란 식물이다. 체리와 그린커피 역시 다른 커피 품종에 비해 약 두 배 정도 크다. 다만 생산량은 적은 편이다. 무거운 바디와 마우스필을 느낄 수 있고, 시트러스한 맛과 꽃향기가 난다. 해발고도 600m~750m에서 잘 자라고, 라틴아메리카 전역에 퍼져있지만 주로 브라질, 과테말라, 멕시코에서 흔하게 자란다. 최근에는 파카스(Pacas)와 교배하여 파카마라(Pacamara) 품종을, 카투아이(Catuai)와 교배하여 마라카투(Maracatu) 품종을 만들어 냈다.

(2) 버번 벨메로(Bourbon Velmelho)

버번은 아프리카 동부의 버번 섬(지금의 레위니옹 섬)에 이식한 것이 유래가 된 티피카의 자연적인 돌연변이 품종이다. 티피카를 재배하는 대부분의 나라에서는 버번도 함께 키우고 있다. 티피카보다 체리 모양이 좀 더 동그랗고 센터컷이 S자 형태를 나타낸다. 커피나무 가지의 마디 사이 간격이 좁은 편이고 주된 가지와 1차 가지가 튼튼하여 곧고 똑바르게 서 있다. 어린잎은 티피카보다 더 넓은 편이며 새잎은 녹색을 띤다. 커피 질병과 해충에 민감한 편이나 어느 정도 우수한 컵 품질을 가지고 있다.

최근 각광받는 프리미엄급 품종으로 과거 브라질에서 유명했으나 현재 중미, 케냐, 탄자니아 쪽에서 더 많이 생산된다. 콜롬비아, 중미와 서부아프리카에서 재배되고 있다.

중미에 있는 테키식종(Tekisic種)은 엘살바도로에서, 버번 마야궤스(Bourbon Maya guez)는 르완다와 브론디에서, 가뭄에 저항력이 있는 SL28종은 케냐에서, N39종은 탄자니아에서, 파푸아뉴기니 아르샤종(Arusha種)은 탄자니아에서 재배하고 있는 버번종이다.

브라질의 옐로 버번종은 레드 버번종과 아마렐로 드 보투카투종 사이의 자연 교배에서 나온 것이다.

(3) 버번 아마렐로(Bourbon Amarelo)

에티오피아 토착종, 티피카종, 버번 벨메로종의 개량 품종으로 생산성이 높다. 외관은 버번 벨메로를 닮았지만 나무는 더 크며, 노란색 체리가 열린다.

① 프렌치미션(French Mission) : 버번종의 아종이다. 프랑스인 선교사가 1897년에 버번 섬에서 커피나무를 사서 동아프리카의 주요 지대에 전달했다는 이야기 때문에 '프렌치미션'이라고 불린다.

② SL34 : 프렌치미션의 돌연변이종이며, 카베테(Kabete)의 로레쇼(Loresho) 농장에서 유래되었다. 잎의 끝부분이 구리빛을 내며 케냐에서 재배하는 커피 잎과 유사한 모양이다.

SL34는 광범위한 고도와 다양한 기후에서 높은 생산성을 보이고, 가뭄이나 폭우에도 잘 견딘다. 맛은 복합적인 신맛을 나타내고, 무거운 바디와 달콤하고 깔끔한 후미를 갖고 있으나 SL28에 비하여 맛의 품질은 낮은 편이다.

③ 라우리나(Laurina) : 1900년대 크라머의 벨기에 농장에서 유래된 아라비카와 마우리티아나(Mauritiana)의 교배종이다. 잎이 작고 좁은 편이며, 체리와 씨앗도 좁고 길쭉하게 생겼다.

한편, 빈트겐스(Jean Nicolas Wintgens)에 따르면 라우리나나 버번 포인투(Bourbon Pointu)도 레위니옹 섬에서 유래되었다고 주장한다. 즉, 라우리나는 열성 유전자 돌연변이의 특성을 가진 버번의 아종이다. 그로 인해 카페인의 함량이 0.6%로 낮은 편이지만 생산량이 적다.

④ 파카스(Pacas) : 버번의 돌연변이종이다. 1949년 엘살바도르에서 '파카스'가 발견하여 품종 이름으로 명명되었다. 파카스의 생산량은 고도가 높아질수록 좋아지며, 커피질병에 저항력이 있다. 신맛이 있으며 중간 정도의 바디를 가지고 있다.

⑤ 레드 버번(Red bourbon) : 버번종의 아종으로 붉은빛 체리를 맺는다.

⑥ 오렌지 버번(Orange Bourbon) : 버번종의 아종으로 붉은빛과 노란빛의 중간색을 갖는다.

⑦ 옐로 버번(Yellow Bourbon) : 브라질에서 아마렐로 드 보투카투와 레드 버번을 교배한 종이다.

⑧ 카투라(Caturra) : 1937년 브라질에서 레드 버번의 변종으로 발견된 짧은 줄기 마디를 가진 왜소종이다. 커피 질병과 해충에 취약하고 잎과 체리의 특성은 버번종과 유사하다. 중앙아메리카에서의 유사한 변종으로는 빌라 사치(Villa Sarchi), 파카스(Pacas)를 들 수 있다.

카투라는 생산성이 매우 좋다. 재배 환경을 적절히 잘 갖추면 헥타르당 200kg 이상의 높은 생산성을 선보인다. 다만 브라질에서는 3~4번의 재생산 후에는 견고하지 않은 결실이 과잉으로 맺힌다는 것을 알게 되면서 그리 선호하지 않는 편이다. 하지만 콜롬비아와 코스타리카에서는 이 점을 적절히 조절하여 생산성(5,000 ~10,000plants/ha)을 높이고 있다.

⑨ 빌라 사치(Villa Sarchi) : 코스타리카의 사치(Sarchi) 마을에서 재배된 버번 품

종의 교배종이다. 1차 가지는 주된 가지에서 45도 기울어져 있고 잎은 브론즈색이다. 높은 고도에서 잘 자라고 주로 그늘 재배한다. 우아한 산미를 지니며 베리향과 훌륭한 단맛을 가지고 있다. 이후 이 품종은 '사치모르(Sarchimor)'에 영향을 준다.

⑩ 마야궤스(Mayaguez) : 르완다와 부룬디에서 재배되고 있는 버번의 아종이다. 흔히 버번 마야궤스종(Bourbon Mayaguez種)이라고 불린다.

⑪ 미브리치(Mibirizi) : 르완다와 부룬디에서 재배되는 버번 품종의 아종이다.

⑫ 잭슨(Jackson) : 버번종의 아종이다.

⑬ 모카(Mokka) : 브라질과 하와이에서 재배되고 있는 버번의 돌연변이종이다. 이와 유사한 이름인 모카(Mocha)는 예멘에서 유래된 것이다. 나무의 키가 작고 체리와 잎도 작으며 생산량도 적다.

⑭ SL28 : 1931년 타아니카 공화국(Tanganyika D.R)으로부터 동종 번식된 것으로서 매우 높은 품질을 보인다. 잎의 끝이 구리빛인 커다란 잎사귀를 가지고 있고, 콩의 크기는 크나 상대적으로 생산성은 낮은 편이다.

다른 정보에 의하면, 스캇 연구소(Scot Laboratory)에서 예멘 계통의 버번 품종인 프렌치미션, 모카, 예멘 티피카의 돌연변이를 실험하고자 SL28을 육종했다고 한다. 이것은 차후에 루이르11(Ruiru11) 품종에 영향을 주게 된다. 품질이 좋고 생산량이 높으며 커피 질병에 강한 저항력을 가지고 있다. SL28은 SL 시리즈 중에서 가장 좋은 맛을 자랑한다. SL28은 강한 시트러스가 있고 달콤하고 밸런스가 좋으며, 복합적인 풍부한 아로마를 가지고 있다.

⑮ SL34 : 프렌치미션의 돌연변이종으로서 케냐의 키암부(Kiambu) 지역 카베테(Kabete) 마을의 로레쇼(Loresho) 농장에서 유래되었다.

잎의 끝이 브론즈색을 띠는 넓은 잎을 가지고 있고 케냐 품종과 유사하다. 광범위한 고도와 다양한 기후 상태에서 높은 생산성을 보이고, 가뭄이나 폭우에도 잘 견딘다. 맛은 복합적인 산미를 가지고 있고, 묵직한 바디와 달콤하며 후미가 깔끔한 편이다. 하지만 SL28에 비하여 맛이 떨어지는 편이다.

[표 2-10] 티피카와 버번의 특성 비교

	티피카	버번
유래	에티오피아	아프리카 동부 버번 섬(현재의 레위니옹 섬)
전파	에티오피아에서 예멘으로, 또 인도와 인도네시아로 유입되었다가 카리브해 지역과 라틴 아메리카로 전파된 것	아프리카 동부→브라질→콜롬비아 등 중미 및 케냐, 탄자니아와 서부아프리카
품종	고유 품종	티피카의 자연적인 돌연변이 품종
체리 모양	크고 긴 타원형	티피카보다 더 동그란 형태
그린커피 모양	버번보다 크고 넓적한 타원형. 'S'자 형태의 센터컷	티피카보다 작고 동그란 편. 'S'자 형태의 센터컷
나뭇가지 모양	주된 줄기와 1차 가지가 호리호리한 편. 거의 수평으로 뻗어있음	마디 사이 간격이 좁은 편. 가지가 곧고 똑바르게 자람
잎	비교적 폭이 좁고 길이가 긴 편이며, 어린잎은 브론즈색	어린잎은 티피카보다 폭이 더 넓고 크며 새잎은 녹색
생산성	각종 질병이나 해충에 취약하여 생산성이 적음	커피 질병과 해충에 민감하고 어느 정도 우수한 컵 품질을 가짐
향미 특성	버번보다 구수한 맛이 강함. 상큼한 레몬향과 꽃향, 달콤한 뒷맛	티피카보다 단맛이 강하고 신맛과 깔끔한 후미가 있음
재배 지역	콜롬비아, 중앙아메리카, 카리브해 지역(블루마운틴), 파푸아뉴기니, 태평양지역, 인도네시아, 카메룬	콜롬비아 등 중미와 케냐, 탄자니아 및 서부아프리카

티피카/버번   티피카/버번

티피카/버번   티피카/버번

나. 카네포라 품종[17]

카네포라 품종으로는 로렌티(Urentii), 오카(Oka), 브코벤시스(Bukobensis), 안브리오(Anbrio), 우간다(Uganda), 에릭터(Erecta), 크라이스이포리아(Crassifolia), 카젠고(Caz-engo), 코닐론(Conillon), 로부스타 등이 있다.

카네포라 품종의 하나인 로부스타는 1862년 영국 탐험가 리처드 버튼(Richard Burton)과 존 스피크(John Speake)가 우간다에서 나일 강을 탐험할 때 처음 발견하였다. 이미 우간다의 부간다(Buganda) 지역 부족은 로부스타를 '형제애 의식(The rite of brotherhood)'에 사용해 왔다고 한다. 그리고 1898년, 에밀 로랑(Emil Laurent)에 의해 콩고에서 재발견되었다.

1900년 무렵, 식물의 특성을 테스트하기 위해 자바 섬에 카네포라의 여러 품

---

17) (1) Wintgens, Jean Nicolas(2004), "Coffee : growing, processing, sustainable production", WILEY-VCH Veriag GmbH & Co. KGaA

(2) genusCoffea, http://genuscoffea.wordpress.com/coffea-article

종들을 가져왔고 그 이후 로부스타는 인도네시아에서 카네포라의 주요 품종으로 자리잡게 되었다.

1905~1910년 즈음 인도네시아에서는 이미 경제적인 목적으로 리베리카와 아라비카가 자리 잡고 있는 상태였다. 로부스타는 그 이후에 알려졌다. 처음에는 발견자의 이름을 따서 'C. 로렌티(C. Laurentii)'라는 이름으로 불렸지만, 벨기에 회사에서 '로부스타(Robusta)'라고 명명하여 상업적으로 판매되기 시작하였다. 다른 나라에서도 아라비카 나무 사이사이에 로부스타를 심기 시작하였고 녹병으로 파괴된 농장의 대체 식물로 심는 등 점점 퍼져나가게 되었다.

로부스타는 주로 해발 0~700m의 고도에서 자라고 모양은 작고 동글동글한 타원형이며 병충해에 강한 편이다. 거칠고 강한 쓴맛이 있으며 향은 밋밋한 편이다. 카페인 함량은 아라비카보다 2~4배 많은 편이고 인스턴트커피와 캔커피에 주로 사용된다.

20세기 초부터 급속히 전 세계로 퍼져나가 최근에는 세계 커피 총 생산량의 40~45%를 차지하게 되었다. 아프리카 서부와 중부 저지대, 인도네시아, 동남아시아에 많이 분포되어 있다. 주요 생산국으로는 인도네시아, 우간다, 콩고, 카메룬, 베트남, 인도, 가나, 필리핀 등이 있다.

1) HdT(Hybrido de Timor)

아라비카와 카네포라의 자연 교배종으로 1920년대에 티모르 섬에서 발견되었다. 'HdT'라는 이름은 라틴아메리카와 남미에서 주로 쓰이고 인도네시아에서는 '팀팀(Tim Tim)'이나 '보르보르(Bor Bor)'라고 불린다.

이 품종은 커피잎녹병(CLR, Coffee leaf rust)에 대한 저항력을 가지고 있다. 동족 번식 프로젝트로 개량된 품종은 브라질의 '카티모르(Catimor)', '사치모르(Sarchimor)', 케냐의 '루이루11(Ruiru11)', 콜롬비아의 '콜롬비아', 코스타리카의 '코스타리카 95' 등이 있다.

HdT의 향미는 카네포라 유전자 때문에 뛰어난 편은 아니나 1950년대에는 아라비카를 대신하여 HdT를 많이 재배했다.

2) 카티모르(Catimor)와 사치모르(Sarchimor)

카티모르는 1859년 포르투칼에서 HdT와 카투라(Caturra)를 교배한 것이고, 사치모르는 HdT와 사치(Sarchi)를 교배한 것이다. 첫 교배는 1960년 포르투칼 CIFC 연구센터에서 시행되어 재배하기 시작하였고 두 번째는 앙고라, 3번째와 4번째는 1970년 브라질에서 이루어졌다.

콜롬비안 카티모르와 사치모르는 커피 잎 녹병에 대한 저항력뿐만 아니라 HdT종의 특성인 커피 질병(CBD, Coffee berry disease)과 뿌리혹선충(Root knot nematodes)에 대한 저항력을 가지고 있다. 맛은 다른 아라비카종보다 조금은 떨어지는 편이다.

카티모르는 1980년에 농부들에게 알려지게 되었고 상업적으로는 콜롬비아종으로 1985년에 처음으로 알려졌다. 이후 여러 나라에서 널리 재배되어 노란체리와 붉은 체리를 만들어 냈다.

포르투칼이나 브라질에서 유래된 카티모르는 1980년 말, 'TS175'와 'T8667'을 만들었다. TS175는 중앙아메리카의 여러 나라에서 선호하였는데 온두라스에서는 'IHCAFE90'으로, 니카라구아에서는 '카트레닉(Catrenic)'이라는 이름으로 출시되었다. 브라질에서 소개된 T8667은 1995년 코스타리카에서 'ICAFE95'라는 이름으로도 알려졌다.

사치모르는 1993년에 'IAPAR59'로 알려졌고, 2000년에는 '오바타(Obata)'와 '투피(Tupi)'라는 이름으로 알려졌다. 이 품종도 지역적인 커피잎녹병과 특정한 선충에 강한 편이다.

① IAPAR59 : 브라질에서 사치모르의 아종으로 IPAPAR에 의해 1993년에 발표되었다.
② 투피(Tupi) : 사치모르의 아종으로 국립농업연구소(IAC, Instituto Agronomico of

Campinas)에 의해 2000년에 발표되었다.

③ 오바타(Obata) : 국립농업연구소에 의해 2000년에 발표되었다.

④ 렘피라(Lempira) : 온두라스에서 재배된 카티모르종의 아종으로 추측된다.

⑤ 카티식(Catisic) : 엘살바도르에서 재배된 카티모르의 변종이다.

⑥ ICAFE95 : 1995년부터 코스타리아에서 카티모르의 아종으로 길러졌다.

⑦ 오로 아즈테카(Oro Azteca) : 멕시코에서 재배된 카티모르의 아종으로 추측된다.

⑧ IHCAFE90 : 1980년대 초반에 온두라스에서 재배된 카티모르의 한 품종으로서 TS175를 지칭하는 것이다.

⑨ 카트레닉(Catrenic) : 니카라구아에서 재배된 카티모르 품종이다. TS175를 지칭한다.

⑩ 콜롬비아(Colombia) : 1985년에 콜롬비아에서 재배된 카티모르 품종이다. 이 품종은 생산성을 늘리고, 커피 질병에 대한 저항력을 기르기 위하여 재배되었다. 20년 동안 이 품종을 토대로 F1과 F10 등의 품종 개량이 이루어졌다. 노란 체리와 붉은 체리가 동시에 열리고, 맛은 산미가 강하지만 단맛과 깨끗함이 부족한 편이다.

다. 리베리카(Liberica) 품종

아프리카 라이베리아(Liberia)가 원산지이다. 커피나무의 키가 너무 커서(5~10m) 재배가 어려우며, 과육이 두꺼워 원두의 가공도 어렵고, 품질 또한 로부스타에 비하여 떨어지는 편이다. 오늘날에는 아프리카 서부 지역(기니)과 아시아 일부 지역(말레이시아, 필리핀 등)에서만 재배되고 있어 생산량이 아주 미미한 편이므로 상업적인 가치는 크지 않다.

① S288 : 아라비카와 리베리카의 자연적인 교배종이다.

② S795 : 1940년 인도에서 발표된 이 품종은 켄트종과 S288종을 교배시켜 만든 것이다. 커피잎녹병에 저항력이 있다. 인도와 인도네시아에서 자란 S795는 내한성이 강하나 결국에는 녹병으로 대부분을 잃게 되었다.

라. 기타 변형되고 개량된 품종들[18]

1) 문도노보

브라질에서 생산력을 향상시키기 위해 1940년과 1950년에 국립농업연구소에서 길렀던 문도노보는 수마트라 티피카(Sumatra Typica)와 레드 버번(Red Bourbom)을 자연 교배시킨 것이다. 이후 브라질 커피 농장의 40%를 차지하게 되었다.

잘 자란 버번보다 키가 큰 문도노보는 기존보다 30% 더 많은 생산량을 거둘 수 있게 되었다. 헥타르당 1,200~1,600개의 농작물(Plants)을 넓은 간격을 두고 방임 재배하여도 헥타르당 3,000~4,000개에 해당할 만큼 더 많은 생산력을 보여 주었다.

문도노보는 견고한 외모로 브라질 기후와 환경에 잘 적응하고 높은 생산력을 보여주고 있으나 브라질 이외의 나라에서는 잘 적응하지 못한다는 단점도 있다. 모든 커피 질병과 해충에 취약한 편이고 잎과 체리는 티피카와 버번의 중간 형태를 나타내고 있다. 고도 1,050~1,670m, 강우량 1,200~1,800mm의 환경에서 잘 자란다.

2) 카투아이(Catuai)

국립농업연구소(IAC)에서 육종한 이 품종은 옐로 카투라(Yellow Caturra)와 문도노

---

18) Wintgens, Jean Nicolas(2004), "Coffee : growing, processing, sustainable production", WILEY-VCH Veriag GmbH & Co. KGaA

보가 교배된 왜소종으로서 1950~1960년대 사이에 브라질 커피농장의 약 50%까지 차지하게 되었다. 문도노보의 활력과 견고함을 이어받았으나 커피 질병과 해충에는 취약한 편이다. 이후, 중앙아메리카에 널리 퍼져나가게 되었다.

카투아이와 유사한 품종으로는 멕시코에서는 문도노보와 옐로 카투라 사이에서 교배한 '가르니아(Garnica)'가 있고, 브라질에서는 2000년에 레드 카투아이(Red Catuai)와 문도노보를 교배한 '오우로 베르디(Ouro Verde)'가 있다.

3) 파카마라(Pacamara)

파카스(Pacas)와 마라고지페(Maragogype)의 교배종으로, 1958년 엘살바도르에서 재배되었다. 마라고지페의 특성을 닮아 그린커피의 크기가 매우 크고, 재배고도가 높을수록 맛의 품질이 좋다. 시트러스한 향과 단맛이 놀랄 정도로 지배적이며 밸런스가 좋다. 가끔 꽃향기도 난다.

4) 마라카투(Maracatu)

브라질에서 재배된 마라고지페(Maragogype)와 카투아이(Catuai)의 교배종이다.

5) 마라카투라(Maracaturra)

마라고지페(Maragogype)와 카투라(Caturra)의 교배종이다. 브라질, 엘살바도르, 니카라과에서 주로 찾아볼 수 있다.

마라고지페의 특성을 닮아 큰 잎과 큰 체리를 가지고 있고 향미는 강하고 숙성된 과일의 다양한 산미를 가지고 있다.

6) 이카투(Icatu)

브라질의 국립농업연구소에서 육종한 이 품종은 1993년에 출시되어 1990년대 말까지 상업적으로 사용되었다. 아라비카와 카네포라의 혼합종을 교배하여 번식시킨 것으로 키가 크며 커피잎녹병에 저항력이 있고 문도노보보다

30~50% 더 많은 수확량을 선보였다.

7) 루이르 11(Ruiru 11)

1970년과 1980년, 케냐에서 출발한 번식 프로그램의 결과로 나오게 된 왜소종으로서 커피잎녹병과 커피질병에 대한 저항력을 가지고 있다. 수확량을 늘리기 위한 연구를 통해 개발된 품종으로 카티모르와 번식 혈통이 교배된 혼합종이다.

이 품종은 인공 수분에 의해 여러 종(로부스타의 HdT와 카티모르, 아라비카의 루메와 수단)이 혼합되어 있더라도 카티모르에서 유전된 카투라 혈통이 지배적인 편이다.

그 외에 아카이아(Acaia)는 브라질과 문도노보 중 큰 유전자만을 발전시켜 개량한 품종이고 아루샤(Arusha)는 파푸아뉴기니로부터 유래된 버번종으로 페루(Peru) 지역에서 생산된 커피 상품을 말한다. 가요마운틴(Gayo Mountain)은 발리 가요 산에서 나오는 커피 상품으로서 '가요마운틴'이라는 상품명은 네덜란드에서만 사용 가능하며 우리나라에서는 '가요'라는 이름으로 수입된다.

토라자 에이지드 커피(Toraja Aged coffee)는 인도네시아의 수마트라, 자바, 술라웨시에서 오랫동안 숙성시킨 커피를 말한다. 홍삼과 같은 색상을 띠며 파치먼트가 녹아 보이지 않는다. 맛은 카페라테처럼 부드러우며 카페인이 거의 없는 것이 특징이다.

6 그린커피의 화학적 성분

우리가 마시는 커피의 향과 맛은 그린커피의 화학적 성분이 열 변화에 의해 생성되거나 변화한 것이다. 이러한 성분들은 그린커피의 품종에서부터 차이가 나타나는데, 이것은 생육 과정과 수확 및 가공 과정 중에 생성되어 커피의 고유 성격과 특성을 대표하게 된다. 그린커피의 종류에 따라 내포된 화학 성분이 조금씩은 다르지만 아래의 [표 2-11]은 일반적인 그린커피의 화학적 성분과 가용 정도를 살펴본 것이다.

[표 2-11] 그린커피의 화학적 성분(건조물 %)[19]

성분	물에 가용 유무	그린커피의 백분율		
		합계	성분별	수용성
탄수화물		60		
환원당	가용성		1.0	
자당	가용성		7.0	
펙틴	가용성		2.0	
			10.0	10
탄수화물	쉽게 가용		10.0	
펜토산	쉽게 가용		5.0	
			15.0	−
헤미셀룰로오스	가수분해됨		15.0	−

셀룰로오스	가수분해되지 않는 섬유질		18.0	
리그닌	가수분해되지 않는 섬유질		2.0	
			20.0	
지방	불용성	13		–
단백질	변성된 양에 따름	13		4
산화물과 같은 재	가수분해된 양에 따름	4		2
비휘발성산				
클로로겐산[a]	가용성		7.0	
옥살산	가용성		0.2	
말산	가용성		0.3	
시트르산	가용성		0.3	
타르타르산	가용성		0.4	
			8.2	8
트리고넬린	가용성		1	1
카페인(아라비카 1.0%,로부스타 2.0%)	가용성		1	1
			100	26

a chlorogenic, isochlorogenic, and neochlorogenic acids의 복합한 함량

19) (1) Sivetz and Desrosier(1979), Elder(1949), Lockhart(1957), Mabrouk and Deatherage(1956), Merritt et al. (1957), Moores abd Heininger(1951), and Winton and Winton(1939)

(2) Frank A, Lee(1983), "Basic Food Chemistry(Second Edition)", The AVI Publishing Company, INC., 399

가. 탄수화물

그린커피에서의 탄수화물은 크게 유리당과 다당류로 나뉜다. 대부분은 다당류이지만 유리당은 로스팅 시 갈색이나 향기의 형성에 영향을 미친다. 이는 캐러멜화 반응과 마이야르 반응에 의해 향기 성분과 단맛을 형성하는 필수적인 성분을 만든다.

유리당은 대략 자당(Sucrose)의 6~8%에 해당하며, 온도가 높을수록 유리당의 감소는 빨라진다. 이 점은 그린커피의 유통과정과 보관 시 맛에 영향을 미치는 변수가 될 수 있다.

[표 2-12] 그린커피의 탄수화물 종류 및 함량(건조물 %)

성분 분류	아라비카종	로부스타종
가용성	9.2~13.5	6.2~11.9
단당류	0.2~0.5	0.2~0.5
올리고당	6.0~9.0	3.0~7.0
다당류	3.0~4.0	3.0~4.4
불용성	46.0~53.0	34.0~44.0
셀룰로오스	41.0~43.0	32.0~40.0
헤미셀룰로오스	5.0~10.0	3.0~4.0
합계	55.2~66.5	41.2~55.9

출처 : (사)한국커피전문가협회, "바리스타가 알고 싶은 커피학", 교문사, 212

나. 유리 아미노산과 단백질

그린커피의 단백질은 10~15%이고 유리 아미노산은 0.5~1%정도이다. 유리 아미노산은 로스팅 과정 중에 거의 분해되어 향기 물질로 변화되는 전이물질로서 향기 생성에 중요한 역할을 한다.

단백질은 로스팅에 의해 모두 변성되는데, 아미노산은 당류와 함께 반응하여 멜라노이딘(Melanoidine) 반응에 의해 갈색 색소 성분을 만들며 이는 커피의 향기를 형성하는 중요한 성분이다. 특히 아미노산은 커피의 감칠맛을 내는 주요 성분이기도 하다.

다. 지질

그린커피에는 약 7~17% 정도의 지질이 포함되어 있다. 아라비카가 15% 정도, 로부스타가 10% 정도 함유하고 있어 아라비카가 로부스타에 비해 지질이 50% 더 많이 함유되어 있는 편이다.

지질은 리놀레산(Linoleic acid), 팔미트산(Palmitic acid)의 에스테르(Esters), 디터펜(Diterpene) 성분의 카페스톨(Cafestol)과 카웨올(Kahweol), 인지질 등의 성분이 들어 있다. 특히 디터펜 성분의 함량은 품종에 따라 차이를 나타내는데, 카페스톨은 아라비카와 로부스타에 0.5~0.9%, 0.2% 각각 포함되어 있으나 카웨올은 아라비카에만 0.3% 포함되어 있다.

대부분의 지질은 배젖(Endosperm)에 분포되어 있고 포화지방산(팔미트산, 스테아르산), 단일불포화지방산(오레인산), 다가불포화지방산(리놀레산) 등을 포함한 중성지방이다. 미량이 밀랍 형태의 얇은 층(Wax)으로 그린커피 표면에 분포되어 있는데, 이는 그린커피가 마르지 않도록 보호하는 역할을 한다.

열을 가하면 열분해되면서 커피오일이 생성되고 휘발성인 디터펜 성분의 카페스톨과 카웨올이 분해되어 향기를 형성한다.

지질은 로스팅 후에 커피의 산패에 직접적인 영향을 미치는 요소이며, 에스프레소로 추출하면 콜로이드화되어 크레마를 생성하게 되므로 맛의 풍성함을 제공해 주는 큰 역할을 한다.

라. 비휘발성 산(Non-volatile acids)

1) 클로로겐산류(Chlorogenic acid類)

클로로겐산은 세포의 산화적 손상을 예방하는 항산화 효능으로 탁월하다. 산화적 스트레스를 초래하는 수산화 래디컬(Hydroxy radical) 등과 같은 강한 활성 산소를 제거하여 우리 몸의 산화를 예방해 준다. 특히 그린커피의 클로로겐산은 체내 흡수율이 높으므로 항산화 효과를 극대화시킬 수 있다.

그린커피에 들어 있는 폴리페놀은 신남산(Cinnamic Acid) 유도체와 퀸산(Quinic Acid Ester)이 대부분이다. 신남산 유도체의 여러 가지 종류와 보유한 함량에 따라 그리고 퀸산의 결합 위치에 따라 많은 동족체가 만들어지는데, 이들을 모두 통틀어 '클로로겐산(Chlorogenic acids)'이라고 말한다. 그린커피에는 적어도 13종이 있는 것으로 알려져 있지만 그 함유량은 품종, 숙성 정도, 재배 환경, 생육 조건 및 분석법에 따라 다르게 나타난다. 맛의 특성으로는 신맛을 내기도 하지만 쓴맛과 강한 맛, 금속성 맛, 후미가 좋지 않는 역할을 하기도 한다. 주요 클로로겐산으로는 모노 클로로겐산류(Mono Chlorogenic Acid類), 3-CQA(카페오일퀸산, 3-Caffeoyl Quinic Acid), 4-CQA, 5-CQA를 들 수 있는데 그중 5-CQA가 가장 많이 함유되어 있다.

CQA 성분은 로스팅 볶음 정도에 따라서 감소된다. 중간 볶음일 때 50% 정도 감소되고 강한 볶음 상태일 때는 약 80%까지 소실된다.

또한 미성숙 콩, 로부스타, 결점두(특히 블랙빈(Black Bean), 사우어빈(Sour Bean) 등)가 많은 콩은 CQA/diCQA 성분 값을 적게 함유하고 있는 것으로 나타나고 있다.

2) 기타 유기산(Acids)

카페산(Caffeic Acid), 구연산(Citric Acid), 사과산(Malic Acid), 주석산(Tartaric Acid), 인산(Phosphoric Acid) 등의 비휘발성 산과 아세트산(Acetic Acid)의 휘발성 산으로 주로 구성되며 신맛에 영향을 준다. 특히 퀸산, 사과산, 구연산은 커피에서 가장 중요한 산으로서 로스팅 시간이 짧으면 많이 남아 있고 길어지면 거의 사라지게 된다.

마. 카페인(Caffeine)

카페인은 커피, 차, 초콜릿 등을 통해 쉽게 접할 수 있는 성분으로 퓨린(purine) 염기류에 속한다. 무취하고 쓴맛을 낸다. 함량은 품종과 재배 지역에 따라 차이가 나는데, 특히 로부스타종은 아라비카종에 비해 약 2배 더 많이 함유하고 있다. 품종별 카페인 함량 차이는 [표 2-13]과 같다.

카페인은 열에 안정적이어서 열원의 자극에도 함량 변화가 거의 없고 물에 잘 녹아 물 온도가 0℃에서는 0.6%, 25℃에서는 1.46%, 50℃에서는 6.75%, 80℃에서는 19.23%까지 추출된다.

✿ [표 2-13] 그린커피의 퓨린 염기 함량(mg/kg)

퓨린 염기	아라비카종	로부스타종
Caffeine	9,000~14,000	15,000~26,000
Theobromine	36~40	23~82
Theophylline	7~23	86~344
Paraxanthine	3~4	8~9
Theacrine	0	11
Liberine	5	7~10
Methliberine	0	3

출처 : 장상문 외(2006), 커피학, 광문각. 61

바. 트리고넬린(Trigonelline)

트리고넬린은 카페인의 약 25% 정도의 쓴맛을 내는 알칼로이드계 성분이다. 로스팅에 의해 열분해할 때 니코틴산으로 변하며 피리딘(Pyridines)과 파이롤(Pyroles)을 생성한다. 휘발성 향기 성분을 형성하는 중요한 역할을 한다. 이것은 다양한 식품군 중에 주로 어패류에 많이 함유되어 있는 성분이다. 그린커피에서의 트리고넬린 함량은 품종에 따라 아라비카종이 0.6~1.2%로 평균 1.0%이고 로부스타종이 0.3~0.9%로서 평균 0.65%이며 리베리카종은 0.24~0.28%로서 평균 0.25% 정도 내포하고 있다. 열에 불안정하여 중볶음일 때는 40~60%까지 감소하며 강볶음에는 85%까지 소실된다.

사. 기타

칼륨(K), 마그네슘(Mg), 황(S), 칼슘(Ca), 인(P) 등의 무기질이 4% 내외 들어 있다. 대부분이 물에 잘 녹는다. 그 외에 항진균 작용을 하는 구리(Cu)도 아주 소량 들어 있는데 로부스타종이 아라비카종보다 많은 편이다.

[표 2-14] 그린커피의 무기질 종류와 함량(건조물 %)

성분 종류	함량
칼륨(K)	1.68~2.0
마그네슘(Mg)	0.16~0.31
황(S)	0.13
칼슘(Ca)	0.07~0.035
인(P)	0.13~0.22

출처 : (사)한국커피전문가협회, "바리스타가 알고 싶은 커피학", 교문사, 217

아. 아리비카종과 로부스타종의 핵심 향기물질 차이

그린커피의 갈변 반응과 마이야르 반응을 통하여 향기물질을 생성한다. 휘발성 화합물은 700ppm~2,500ppm으로서 중량의 0.05% 미만으로 매우 적은 양이지만 800여 가지가 넘는다.

많은 커피 향기물질 중에서 아라비카종과 로부스타종과의 주요한 향기물질의 차이는 [표 2-15]와 같다. 어시류(Earthy類) 향기물질과 페놀릭(Phenolic)류의 향기물질들이 차이를 나타냈다.

[표 2-15]는 아라비카종과 로부스타종별로 향기물질의 함유 정도의 차이를 살펴보고 각 향기물질들이 커피 향미에 미치는 기여도를 추출 수율과 냄새의 역치 정도로 나타낸 것이다.

🌿 [표 2-15] 아리비카종과 로부스타종의 핵심 향기물질의 차이[20]

향기물질		농도		공헌도		
특성	성분	아라비카	로부스타	추출수율 (%)	냄새역치 ppm	기여
어시류	2-Ethyl-3,5-dimethylpyrazine	0.326	0.940	79	0.16	110
	2,3-Diethyl-5-methylpyrazine	0.090	0.310	67	0.09	40
스모키/페놀류	Guaiacol	3.2	28.2	65	25	50
	4-Ethylguaiacol	1.61	18.1	49	50	1
	4-Vinylguaiacol	55	178	30	20	40

어시류는 로부스타가 아라비카보다 수치상 3배 이상 많이 함유하고 있고 소량이라도 쉽게 향이 느껴지며 맛에도 큰 영향을 미치는 것을 알 수 있다. 스모키류와 페놀류는 로부스타가 아라비카보다 구아야콜 성분을 9배 이상 많이 함유하고 있어 진하게 느껴지는 것을 알 수 있다. 따라서 로부스타가 아라비카보다 흙냄새가 나고 스모키함이 더 느껴진다.

20) 최낙언, "과학으로 풀어본 커피향의 비밀", 서울꼬문
    원제. Belitz. H.D. 외(2009), "Food Chemistry 4th", Springer와 Mayer 외(2000)

- 3장 -

재배

◑ 커피나무와 그 결실 과정을 알아본다.
◑ 커피체리의 구조와 특성을 살펴본다.
◑ 커피체리의 시각적 변화와 그 특성을
  살펴본다.
◑ 커피나무의 생육 환경을 알아본다.

커피체리는 토양과 기후의 환경적 요소, 비료 사용, 질병에 대한 저항력 등에 의해 크게 좌우된다. 이 장에서는 그린커피 씨앗을 파종하는 것부터 자라서 어떻게 체리를 맺는지 등의 전반적인 성장 과정과 산지의 환경과 여건에 알맞은 재배 방법은 무엇인지에 대하여 알아본다.

즉, 어떤 지형과 토양에서 잘 자라는지, 고도, 기후, 바람, 수분, 습도, 온도 등의 재배 환경을 어떻게 유지시키는 것이 좋은지, 그늘재배, 사이심기, 고랑 만들기 등 어떠한 경작 방법을 계획할 것인지 등의 전반적인 재배 과정에 대해서 살펴본다.

 ## 1 커피나무의 결실 과정

[그림 3-1]과 같이 커피나무는 씨앗을 심어 약 30~60일 정도가 지나면 새순이 나오기 시작한다. 그 이후 10주가 지나면 두 개의 떡잎이 나오고 그 후 3개월 정도 더 지나면 첫 잎이 나온다.

씨앗의 발아에서 첫 체리가 맺기까지는 2~3년이 걸리며 첫 개화는 1.5~2m 정도 키의 2년생 커피나무에서 시작한다. 개화 후 꽃잎이 떨어지면 작은 봉오리의 초록 체리가 생기며 수확이 가능한 성숙된 체리가 될 때까지는 아라비카는 6~9개월, 로부스타는 9~11개월이 걸린다. 첫 수확으로 열리는 커피체리는 작은 것이 대부분이고 수확량도 매우 적으며 불안정하고 신맛이 지배적이다. 약 7년이 지나서야 비로소 상품화할 수 있는 커피체리가 수확된다. 일반적으로 한 나무에서 커피체리가 5kg 수확되며 그린커피로 가공하면 1.0~1.2kg이 된다. 이때 단맛을 띠고 있기는 하지만, 상품으로서의 안정기는 8~12년 사이가 가장 좋다. 이때에는 센터컷이 일정하게 나타나며 풍부한 맛을 낸다. 커피나무가 17년 이상이 되면 수확량이 줄어들고 쓴맛을 띠기 시작해 상품화하기 어려워진다. 커피나무의 수명은 잘 자라면 80년까지 살 수 있으나 30년 이상의 나무는 주로 관상용으로 쓰인다.

⬤ [그림 3-1] 커피나무의 성장 과정

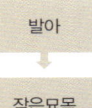
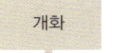
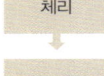

- 씨앗에서 약 30~60일 정도가 지나면 새순이 나옴.
- 그 이후 10주가 지나면 두 개의 떡잎이 나옴
- 그 후 3개월 정도 더 지나면 첫 잎이 나옴

- 발아에서 체리 맺기까지 3년
- 첫 개화 : 2~4년 정도(커피나무의 키 : 1.5~2m)
- 개화에서 체리성숙까지(아라비카 : 6~9개월, 로부스타 : 9~11개월)

- 한 나무(7년)에서 보통 체리 5kg 이하 수확(그린커피로는 1.0~1.2kg 해당), 센터컷이 불안정. 아직 상품화하기 어려움(신맛이 대부분)
- 한 나무(17년)에서 보통 체리 5kg 수확(그린커피로는 1.2kg 해당), 센터컷이 일정. 상품화 가능(단맛이 풍부함)
- 17년 이상이 되면 수확량이 감소하기 시작, 상품화하기 어려움(쓴맛이 대부분)
- 30년 이상이 되면 상품화가 어려움, 주로 관상용. 잘 자라면 80년까지 수명

가. 씨앗에서 발아, 싹이 날 때까지

🌱 [그림 3-2] 커피나무의 발아 과정

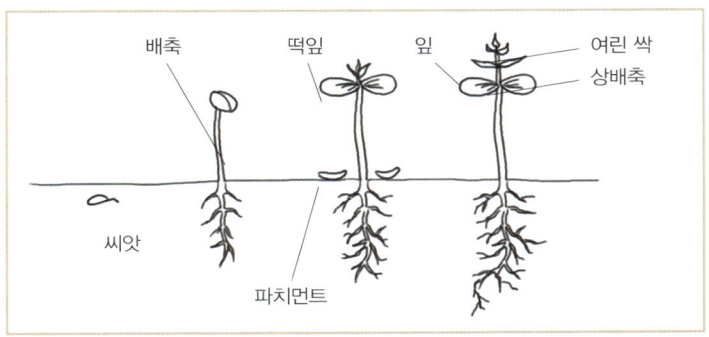

파치먼트를 심으면 배축이 자라 지표면을 뚫고 올라온다. 10주가 지나면 파치먼트가 갈라지고 두 개의 떡잎이 펼쳐진다. 그 후 횡근 뿌리가 자라기 시작하고 심은 지 3개월이 지나면 두 개의 떡잎 사이로 첫 어린잎이 생기기 시작한다.

🌱 〈사진 3-1〉 커피나무의 싹

나. 줄기와 싹

이형성 식물(A dimorphic plant)인 커피나무의 줄기는 양 방향에서 교대로 교차하여 나온다(직교이방성 싹). 중앙의 주된 줄기에서 서로 엇갈리게 1차 가지가 나오고 수직의 주된 줄기에는 체리가 드물게 맺힌다. 1차 가지에서 수평으로 경사지게 2차 가지로 뻗어 나가는데, 생명력 있고 생식력이 있는 싹은 2차 가지에서 주로 자란다. 만약 1차 가지가 죽거나 잘리면 그에 달려있는 2차 가지의 싹도 모두 없어진다. 한 계절 동안 한 가지에서 체리를 맺으면 다음 해에는 그 가지에서는 체리를 맺지 못한다.

종들과 환경 조건들에 따라 다르지만, 1년생 커피나무는 약 6~10개의 경사 굴성 가지들이 나오고, 2년생 커피나무는 1.5~2m 키에 도달하고 첫 번째 개화를 하게 된다. 3년 후에는 완전 성숙 단계에 도달하며 정상적인 작물을 수확할 수 있게 된다.

---

21) 발리 커피농장에서의 농장주의 경험에 의해서 설명된 내용

🌱 〈사진 3-2〉 커피나무 줄기와 싹

🌱 [그림 3-3] 커피나무의 구조

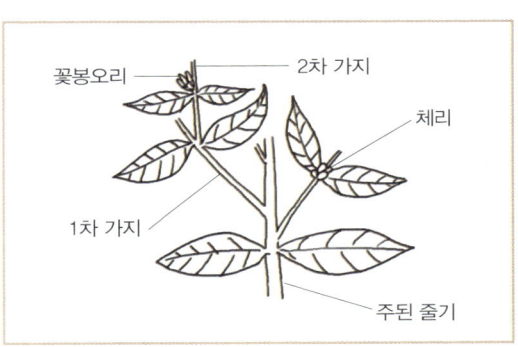

꽃봉오리 ─── 2차 가지

체리

1차 가지

주된 줄기

🌱 〈사진 3-3〉 커피나무

다. 잎

잎들은 주된 줄기나 가지들에서 서로 마주 보고 쌍으로 잎꼭지에서 나며 두꺼운 편이다. 윗면은 짙은 녹색으로, 빛나고 반들거린다. 잎 모양은 타원형이며 잎맥이 선명하며 끝이 뾰족한 편이다.

아라비카 잎은 로부스타에 비해 모양이 가늘고 섬세하며 로부스타는 잎이 크고 넓은 편이다. 아라비카의 어린잎은 종에 따라서 차이가 있는데, 버번종은 엷은 녹색을 띠고 티피카종은 브론즈색을 띤다.

잎의 크기는 종, 건강 상태, 빛에 의한 광합성 상태 등에 따라 다르다. 평균적인 잎의 면적은 22~45㎠이며 잎이 나오고 50~60일이 지나면 완전히 성숙하여 광합성을 시작한다.

기공들이 빨리 닫히는 능력을 가진 종들은 증발이 잘 조절되어 가뭄에 대한 저항력이 높은 편이다. 하루에 증발되는 수분량은 그늘 재배 커피를 제외한다면 대략 6g/dm²이다.

〈사진 3-4〉 커피나무의 잎

라. 커피나무의 꽃[22]

커피나무는 일 년에 한두 번 희고 달콤한 자스민 향을 내는 꽃을 피운다. 커피 꽃은 [그림 3-4]와 같이 다섯 장의 겉꽃잎과 꽃받침, 다섯 개의 꽃밥이 있는 수술, 한 개의 암술로 구성되어 있다. 씨방이 꽃받침의 아래에 위치해 있고, 2

22) (1) 이승재, "커피나무의 식물학적 특성 고찰", 350
    (2) Wintgens, Jean Nicolas(2004), "Coffee : growing, processing, sustainable production", WILEY-VCH
        Veriag GmbH & Co. KGaA 원서 중에서 "The Coffee Plant"

개의 배주(胚珠, Ovules)를 가지고 있다. 이것이 수정되면 2개의 그린커피가 된다.

🌱 [그림 3-4] 커피나무 꽃의 구조

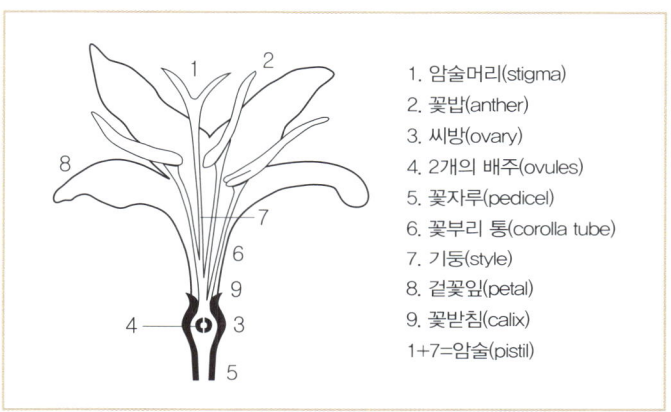

1. 암술머리(stigma)
2. 꽃밥(anther)
3. 씨방(ovary)
4. 2개의 배주(ovules)
5. 꽃자루(pedicel)
6. 꽃부리 통(corolla tube)
7. 기둥(style)
8. 겉꽃잎(petal)
9. 꽃받침(calix)
1+7=암술(pistil)

🌱 〈사진 3-5〉 커피나무의 꽃

꽃은 아침 일찍 개화되었다가 오후에 수분되면 꽃밥의 색깔이 갈색으로 변한다. 이틀 후에 씨방을 제외한 꽃잎이 떨어지고 씨방이 발달하게 된다. 개화한 꽃의 약 40%만 수정에 성공하여 체리를 맺고, 실패하면 암술머리와 꽃부리들이 씨방에 묶인 채로 남게 된다.

커피 화분(Pollen)은 바람에 의해 수분되거나 달콤한 향기에 이끌린 곤충들에 의해 수분된다. 아라비카는 90~95%가 바람을 통해 자가 수분하고 10% 미만이 자연적으로 벌을 통해 교차 수분한다[23]. 로부스타는 다른 나무의 꽃가루(Pollen)에 의해서만 수정하는 타가수분(Allogamous) 방식이다.[24]

마. 개화

보통 2~3년차 나무는 개화를 시작한다. 꽃눈이 발달하는 곳은 모든 가지의 엽액에서 생긴다. 꽃눈은 나무의 호르몬에 의해 발달되고 일조시간의 주기적 변동에 따라, 온도의 저하에 의해서 촉진된다.

아라비카의 경우, 꽃송이 1개당 2~9개의 꽃이 개화한다. 마디당 4~12개의 꽃송이를 만들며 결국에는 16~48개의 꽃들이 피어난다.

호르몬 자극을 받은 지 3~10일 후에는 개화가 시작된다. 개화기에 휴면하는 눈과 미발달된 눈들은 개화하지 못하고 나중에 개화하기도 한다. 이렇게 시차적으로 엇갈리게 개화하게 되면 커피베리보어(Coffee Berry Borer) 같은 해충이 활성화되기 쉽다.

---

23) Carvalho, A.(1946), "Geographic distribution and botanical classification of genus Coffea with special reference to arabica species", Bull. Suprint. Serv, Cafe 23, 3-33 (in Portuguese)

24) (1) Berthaud J. and Charrier A. (1980), "Genetic resources of Coffea", In R.J Clarke and R. Macra(eds), "Coffee: Volume 4-Agronomy, London Elsevier Applied Science, pp.1-42
(2) 이승재, "커피나무의 식물학적 특성 고찰", 351-352

〈사진 3-6〉 커피나무의 꽃 2

바. 뿌리

일반적으로 총길이가 20~25km인 커피나무의 뿌리는 땅 속 약 3m까지 깊이 뻗어 나간다. 뿌리는 크게 다섯 가지 부분으로 나눌 수 있다. [그림 3-5]와 같이 짧은 중심 뿌리(a), 직근 뿌리(b), 횡근 뿌리(c), 곁뿌리(d), 잔뿌리(e)로 구분한다.

짧은 중심 뿌리는 가장 중앙에서 나무의 지지대 역할을 하며 물을 공급하는 주요한 뿌리이다. 이식을 하면 이 뿌리를 중심으로 하여 다른 뿌리들이 가지쳐 나오게 된다. 1m 이상 더 자랄 수 있지만 대부분의 길이는 45cm 안팎이다.

직근 뿌리는 짧은 중심 뿌리에서 뻗어 나온 것으로 개체 수는 4~8개 정도이다. 처음에는 수평으로 뻗어가다가 나중에는 세로로 3m까지 자라난다. 적당히 두껍고 잔가지가 많은 편이며 나무의 지지대 역할을 한다. 건기 때 물을 많이 흡수하여 저장하기도 한다.

횡근 뿌리도 짧은 중심 뿌리에서 뻗어 나왔으며 양옆 수평으로 1.2m부터 1.8m까지 토양층 표면에 가장 가까이 자라므로 토양층의 영양분과 미네랄을 흡수한다.

곁뿌리는 중심, 직근, 횡근 뿌리에서 파생된 것으로 대부분의 길이는 25mm 안팎이다. 토양의 표면에 가까워질수록 더 짧아지고 개체수가 많아진다.

잔뿌리는 곁뿌리에서 파생되었으며 뿌리 중 가장 물을 많이 빨아들이는 역할을 한다. 토양에서 20cm 아래에서부터 자라기 시작하므로 나무 기둥에서부터 60~90cm 정도까지 떨어져있는 편이다.

[그림 3-5] 6년근 아라비카 나무의 전형적인 뿌리 체계

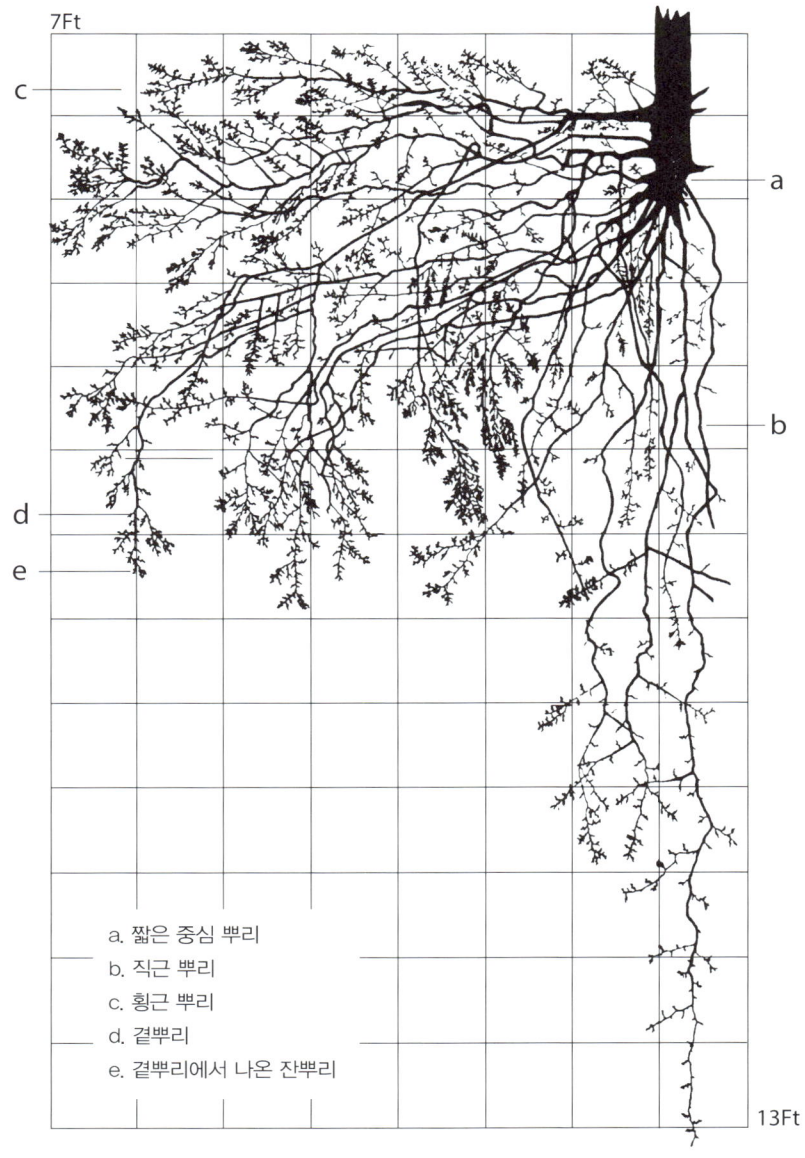

7Ft

c

a

b

d

e

a. 짧은 중심 뿌리
b. 직근 뿌리
c. 횡근 뿌리
d. 곁뿌리
e. 곁뿌리에서 나온 잔뿌리

13Ft

 **커피체리의 구조와 특성**

가. 커피체리의 구조

커피체리는 [그림 3-6]과 같이 끝부분, 외피, 과육, 과육 아래 있는 파치먼트, 그린커피를 둘러싸고 있는 속피, 그린커피, 배아로 구성되어 있다.

🍃 **[그림 3-6] 커피체리의 구조와 배아[25]**

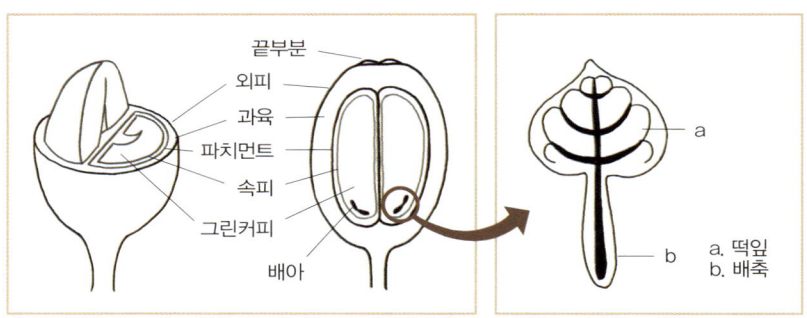

배아는 발아점으로서 [그림 3-6]의 오른쪽 그림과 같이 3~4 mm 길이 정도이며 배축과 떡잎으로 이루어져 있다. 씨앗이 발아하는 시점의 차이는 씨앗의 크기와 모양의 차이 때문이고 발아력의 차이는 [표 3-1]과 같이 저장 온도와 저장 기간의 차이에 기인한다.

25) Wintgens, Jean Nicolas(2004), "Coffee : growing, processing, sustainable production", WILEY-VCH Veriag GmbH & Co. KGaA

빈트겐스(Jean Nicolas Wintgens, 2004)는 40~41% 수분상태를 유지하며 폴리에틸렌 백에 보관한 그린커피의 발아력을 [표 3-1]과 같이 나타내었다. 아라비카 씨앗은 15℃보다 19℃에서 더 오래 발아력을 유지할 수 있었고, 카네포라와 스테노필라 씨앗은 19℃의 적정 온도에 보관되어도 15개월부터 현저하게 생명력이 떨어져서 2년이 지나면 발아력이 없어진다는 것을 알 수 있었다. 만약, 10℃ 이하에 오랜 기간 동안 저장해 두면 발아력을 잃게 된다고 한다.

따라서 하와이의 훌라 대디 코나 커피농장(Hula Daddy Kona Coffee)[26]에서는 흙바닥(19℃ 정도)에 씨앗을 그냥 던져놓기만 해도 잘 발아된다고 전한다.

한편, 씨앗을 심기 전에 물에 24시간 담가두면 발아력을 더욱 높일 수 있고, 심기 전에 손으로 파치먼트를 인위적으로 벗겨주면 발아 시점은 더욱 빨라지기도 한다고 한다.

🌱 [표 3-1] 적정 상태로 저장되어 있는 그린커피 씨앗의 발아력[27]

품종	온도	저장 기간(달)					
	℃	0	8	15	24	30	36
아라비카	15	95	95	90	91	80	–
아라비카	19	95	94	95	90	80	60
카네포라	19	95	91	64	0	0	0
스테노필라	19	90	80	50	0	0	0

note : 40~41% 수분 보유 상태로 저장(폴리에틸렌백에 보관)

26) 하와이 "Hula Daddy Kona Coffee" 견학 중에서, 2014.8.20

27) Wintgens, Jean Nicolas(2004), "Coffee : growing, processing, sustainable production", WILEY-VCH Veriag GmbH & Co. KGaA

🫘 〈사진 3-7〉 훌라 대디 코나 커피 농장에서 발아를 위해 던져 놓은 커피체리들

나. 개화에서 커피체리가 되기까지의 성장 과정

커피꽃은 [그림 3-7]의 1과 같이 꽃봉오리가 맺히고 2와 같이 휴지기를 거친후 2~3일 동안 개화한다. 꽃잎이 떨어진 후 아라비카는 자가수정 방식에 의해서, 로부스타는 타가수정 방식에 의해서 8주 동안 세포분열을 일으켜 팥알만한 작은 초록 체리가 4와 같이 맺힌다(핀헤드 단계). 10주 후에 씨방을 가진 포실이 빠르게 성장하면서 팽창하고 외피가 5와 같이 만들어진다(빠른 성장 단계). 외피 속에 있는 배유는 6과 같이 점점 퍼져 채워져 나간다.

외피의 크기는 공급되는 수분에 따라 최종 그린커피 사이즈가 되는데, 가뭄이 들면 결국 크지 못하게 된다. 배유가 6과 같이 약 18주 동안 다 채워지면 마침내 외피는 그린커피를 둘러싼 실버스킨이 된다. 이때 그린커피는 젤리와 같

⬤ [그림 3-7] 커피체리의 성장 과정

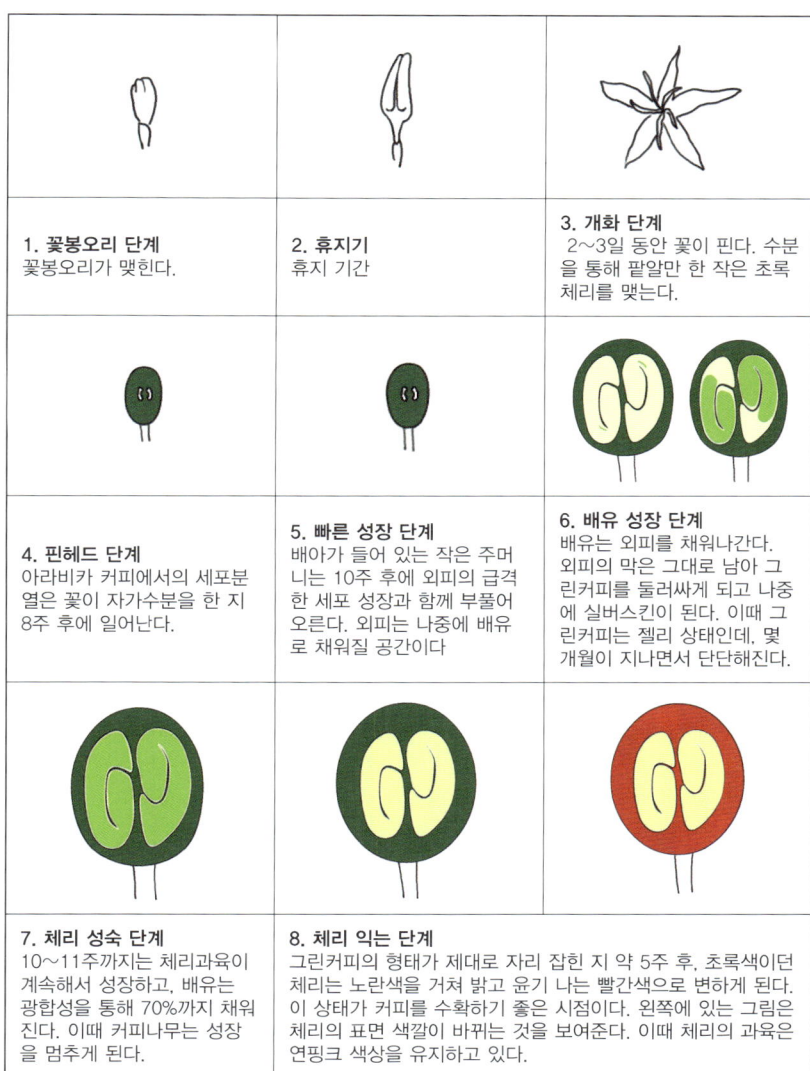

1. 꽃봉오리 단계
꽃봉오리가 맺힌다.

2. 휴지기
휴지 기간

3. 개화 단계
2~3일 동안 꽃이 핀다. 수분을 통해 팥알만 한 작은 초록 체리를 맺는다.

4. 핀헤드 단계
아라비카 커피에서의 세포분열은 꽃이 자가수분을 한 지 8주 후에 일어난다.

5. 빠른 성장 단계
배아가 들어 있는 작은 주머니는 10주 후에 외피의 급격한 세포 성장과 함께 부풀어 오른다. 외피는 나중에 배유로 채워질 공간이다

6. 배유 성장 단계
배유는 외피를 채워나간다. 외피의 막은 그대로 남아 그린커피를 둘러싸게 되고 나중에 실버스킨이 된다. 이때 그린커피는 젤리 상태인데, 몇 개월이 지나면서 단단해진다.

7. 체리 성숙 단계
10~11주까지는 체리과육이 계속해서 성장하고, 배유는 광합성을 통해 70%까지 채워진다. 이때 커피나무는 성장을 멈추게 된다.

8. 체리 익는 단계
그린커피의 형태가 제대로 자리 잡힌 지 약 5주 후, 초록색이던 체리는 노란색을 거쳐 밝고 윤기 나는 빨간색으로 변하게 된다. 이 상태가 커피를 수확하기 좋은 시점이다. 왼쪽에 있는 그림은 체리의 표면 색깔이 바뀌는 것을 보여준다. 이때 체리의 과육은 연핑크 색상을 유지하고 있다.

출처 : http://www.coffeeresearch.org/agriculture/beandevel.htm

이 말랑말랑하고 여린 상태이다(배유 성장 단계). 그 후 10주나 11주 동안 커피나무는 7과 같이 광합성을 통해 자라고 체리도 덩달아 점점 커지게 된다(체리 성숙 단계).

체리 크기가 다 형성된 후 5주가 지나고 나면 8과 같이 체리는 익기 시작하고 색상 변화를 일으킨다. 초록의 색상이 노란색, 주황색, 밝은 빨강색, 짙은 빨강색, 자주색으로 변화를 일으킨다. 이때 그린커피는 점점 단맛을 띠게 되고(체리 익는 단계)[28] 다 익었을 때 체리의 길이는 15~18mm 정도가 된다.

개화 후 체리가 성숙하기까지 아라비카는 7~9개월이 걸리고 로부스타는 9~11개월이 걸린다.

---

28) (1) http://www.coffeeresearch.org/agriculture/beandevel.htm
  (2) Wintgens, Jean Nicolas(2004), "Coffee : growing, processing, sustainable production", WILEY-VCH Veriag GmbH & Co. KGaA

〈사진 3-8〉 커피체리의 성장 과정

커피체리의 단면

다. 비정상적인 그린커피의 종류[29]

보통 한 개의 체리 속에는 두 개의 씨앗이 들어 있어야 하지만 비정상적으로 자란 씨앗들이 있다. 이는 수분 공급이 원활하지 않거나 유전적인 문제, 성장 상태의 결함 등 다양한 원인에 의해 발생한다.

초창기에는 비정상적인 콩인 피베리(Peaberry)나 패각두(암수가 서로 감싸고 있는 모양. 로스팅하면 분리된다)가 상품에서 제외되었으나 최근에는 독특하고 풍부한 향미를 높게 평가해 더욱 비싼 가격으로 팔리고 있는 편이다.

🌱 〈사진 3-9〉 비정상적인 그린커피

1) 다배아콩(Polyembruony)

2개 혹은 그 이상의 배아들이 하나의 씨방에서 성장하여 비정상적인 모양으로 분리된 콩들이다. 이들은 하나의 파치먼트에 각각의 실버스킨으로 싸여져 있다.

2) 단배유콩(Monospermy)

보통 커피체리에는 2개의 콩이 들어 있지만 그중 하나가 정상적으로 발달하지 못해 다른 하나가 전체 공간을 차지하게 된 경우이다. 피베리(Peaberry) 또는

---

29) Wintgens, Jean Nicolas(2004), "Coffee : growing, processing, sustainable production", WILEY-VCH Veriag GmbH & Co. KGaA

피빈(Peabean)이라고 부른다. 이 현상은 2개의 배아 중에서 하나가 빈약한 수분(Poor pollination) 때문에 유산되는 경우와 같다. 또한 불완전한 배유 발달이나 단일 정자 품종에 의해 나타나기도 한다. 아라비카의 교잡종들에 더 많이 발생한다.

3) 다배유콩(Polyspermy)

인도네시아 자바 섬의 리베리카종에서 발견된 것으로 유전되는 특성이 있다. 포실마다 단 하나의 씨앗을 가지고 있고 자체의 파치먼트로 둘러싸여 있다.

4) 빈 콩들(Empty Beans)

정상적인 내과피 내부에서 배유가 제대로 채워져서 발달하지 못한 경우에는 비어 있는 콩이 된다. 이것은 한 쪽에서만 일어날 수도 있고 두 쪽 모두에서 일어날 수 있다. 그 원인은 주로 유전적이거나 생리적 결함으로 알려져 있다.

5) 기형콩

외피의 모양이 정상적이지 않은 경우에 나타난다. 나무에 체리가 달린 위치, 나무의 연령이 원인인데, 보통 오래된 가지에서 기형콩이 많이 생성된다.

🌿 [그림 3-8] 정상 및 기형 커피체리들

| 정상 콩 | 다배아콩 | 기형콩 | 단배유콩 | 빈 콩 |

* 배젖(Endosperm) : 배유 조직의 하나. '내유(內乳)'라고도 한다. 종자 식물의 배낭(胚囊) 속에 발달하여 영양분을 저장하며 배 발생 때 영양을 공급한다.

* 주피(Integument, 외피) : 배주가 발달할 때 주심을 둘러싸는 조직이다. 심피에서 주심의 원조직보다는 약간 늦게, 그 바깥쪽 기부에서 발생하여 주심을 기부쪽에서 둘러싸고, 나중에는 완전히 주심을 둘러싸는데 약간 남겨진 부분을 주공(珠孔)이라고 한다. 주피는 내주피와 외주피로 구별되는데, 배주가 종자가 될 때 종피가 되어 배와 배유를 보호한다. 이때 내주피는 내종피로, 외주피는 외종피로 각각 발달한다.

3 커피체리의 시각적 변화와 그 특성

커피체리는 초록의 작은 팥알만 한 크기에서부터 자란다. 60일 동안 점점 커져서 체리 크기만 해지면 이번엔 단맛을 내도록 익어간다. 노란색, 주황색, 밝은 빨강색, 짙은 빨강색, 자주색으로 점점 색상 변화를 일으키며 떫은맛이 사라지고 단맛이 나기 시작하면서 그 농도를 더해간다. 처음 30일 동안 노란색에서 밝은 빨강색으로 변화를 일으킬 때는 아직 미완숙된 상태이다. 이때는 가지에 체리가 아주 단단하게 붙어있으므로 떼어 내기가 힘들다. 시간이 지날수록 색상은 더욱 짙어져 짙은 빨강색이나 자주색을 띠게 되고, 완전히 완숙되면 체리 꼭지가 가지에서 자연스럽게 톡 떨어진다. 이 시기에 수확을 시작하면 가장 잘 익은 최상의 커피체리를 쉽게 거둘 수 있다.

[표 3-2]와 같이 그린(Green) 체리 단계는 아직 그린커피의 내부에 배유가 다 채워지지 않은 단계여서 그린커피와 과육의 경계가 모호한 상태이다. 따라서 내부의 씨앗과 외부의 과육을 분리시켜 떼어 내기가 쉽지 않다. 내부의 그린커피 씨앗도 아직 여물지 않아 두께가 얇고 말랑말랑한 상태이며 색상은 밝은 노란색을 띠고 센터컷도 아직 형성되지 않아 불완전한 모습을 보인다. 덜 익은 상태이므로 체리의 조밀도가 낮고 타닌 성분이 많아 거칠고 아주 떫은맛을 낸다. 상온에 그대로 방치해 두면 색상 변화가 거의 없다. 그 이유는 아직 당분이 만들어지지 않은 상태이기 때문이다.

옐로(Yellow) 체리 단계는 노란색에서 주황색으로 색상 변화를 보이는 체리들이다. 아직도 그린커피가 완전히 완숙된 상태가 아니기 때문에 조밀도와 두께, 센터컷이 조금은 불완전한 모습이다. 첫 단계인 초록 체리보다는 타닌이 적은 편이나 아직도 단맛을 풍부하게 내지는 못한다. 상온에 놓아두면 약간의 당분 성분으로 인해 공기와 접촉되어 색상이 아주 천천히 짙어진다.

레드(Red) 체리 단계는 밝은 빨강색에서 자주색으로 익어가는 체리들이다. 탄수화물, 지방, 단백질의 주요 성분을 충분히 갖춘 완전한 그린커피 상태이다. 조밀도가 가장 높고 두께도 가장 두툼하며 센터컷도 일정하게 나타난다. 상온에 내어놓으면 많은 당분으로 인해 색상이 가장 빨리 변한다. 레드 체리 단계일 때 거의 수확이 이루어진다.

🫘 〈사진 3-10〉 커피체리의 색상 변화

🫘 [표 3-2] 커피체리의 성숙도에 따른 색상 변화와 그 특성

종류	그린 체리	옐로 체리	레드 체리
체리 색상	초록색	노란색~주황색	빨간색~자주색
센터컷 모양	불완전함 (자유분방함)	불완전과 완전의 혼합	완전한 모양 (일정함)
두께	날카롭고 얇음	중간 정도	가장 두툼함
색상	가장 옅은 색 (노랑)	중간 (노랑보다 더 진한)	가장 짙은 색 (완전한 콩색)
조밀도	저	중	고

함유 성분	타닌이 가장 많아 거칠고 떫은 맛이 강함	중간	탄수화물, 지방, 단백질 등 모든 성분 포함, 주로 단맛
상온 변화	거의 변화 없음	천천히 변함	가장 빨리 변함 (당성분 때문)

가. 커피체리에 관한 실험

몇 년 전, 발리의 '코피 아리랑(Kopi Arirang)' 커피 농장을 다녀오면서 직접 파종하고 수확하며 가공하는 체험을 경험하였다. 이때 그린커피 상태에 대한 몇 가지 실험도 함께 하였는데 그 결과를 정리해 본다.

(1) **언제 :** 2012년 4월 17일~2012년 4월 22일
(2) **어디서 :** 발리의 코피 아리랑 커피 농장
(3) **무엇을 :** 성숙 정도가 다른 커피체리(그린 체리, 옐로 체리, 레드 체리)
(4) **어떻게 :**
　　실험1) 양지와 음지의 다른 환경에서 자랐으며 성숙도가 차이나는 커피
　　　　　 체리의 온도(레이저빔)와 당도(당도계) 측정 비교
　　실험2) 성숙도가 다른 체리를 물에 일주일간 담근 후 결과 비교

1) 실험 1 : 커피체리 성장 환경과 성숙 정도에 따른 비교
:: **방법**
① 양지와 음지에서 자란 커피체리(그린 체리, 옐로 체리, 레드 체리)를 구별하여 수확한다.
② 가로로 잘라 체리의 겉과 속의 온도와 당도를 측정한다.

🌱 〈사진 3-11〉 커피체리의 성장 환경과 성숙 정도에 따른 비교

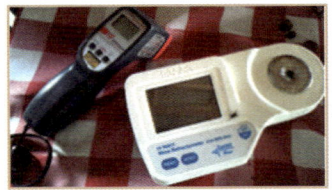

양지

음지

그린 체리   옐로 체리   레드 체리

여러 개의 체리(결과물)를 측정한 후 평균값을 [표 3-3]와 같이 정리하였다.

🌱 [표 3-3] 양지와 음지에서 자란 커피체리들의 온도와 당도 측정 결과

종류	그린 체리(60일)		옐로 체리(30일)		레드 체리	
체리 색상	초록색		노란색~주황색		빨강색~자주색	
종류	양지	음지	양지	음지	양지	음지
Brix	−	−	17	−	20	18
겉 온도 (속 온도)	24 (26)	22 (24)	25 (26)	24 (25)	23 (25)	24 (25)

첫째, 당도 측정(Brix) : 그린 체리는 아직 체리가 형성되지 않은 미성숙 단계이므로 양지와 음지에서 자란 모든 체리를 착즙할 수 없어서 측정이 불가능하였다. 또한 음지에서 자란 옐로 체리도 아직 체리가 불완전하여 착즙이 불가능하였다. 따라서 '-'로 표시하였다.

착즙이 가능한 성숙 체리의 당도는 평균 18~19brix를 나타내었고 양지의 체리는 음지의 체리보다 2 brix가 높게 나타났다.

둘째, 온도 측정(℃) : 커피체리의 겉과 속의 온도는 약 2도 차이를 보이고 있고 속이 겉의 온도보다 1~2도 높게 나타났다. 이는 낮 시간(12시~2시)의 온도와 새벽 시간(12시~2시)의 온도 차이도 측정하여 평균을 낸 것이다. 그린 체리나 옐로 체리, 레드 체리의 온도는 거의 비슷하게 나타났으나 양지의 체리가 음지의 체리보다 약간씩 높게 나타났다.

셋째, 양지 체리가 음지 체리에 비해 당도나 온도 면에서 약간씩 높은 것으로 보아 숙성되는 속도가 음지에 비해 빨라짐을 예상할 수 있다. 따라서 햇빛의 정도는 커피나무의 성장에 주요한 영향을 미치는 요소임을 알 수 있다.

2) 실험2 : 성숙 정도가 다른 커피체리의 물리적 실험

:: 방법

① 파치먼트 상태, 그린 체리, 옐로 체리, 레드 체리를 구분하여 수확한다.

② 물에 담근다.(상온에 3박 4일, 총 92시간)

③ 결과 분석 : • 건져 낸 커피체리의 상태(색상/냄새/당도 측정)

　　　　　　　 • 건져 내고 난 후 남은 물의 상태(색상/냄새/당도 측정)

🌱 〈사진 3–12〉 커피체리를 종류별로 물에 담근 상태의 결과

| 그린 체리 | 옐로 체리 | 레드 체리 | 허니프로세스 | 파치먼트를 물에 불린 것 | 생두를 물에 불린 것 |

🌱 [표 3–4] 커피체리를 종류별로 물에 담근 실험 결과(3일 밤 담그고 체크는 4일차)

	파치먼트	그린 체리	옐로 체리	레드 체리
담근 물 색깔	탁한 뿌연 색	약간 뿌연 색	주황색	빨간색 (모두 탈색: 2주)
담근 물 냄새	약한 단내	시큼한 내	시큼+약한 단내	시큼+강한 단내
담겨진 체리 상태	점액질이 남아 있음	과육을 벗겨 내기 어려움	중간	과육이 쉽게 잘 분리됨
담겨진 커피콩 brix	–	–	6.9	6.6
담근 물 brix	1.3	1.5	1.3	3.4

첫째, 파치먼트를 담근 물은 약한 단내를 나타냈다. 색상은 탁하고 뿌연 회색이었으며 1.3 brix의 당도를 나타냈다. 건져낸 파치먼트 껍질을 벗겨 내어 그린커피만을 정제하기 어려워 그린커피만의 당도를 잴 수 없었다.

둘째, 그린 체리를 담근 물은 파치먼트만큼 진하지는 않지만 여전히 약간은 뿌연 회색과 시큼한 향내를 나타냈다. 당도는 1.5 brix인 것으로 보아 파치먼트 상태의 당도와 별 차이가 없다. 그린 체리의 상태도 아직 불완전한 미성숙 상태이므로 단맛을 거의 띠지 않은 것으로 보인다. 또한 점액질도 아직은 만들어지지 않은 상태이므로 과육을 벗겨 내기도 힘들어 당도를 측정하기 어려웠다.

셋째, 옐로 체리를 담근 물은 체리가 가지고 있던 색상대로 주황색을 띠며 시큼하고 약한 단내가 났다. 당도는 1.3brix로 파치먼트 상태와 그린 체리 상태와 유사하다. 이 결과는 외부로 배어나올 정도로 단맛을 띠는 과육을 아직도 충분히 만들어 내지 못하였다는 추측을 할 수 있다. 하지만 물에 담겨진 체리의 단면에 대한 당도는 6.9brix를 나타났다. 이것은 이 단계의 체리가 단맛을 띠는 완숙 단계에 접어 들어가고 있음을 알 수 있었다.

넷째, 레드 체리를 담근 물은 빨간색을 띠었다. 시간을 더하여 2주 동안 담가 두면 체리의 색상은 모두 빠져 하얗게 탈색된다. 담겨진 물은 아주 시큼하고 강한 단내를 풍기며 3.4brix의 당도를 나타내었다. 과육도 파치먼트로부터 쉽게 떼어 내어 분리할 수 있었고 물에 담겨진 체리 단면의 당도도 6.6brix로 높게 나타났다. 이 색상의 체리는 그린커피와 과육 모두 충분한 단맛을 띠고 있음을 알 수 있었다.

위의 실험을 종합해 보면, 그린 체리는 아직 미성숙하여 익지 않은 상태이고 옐로 체리는 어느 정도 성숙되었으나 과육이 충분히 익지 못한 미완성된 단계이며 레드 체리는 성숙되고 잘 익은 완성된 상태임을 알 수 있었다. 따라서 커피체리의 색상을 통해서 체리의 성숙 정도를 파악할 수 있고 수확 시기와 상태를 결정하는 데 도움을 주는 것으로 여겨진다.

Tip.

앞의 실험을 통해 레드 체리를 물에 담그면 확산 작용으로 체리 밖으로 당도 3.4brix 의 단맛이 빠져나오는 것을 알 수 있었다. 역으로 다시 생각해 본다면, 자연 건조 방식은 레드 체리를 건조할 때 그린커피 속으로 과육의 단맛이 스며들어 당도를 높이는 것이 아닐까 하고 생각해 볼 만하다.

4 커피나무의 생육 환경

커피나무는 고도, 기후, 토양, 온도 등의 생육 환경에 따라, 경작하는 방법에 따라 커피나무의 성장 정도와 그 수명은 달라지며 결국에는 그린커피의 품질을 결정짓는 중요한 요소가 된다.

커피나무 재배에 최적인 토양은 뿌리가 잘 자랄 수 있도록 최소 2m 이상의 깊이에 최소 2%의 유기물이 상층에 섞여 있어야 하며 물 빠짐이 좋고 어느 정도 보유력도 있는 pH 5~6의 화강암이면 좋다.

그 외에 커피나무 재배에 최적인 필수 생육 환경을 살펴보기로 한다.

가. 고도

아라비카는 적도 부근에는 고도 1,000~2,100m에서, 위도 남북 9~24도 부근에는 고도 400~1,200m에서 대부분 생장하며 평균기온은 약 18~22℃에서 잘 자란다. 하지만 개화하는 시기에 더운 날씨가 계속되면 줄기마름병이 생기기 쉽다. 강수량은 연간 최소 1,200~1,500mm일 때 잘 자라고, 70mm 미만의 강수량이 3개월 이상 지속되면 생존하기 어렵다.

로부스타는 열대지방 저지대의 따뜻하고 습한 산기슭에서 주로 자란다. 평균기온이 22~26℃를 유지하며 최저 10℃ 이상은 되어야 하고 강수량은 연간 최소 2,000mm를 유지해야 한다.

[그림 3-9]는 커피 경작을 위한 적절한 고도와 위도를 해발을 기준으로 나타낸 것이다. 해발 기준 고도는 생육 기후 조건을 결정짓게 하므로 커피 향미를

생성하는 데 큰 영향을 미치는 요소 중에 하나가 된다.

고도가 높을수록 기후는 낮아지고 큰 일교차를 이겨 내야 하므로 영양분을 많이 축적하게 된다. 따라서 고도가 높은 곳에서 자랄수록 높은 품질의 풍부한 맛을 갖추게 된다. 반면, 고도가 낮아질수록 기후는 점점 올라가고 강수량도 많아지며 병충해도 늘어나게 된다. 이를 이겨 내기 위해서 스스로 방어기작을 만들게 되어 쓰고 독한 성분을 많이 생성해 낸다. 이 때문에 저지대에서 주로 자라는 로부스타는 아라비카에 비해 2~4배 정도 더 많은 카페인을 가지게 된다.

🫘 [그림 3-9] 커피 경작을 위한 고도와 위도[30]

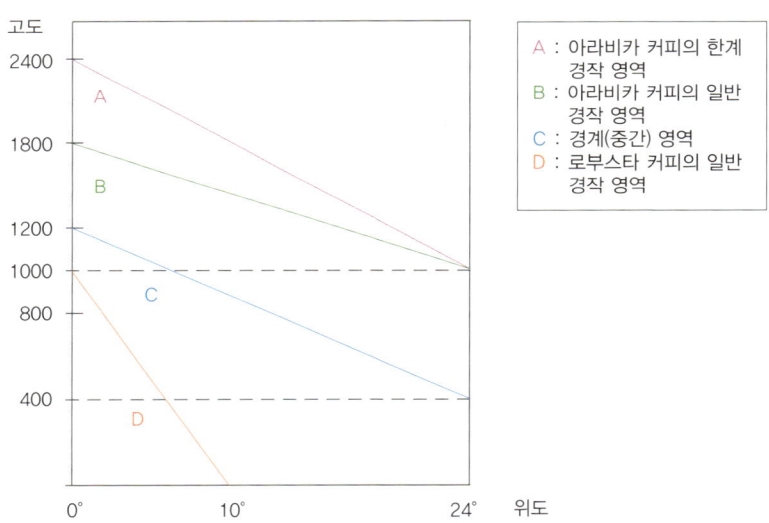

나. 기후

커피나무는 종마다 다르고 나무마다 특성이 다르지만 냉기와 열기에 민감하

30) Pochet P.(1990), La qualite du cafe, de la plantule a la tasse – AGCD- Bruxelles-

고 바람과 습도에 쉽게 영향을 받는 것은 유사하다.

[그림 3-9]와 같이, 고도가 100m씩 올라가면 온도는 0.6℃씩 낮아진다. 따라서 높은 고도에서는 도포를 덮어 온도 차이를 극복해 낸다. 보통 도포 덮개와 지표면 사이에 4~5℃의 차이를 상승시킬 수 있기 때문이다. 특히 추운 계절, 건조한 대륙성 바람이 지나가는 지역은 습한 해양성 바람에 노출된 지역보다 온도가 더 낮아질 수 있으니 주의해야 한다.

커피체리는 적당한 온도에 노출되면 일정하게 천천히 숙성되고 밤낮의 일교차에 의해 그린커피의 맛과 향이 증가된다. 높은 고도의 체리일수록 과실에 점도가 많고 당과 가용성 고형물이 더 풍부해진다. 더불어 커피나무가 우기와 건기에 번갈아 노출되면 더 잘 자라고 수확량도 증가하게 된다.

다. 강수량

강수량은 개화할 때, 체리가 자랄 때, 그린커피가 여물어 익어갈 때 가장 필수적이다. 특히 그린 체리 단계에서 단단히 여물어질 때 가장 필요하다. 만약 이때 수분이 부족하면 품질이 떨어지는 근원이 된다.

아라비카가 자라는 지역은 4~6개월 동안 건기가 계속 되므로 토양층이 깊고 물 보유력이 좋아야 하며 연간 1,400~2,000mm의 강수량이 되어야 한다. 로부스타 생산 지역은 고온다습한 저지대가 대부분이고 주로 3~4개월 동안 건기가 계속 된다. 이 지역은 온도 상승폭이 큰 편이고 대기 속에 증발되는 양도 상당히 많은 편이라서 연간 2,500~3,000mm의 충분한 강수량이 필요하다. 하지만 연간 3,000mm이상의 과도한 강수량을 보이면, 태양건조 방식의 가공을 실시하기가 어렵고 침식작용이 발생될 우려가 있다.

반대로, 오랜 기간 동안 건기가 지속된다면 잎마른병이 생기고 체리는 시기에 맞지 않게 너무 빨리 숙성되므로 톡 쏘는 향미를 갖는 커피가 될 수 있다.

라. 대기 습도

커피 재배 지역의 대기 습도 역시 커피나무의 성장에 밀접한 영향을 미치는 요소이다. 커피가 자라는 산악지역에서는 아침이슬이나 구름과 안개도 대기 습도를 증가시키는 중요한 역할을 한다. 특히 건기 때는 부족한 강수량을 대신하여 보충시켜주는 중요한 자원이 될 수 있다.

아라비카는 60%, 로부스타는 70~75%의 대기 습도를 유지해야 한다. 로부스타는 온도의 상승폭이 크고 대기 증발량이 많이 일어나므로 습도를 유지시키는 것은 커피나무 성장에 중요한 일이다.

만약 85% 이상의 높은 습도에 노출되면 발효내(fermented), 페놀, 소독내와 함께 거칠고 '리오이(2,4,6-trichloroanisole-2,4,6-trichlorophenol 생물학적 변환과 관련)'한 향미가 생겨 품질에 좋지 않은 영향을 미친다.

마. 일조량과 그늘

커피나무는 일조량에 따라 성장 정도와 품질에 영향을 받는다. 최적의 일조량을 조절하기 위해 그늘 재배를 주로 하며 연간 평균 2,200~2,400 시간이 필요하다. 햇빛에 노출되는 양은 우기 60%, 건기 60~75% 정도가 적당하다.

적절한 그늘은 극도로 높은 열과 낮은 온도 변화에 대한 영향을 완화시키고 커피 품질을 향상시켜 준다고 최근 연구에서 밝히고 있다.

또 그늘 재배는 침식의 위험을 감소시키고, 잡초의 성장을 억제하며, 보호 덮개의 기능을 하고, 유기물질 생성을 도와 토양을 비옥하게 만든다. 그러나 그늘을 지나치게 드리우면 광도가 부족하여 광합성 작용의 부족으로 생산성을 떨어뜨릴 수 있다.

여러 지역의 그늘 재배 방식을 살펴보면, 남미와 아프리카 동부는 그늘 재배와 바람막이 역할을 위해 넓게 심은 그늘목인 단순림을 활용한다. 중미, 멕시코, 카메룬, 인도네시아, 인도는 일시적이거나 영구적으로 심은 다년생 작물들 즉, 코코넛 야자수, 고무나무, 정향, 과일 나무들을 활용한다. 예를 들어, 발리 커피농장에서는 밀감나무를 커피나무 사이사이에 심어 그늘막이로 이용하고 있고 인도와 인도네시아에서는 그늘나무를 지지대로 활용하거나 검은 후추덩굴을 심어 부수익을 내기도 한다. 북부 탄자니아와 우간다는 식용작물, 바나나, 작물 등의 정원수를 심어 그늘을 만든다.

이렇게 각 지역의 특성에 맞게 활용하는 그늘 재배 방식은 극한 온도를 감소시키고 몬순 비바람으로부터 보호하며 급경사 지역에서는 침식 작용을 방지해 특정 해충의 발생을 감소시키는 효과도 있다. [그림 3-10]과 [그림 3-11]은 그늘 재배를 위하여 그늘나무를 조성하는 방식을 보여주는 것이다.

🌿 [그림 3-10] 그늘 재배를 위한 조성 방법 1

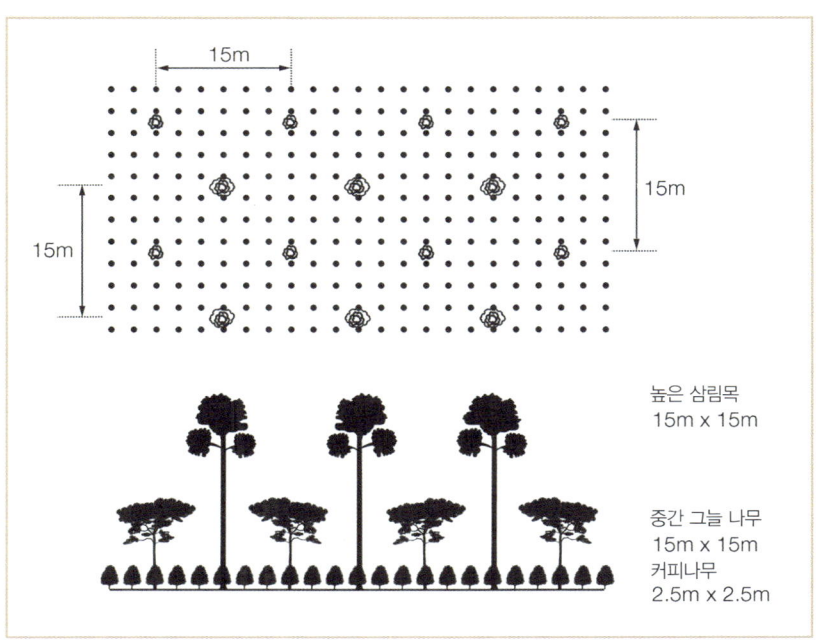

높은 삼림목
15m x 15m

중간 그늘 나무
15m x 15m
커피나무
2.5m x 2.5m

[그림 3-11] 그늘 재배를 위한 조성 방법 2

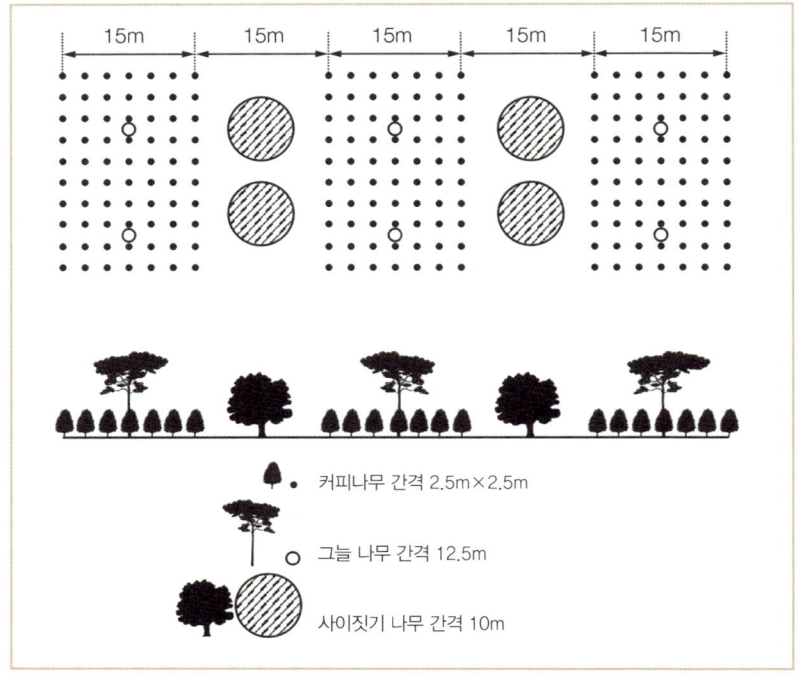

커피나무 간격 2.5m×2.5m

그늘 나무 간격 12.5m

사이짓기 나무 간격 10m

바. 간격(Density)

커피나무 묘목 간의 간격도 중요하다. 단순하게 생각하면 일정한 공간에 많은 나무를 심어야 수확량이 증가할 것 같지만 실제로는 그렇지 않다. 케냐의 경우는 커피나무의 간격을 2~3m 정도씩 둔다. 커피나무의 간격이 넓음에도 불구하고 케냐에서는 나무 1그루당 약 40kg 이상의 생산량을 낸다. 간격이 커지면 뿌리도 더 넓게 뻗을 수 있고 가지도 더 풍성하게 만들 수 있어 품질은 더 좋고 수확량은 더 많아질 것으로 생각된다.

사. 바람

바람은 커피나무의 성장 정도와 지탱에 영향을 준다. 태풍, 사이클론의 강한 바람이 자주 발생하는 마다가스카, 필리핀, 카리브해 지역, 베트남, 하와이 등은 나무를 쉽게 쓰러뜨릴 수 있으므로 셰이드 나무나 방풍림을 심어 방풍시설 역할을 대신하게 한다. 특히 태풍 경로 지역이나 강풍 지역에서는 키 작은 나무나 튼튼한 가지를 가진 바람에 강한 품종을 선택한다. 무역풍, 해풍 등에는 강하지 않지만 장기간 지속되는 과도한 바람으로 인해 증발 작용으로 나뭇가지가 시들거나 수확을 앞 둔 체리를 손상시킬 수 있으므로 이 점을 잘 고려하여 농장 설립을 해야 한다.

아. 토양

이상적인 토양은 표토층이 깊고 투과성이 좋고, 약산성(pH 5~6)이고, 다공성이며 물 보유력이 좋고 배수성이 좋은 화산성 토양의 충적토가 적합하다.

커피나무에게는 토양의 깊이, 지하수면, 기반 암반층도 매우 중요한데, [그림 3-12]와 같이 다 자란 아라비카 커피나무의 뿌리는 3m 이상 깊고 광범위하게 뻗어나갈 수 있으므로 깊이 3m 이상의 토양을 확보해 두어야 한다.

[그림 3-12] 커피나무의 뿌리

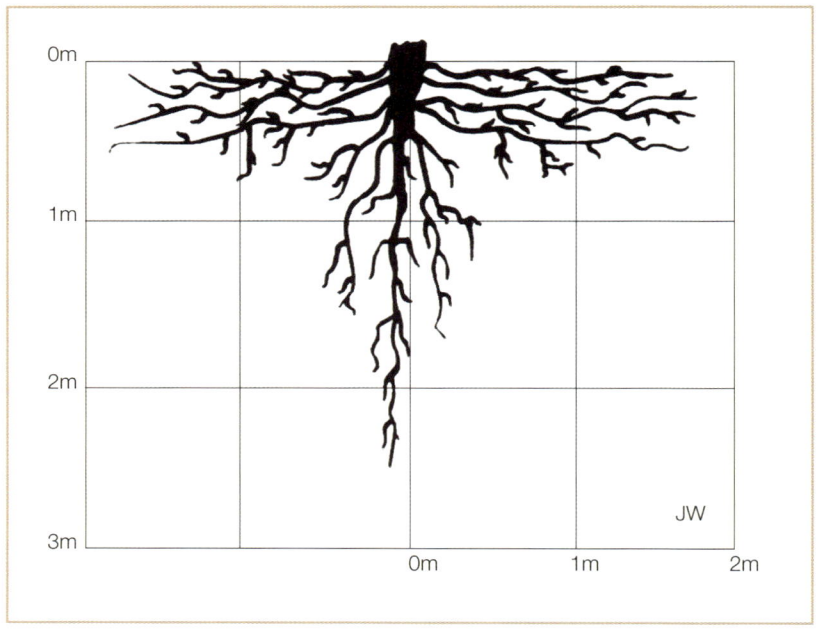

자. 지형학

커피나무가 잘 자라기 위해서는 일반적으로 물 저장성이 좋은 평지나 약간의 언덕이 있는 곳이 적합하다. 급경사에서도 성공적으로 잘 자랄 수 있지만, 경사가 심할수록 비용이 많이 드는 단점이 있다. 경사가 20도보다 더 많이 기울어져 있으면 침식이 심하고 수확 시 기계화가 어려워 많은 노동력이 필요한데, 20도~ 40도의 완만한 경사도라면 동물이 끄는 장비 정도는 활용할 수 있어서 비용을 절감할 수 있다.

5 커피나무의 재배 방법[31]

씨앗을 수정하고 심어서 키워 커피나무가 되기까지의 재배 방법을 살펴보기로 한다.

가. 수정하기

커피나무의 가장 기본적인 수정 방법은 씨앗을 통해서이다. 가장 힘 센 우성의 엄마 나무들로부터 이루어진다. 아라비카 식물들은 보통 자가수분을 하지만 커피는 가지치기, 이식하기, 접붙이기, 조직 배양 등 여러 가지 방법으로 수정이 가능하다.

1) 가지치기

가장 많이 사용되는 방법으로서 잎사귀를 반 정도 솎아내어 뿌리가 쉽게 자리 잡도록 도와주는 방법이다. 카네포라는 90% 이상 쉽게 뿌리 내리기 때문에 식물 호르몬을 투여할 필요가 없으나 아라비카는 뿌리 내리기에 오랜 시간이 걸리므로 주로 식물 호르몬을 투여한다. 식물 호르몬을 최대한 많이 받아들일 수 있도록 IBA 1,500~2,500ppm 정도를 뿌리에 흠뻑 적셔준다.

가지치기는 식물의 품종에 따라 달리 시행해야 하고, 실행 시기도 배양하고

---

31) (1) Wintgens, Jean Nicolas(2004), "Coffee : growing, processing, sustainable production", WILEY-VCH Veriag GmbH & Co. KGaA
　　(2) 월간커피(2012), "에티오피아 투어 15일간의 여정", 8, 9, 10, 11월호, 현지 워크숍 참조

뿌리내리는 때와 온도에 따라 달리 해 준다. 만일, 많은 빛에 노출되면 고온에 의해 식물은 쉽게 타 죽게 되므로 가지치기할 때는 그늘이 50%~70%까지 드리운 상태에서 해야 한다.

· 소프트 우드 커팅(Soft wood cutting) : 물을 빨아들이는 곳의 끝을 자르는 방식

· 싱글 노드 커팅(Single node cutting) : 물관 통로 한 곳만 자르는 방식

· 멀티 노드 커팅(Multi node cutting) : 많은 곳을 한꺼번에 자르는 방식

2) 미세번식(Micro-propagation(Biotechnology))

조직배양 기술을 이용하여 식물을 번식시키는 것이다. 먼저 아주 작은 식물 부분을 임상 실험 튜브나 따로 격리된 박스에서 키운 후 성장을 제어하는 다른 매개체에 옮겨 배양시키는 것이다. 단, 오염이 쉽게 되기 때문에 주의해야 하고 다른 식물에다 직접 배양시키는 것은 어려운 일이다.

나. 커피 온실에서 새싹 키우기

커피 온실은 보통 분양과 새싹을 키우기 위하여 가장 많이 활용하는 방법이다. 온실의 위치를 결정할 때는 다음을 우선 고려해야 한다.

① 평평하거나 아주 얕은 경사가 있으며

② 강바닥이나 협곡 바닥이 아닌

③ 산도가 4.5~5.5pH로 약산성 토양이어야 하고

④ 토양의 깊이가 적어도 1m는 되어야 하며

⑤ 오래된 커피 식물이 없고

⑥ 강풍에 휩싸이지 않으며

⑦ 토양의 질병과 해충으로부터 방해받지 않고

⑧ 사용할 수 있는 물과 가까우며

⑨ 어린 커피나무를 심을 곳과 가까운 곳이면 좋다. 그래야 나중에 옮겨심기

용이하고, 생존율을 증가시킬 수 있기 때문이다.

다. 모판 준비하기

모판의 크기는 넓이 1~1.2m, 길이 5~10m, 높이 15~20cm 정도가 좋으며 모판
과 모판 사이의 간격은 40~60cm로 떨어뜨리는 것이 좋다.

🌱 〈사진 3-13〉 모판

라. 씨앗 준비하기

나무에서부터 나온 씨앗은 계속 생산이 가능하다. 씨앗이 크고 모종의 품질
이 좋으면 싱싱하게 식물이 잘 자라고 질병과 해충에도 잘 견디며 빠른 적응력
으로 불리한 환경적 요소들 속에서도 잘 버텨 낸다.

커피체리는 빨갛게 익었을 때 수확해야 다음 번식이 가능하며, 만약 그렇지
않으면 그 씨앗은 또다시 생식하지 못하고 썩게 된다. 수확한 후에는 손으로

과육을 제거하는 방법이 기계를 이용하는 것보다 더욱 좋다. 씨앗들을 그늘에서 수분량이 25%가 될 때까지 말린다. 말린 씨앗을 물에 불린 후 물에 뜨는 것은 제거하고 가라앉은 것만 골라 윗물만 버리고 사용한다. 이때 피베리, 트리아지(Triage), 엘리펀트(Elephant) 씨앗들은 제거한다. 특히 너무 심하게 말랐거나 지나치게 물을 머금고 있는 경우, 센터컷이 너무 말라 갈라지거나 딱딱해진 것은 사용하지 않아야 한다.

마. 커피 모종 만들기

여러 가지 박스들을 이용하여 커피 모종을 만든다. 폴리에틸렌 비닐백이나 포트(Pot) 비닐백의 모종용 검정 컵이나 화분 등을 사용한다.

🌱 〈사진 3-14〉 커피 모종

흔히 사용되는 것으로 크기가 다양하다. 모종을 어디에 옮겨 심을 것인가(장소)와 언제 옮겨 심을 것인가(시기)를 따져 크기를 선택해야 한다. 만약 모종을 늦게 옮겨 심게 되면 좀 더 큰 비닐백이 필요하기 때문이다.

비닐백의 끝부분에는 배수를 위해 구멍이 뚫려 있고, 크기는 높이 2.2cm, 직경 2.6cm, 두께 6mm의 검정 색상을 추천한다. 비닐백을 사용함으로써 얻어지는 장점은 다음과 같다.

① 다른 뿌리의 방해가 없어 자라나기 쉽고
② 다른 곳으로 이동할 때 용이하고
③ 비가 오면 모종을 쉽게 모아 수분을 공급해 줄 수 있고
④ 보통 땅에 뿌려 키우는 씨앗보다 재배 속도가 두 배 정도 빠르고
⑤ 선충류로부터의 방해에도 벗어날 수 있다.

그러나 비닐백의 단점은
① 가격이 비싸고
② 비닐백을 버릴 때 환경오염을 유발할 수 있으며
③ 나중에 화분에 옮겨 심는 작업을 한 번 더 해 주어야 하는 번거로움이 있다. 옮겨 심으면서 다시 화분 채우기와 뒷정리 작업을 해야 한다.

2) 비닐백에 흙 담기

땅에서 얻은 흙은 커피 씨앗을 잘 자라게 하는 가장 좋은 매개체이다. 만약 땅에서 얻은 흙이 없다면 다음 비율로 흙을 섞어 만든다.

6 : 2 : 1 = 지표면의 흙 : 비료 : 모래

위의 순서대로 넣고 꾹꾹 눌러 공기가 다 빠져나가게 만들어 둔다.

3) 씨앗 심기

씨앗은 보통 모종용 폴리에틸렌 비닐백에 심거나 땅에 바로 심게 되는데, 이때 씨앗의 상태는 대부분 파치먼트 외피나 실버스킨 등이 붙어있는 상태이다.

씨앗 심기는 제대로 땅에 옮겨심기 약 8개월~12개월 전에 하는 것이 좋다. 씨앗의 평평한 면을 아래로 하여 1~2개를 깊이 1cm 정도에 심는다.

씨앗은 6~8주 후 발아되며 3~4개월 동안 계속 커 나간다. 만약 두 개의 씨앗에서 모두 싹이 났다면 하나는 가위로 잘라 솎아 주어야 한다.

4) 물주기

싹이 틀 때까지 4일 간격으로 물을 준다. 잎사귀가 4쌍 정도일 때까지는 일주일 간격으로 물을 주고, 그 이후에는 1~2주 간격으로 물을 준다. 만약 싹을 틔운 후 기온이 매우 건조할 때에는 처음 옮겨 심을 때까지 이틀에 한 번씩 물을 주고, 그 다음엔 매일 물을 준다. 물을 줄 때는 씨앗이 보일 정도로 파지 않도록 주의해야 한다.

5) 뿌리 덮개 활용하기

열과 습기를 높이기 위하여 3~5cm 두께의 풀을 씨앗 주위에 덮어 주어 덮개 역할을 한다. 싹이 튼 후에는 즉, 씨앗을 심은 지 약 6~8주 후에는 뿌리 덮개를 제거한다.

6) 그늘주기

그늘은 인공적으로 고정하여 만들거나 자연 나무그늘을 활용하여 햇볕의 방향에 따라 움직여가며 만들어 준다. 고정된 그늘은 1.7m 이상 위에 있어야 하며 여러 층까지 커버할 수 있어야 한다. 50% 정도의 그늘주기를 가장 추천하지만 대부분은 25~75% 정도까지 다양하게 만들어 준다.

그 외에 모종들이 나쁜 환경 속에서도 잘 살아날 수 있도록 비료를 활용하기도 하고, 낮은 습도와 고온의 강한 햇볕 속에서도 잘 살아남을 수 있도록 주변 환경을 잘 조절하며 건강하게 경작해 나간다.

바. 커피 모종을 이식하기

1) 자리 정하기

커피모종을 이식하기 위해 처음으로 해야 할 일은 어디에 심을 것인지를 결정하는 것이다. 장소는 온도, 고도, 토양에 따라 적절한 자연 조건을 가지고 있어야 하고, 도로나 마켓 등과 가까워서 경작할 때 주변에서 일하는 사람들의 도움을 쉽게 받을 수 있는 곳이 좋다.

2) 자리 준비

이식할 자리는 모종을 심은 지 적어도 6개월이 지난 곳이 좋다. 뿌리와 관련된 질병으로부터 안전하게 키우기 위해서는 이전 식물을 심었던 때로부터 약 2년 후가 가장 좋으며, 만약 커피나무를 심었던 땅에 또 심게 되었다면, 왜 이전의 커피나무가 죽었는지 원인을 알아보아야 한다. 만약에 뿌리 질병 등이 이유였다면 바로 새 모종을 심으면 안 된다.

커피를 심은 후에는 악성잡초, 즉 개밀(Couch grass)과 같은 다년초 뿌리 식물을 제거해야 한다. 구역은 관리하기 쉽도록 약 2~4ha 정도씩 적당하게 나누면 좋다. 이식하는 구멍은 심기 3개월 전에 뚫어 두어야 하고, 겉 표면 흙과 안쪽 흙이 섞이지 않도록 해야 한다. 적어도 한 달 전에는 뚫려져 있는 것이 좋다. 구멍 크기는 $60 \times 60 \times 60$cm을 추천한다. 그래야 뿌리가 자리를 잘 잡아 생존율을 높일 수 있고 견디는 부담이 덜해 잘 자랄 것이다.

3) 이식하기

이식 전에는 모종을 잘 살펴보아야 한다. 너무 성숙하고 이상한 모양의 뿌리나 싹은 골라내고, 질병이나 해충 피해를 입은 모종들도 솎아낸다.

식물을 심고 나서는 물을 뿌리고 풀과 같은 뿌리덮개는 떼어 내고 그늘을 만들어 주며 잡초를 뽑고 해충도 제거하며 솎아주기를 해야 한다.

솎아주기를 하면 좋은 점은 해충과 질병을 효율적으로 통제할 수 있고 일터를 적당한 크기로 조정할 수 있으며 나무의 키를 효율적인 높이까지만 자라도록 조정할 수 있다. 또 체리의 크기도 일정하게 관리할 수 있고 잘 자라지 못하는 오래되고 생식력이 없는 식물들을 회복시킬 수도 있다.

솎아 내는 방법으로는 흔히 모양을 형성하기 위한 방법(Formative pruning), 유지 관리를 위한 방법(Maintenance/Cropping period/Routine/Pruning), 재생(회복)을 위한 방법(Rehabilitation/Regenerative/Pruning)의 세 가지 방법이 사용된다.

Tip. 재생(회복)을 위한 솎아 내기

자연적으로 자란 커피나무는 대부분 100년 정도의 수명을 가지고 있지만 인공적으로 자란 커피나무의 생산력은 40년밖에 되지 않는다. 하지만 이것도 상품화를 위한 커피 농장들에게는 해당되지 않는 말이다. 왜냐하면 커피나무는 10~12년이 지나면 재생산을 위해 나무를 솎아 버리기 때문이다.

나무 뿌리기둥은 땅에서부터 30~40cm 위의 부분을 약 45도 각도로 깔끔하게 잘라낸다. 나무뿌리는 나무기둥을 위하여 한 개만 남겨놓고 나머지는 속히 뽑아 내야 한다. 나무뿌리에서 나무가 약 25~30cm 정도로 자랐을 때, 2~3개의 새로운 가지들을 골라낸다.

재생산되는 식물의 생산량은 커피나무의 나이에 따라 달라진다. 가장 좋은 시기는 8~15살의 관목일 때이다. 강수량도 알아서 조정해야 하고 비료도 나무뿌리가 15cm에서 40cm정도까지 컸을 때 나무 중심에서 25cm 정도 바깥 부분에 뿌려 주어야 한다.

6 병충해의 종류와 예방법

커피나무는 해충이나 선충류들과 같은 여러 가지 질병으로 인해 성장에 방해를 받게 된다. 해충이나 질병들의 종류와 정도는 지역에 따라 다소 차이가 있다.

보통 커피작물을 공격하는 다양한 해충들은 세계적으로 840가지 이상 등록되어 있으나 그중 20~25종의 해충들만 지구상에 남아 알려져 있고, 5~10종의 해충만이 커피농장에 중요한 영향을 미치고 있다.

가. 아프리카와 아시아의 주요 커피 해충[32]

아프리카의 아라비카 커피를 적절하게 관리하지 못하거나 다년생 식물이 병약하거나 농작물을 유실하게 되면 해충의 공격을 쉽게 받게 된다. 그러므로 다음과 같은 적절한 해충 관리 방법을 필수적으로 알아야 한다.

① 커피나무는 적어도 일주일에 한 번씩 체크해야 한다. 해충의 유무를 노트하고 규칙적으로 살펴보아야 한다.
② 주요한 몇 개의 해충들이 퍼져나가는 데에 대한 한계점을 파악하며 가이드라인을 제시해야 한다.

---

32) Wintgens, Jean Nicolas(2004), "Coffee : growing, processing, sustainable production", WILEY-VCH Veriag GmbH & Co. KGaA 원서 가운데 Crowe.,T.J., Lan,C.C, and Wintgens, J. N., "Major Pests of coffee in the Asia-Pacific Region"

③ 화학적 방법을 사용하기보다는 문화적이고 기계적인 방법을 이용하고 적절히 통제하는 법을 알고 있어야 한다. 이를테면 해충의 영향을 받아 떨어진 체리를 덮어놓거나 가지치기한 후 모아 놓는 일들은 모든 해충들을 끌어 모으는 역할을 하기도 한다.

④ 나뭇잎으로 퍼져 나가는 것을 방지하기 위하여 살충제를 마구 사용하는 것은 피해야 한다.

⑤ 살충제는 제 역할에 맞는 것을 골라서 사용해야 한다.

⑥ 전반적으로 한 번에 퍼트려서 살포하는 것을 피해야 한다. 해충이 많이 퍼진 지역과 가벼운 지역을 구분하여 살포하여야 한다.

1) 귀뚜라미와 메뚜기

대부분 농장의 야생 식물과 잡초에 자주 보이는 것으로서, 토양을 파고드는 귀뚜라미, 10cm 길이의 큰 녹색 귀뚜라미, 짧은 뿔이 있는 귀뚜라미와 메뚜기들이 있다. 효과적인 제어 방법은 다음과 같다.

① 토양에 알이 보이면 알이 부화되기 전에 땅에 파묻어 버린다.

② 활동 시기가 되기 전에 닭이 귀뚜라미와 메뚜기 알을 먹이로 파먹게 한다.

③ 알을 깐 경우에는 4~6주 동안 살충제를 뿌린다.

🌿 [그림 3-13] 메뚜기

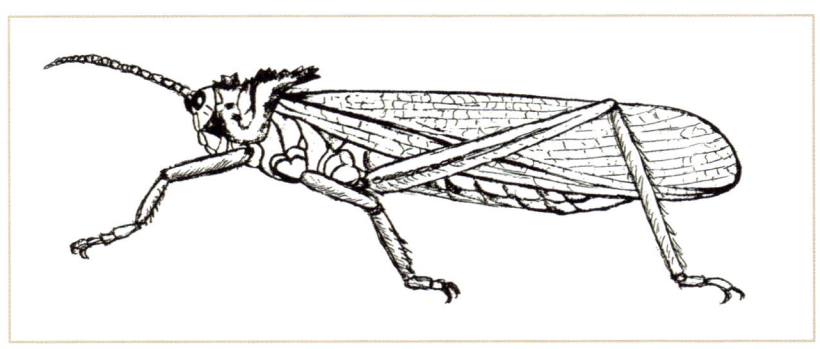

2) 흰개미

흰개미는 커피농장에 흔히 볼 수 있는 해충이지만 장점도 있다.

① 토양에 파고들어 수로를 만들어 주므로 강수량 유입을 개선시켜 줄 수 있다.

② 큰 구멍은 상층 토양에서 하층 토양으로 이동하기 쉽도록 뿌리의 성장을 돕기도 한다.

③ 딱딱한 제초제를 깨부수는 데 도움을 주기도 한다.

④ 짝짓기 기간에는 좋은 영양분을 얻는 근원을 마련하기도 한다.

효과적인 제어 방법은 판매용 디클로로프로판(Dichloropropane)을 섞어서 훈증 소독이 되도록 흰개미가 뭉쳐져 있는 장소에 뿌려준다.

3) 개각충(Scale insects)과 벚나무깍지벌레(Mealybugs)

개각충은 매미목으로 날개가 없고 펑퍼짐하며, 움직이지 않는 물고기나 파충류의 개깍충과 유사한 형태이다. 수컷은 부서지기 쉬운 날개를 보이지 않게 숨기고 있고 암컷은 알을 유충이 될 때까지 몸 속 아래에서 기른다. 암컷 성충은 대략 2~4mm의 타원형 모양이고 빛바랜 녹색을 띠며 잎의 수맥을 따라 주로 움직인다. 벚나무깍지벌레도 개깍충과 유사하나 모양은 흰 왁스와 같은 분비물로 덮여 있다.

이 두 벌레는 농작물에 감로라고 불리는 달콤한 액체 분비물을 배설한다. 이는 개미의 먹이이기도 해서 개미가 농작물에 접근하게 만드는데, 이때 커피체리에 결점이 생기기도 한다.

한편 이 벌레는 나무의 수액을 줄어들게 만들어 나무의 성장과 수확량에 나쁜 영향을 미치고, 그을음병(Sooty mold)이 발병하게 하여 만족스러운 살균 작업을 방해하기도 한다.

제어 방법은 다음과 같다.

① 해충이 많이 번식한 가지를 가지치기한다.

② 딜드린(Dieldrin) 등의 농약으로 살충한다.

③ 먼지가 덧씌워진 오래된 나무에 번식하기 쉬우므로 오래된 나무 속에 남은 기름을 이용한다.

④ 유기인산 화합물 살충제(Organophosphate insecticides)를 활용한다.

[그림 3-14] 개각충

〈사진 3-15〉 벚나무깍지벌레

a: 개각충에 감염된 나뭇가지
b: 확대한 성충(좌)과 유충(우)

4) 앤테스티아 버그(Antestia bug)

에티오피아에서 가장 큰 해를 끼친 벌레로서 기온이 높이 올라가고 그늘이 없고 강수량이 일정하지 않는 지역에 자주 출몰한다. 아라비카 커피가 가장 취약하며 그 다음으로 아라비카종과 유사한 모든 커피 종에 영향을 미친다.

앤테스티아 버그가 가진 독성은 자라고 있는 커피나무를 습격하여 잎사귀, 꽃, 과일, 그리고 나뭇가지들을 모두 사라지게 만든다. 특히 아직은 숙성되지는 않았지만 어느 정도 다 자란 체리에 가장 잘 감염된다.

앤테스티아 버그의 타액에는 네마토스포라(Nematospora)와 네마토스포라 고쉬피(Nematospora gossypii) 곰팡이가 있어 작물을 감염시킨다. 이 벌레의 공격을 받으면 꽃봉오리가 까맣게 되고 씨앗이 썩게 되며 씨앗에서 얼룩줄무늬가 생긴다. 그 뿐만 아니라 감염된 곳이 바로 말라버리고 다른 꽃봉오리까지 쉽게 전이된다. 감염된 가지들이 떨어지고 난 다음에는 더 이상 가지가 자라지 못한다.

제어 방법은 다음과 같다

① 앤테스티아 버그는 쉽게 옮아 감염시키므로 잎사귀들이 옹기종기 모여 있는 곳에 큰 영향을 준다. 따라서 솎아내기를 통해서 커피덤불의 가운데를 노출시켜 분리해 주면 감염을 줄일 수 있다.

② 그늘이 되는 나무들을 솎아내고 커피덤불에 빛을 주면 감염이 줄어든다.

③ 달걀 크기 정도로 적게 감염되었다면 손으로 직접 따내어 제거할 수 있다.

④ 생물학적으로 제어하는 방법 중에 세 가지 벌레를 이용하는 것이 있다. 그 중 하나가 앤테스티아 버그의 알을 기생하게 만든 다음, 앤테스티아 버그의 알을 먹어치우는 포식 곤충을 이용하는 것이다. 45%는 기생충이 제어하고 5%는 포식자 곤충이 직접 먹어치워 제어하면 45~50%의 남은 알들은 자연적으로 제2의 포식자들에 인해 없어지는 것으로 알려져 있다.

⑤ 화학적으로 농약을 사용하는 방법이 있다. 화학물의 사용 기준은 각 국가마다 조금씩 다르나 파라티온(Parathion)이나 메소밀(Methomyl)을 주로 사용한다.

5) 흡입벌레(Sucking bugs)

노린재와 비슷한 곤충으로 크기는 6~8mm 정도이다. 아프리카 전역에 영향을 미친다. 로부스타에도 간간이 보이지만 대부분 아라비카 커피에 나타난다.

그린 체리 단계부터 꽃봉오리 단계까지 모두 영향을 끼친다. 꽃봉오리를 검게 만들고 미성숙한 체리를 떨어뜨리고, 체리 속을 썩게 만들거나 그린커피 속을 끈적하게 만들어 버린다. 체리를 건조하면 파치먼트에 긴 갈색 줄모양가 생긴다. 이 때문에 일명 지브라빈(Zebra beans)이라고도 부른다.

잎 뒷면에 높이 1.2mm, 넓이 1mm의 원통 모양으로 약 12개 알을 낳는다. 암컷 성충이 되면 8mm 크기가 되고 1년 동안 생존하며 500개의 알을 낳는다.

 〈사진 3-16〉 흡입벌레에 손상된 체리와 흡입벌레의 알

 〈사진 3-17〉 부화하는 흡입벌레

그린커피에 검은 손상을 남기는 흡입벌레를 제어하는 방법은 다음과 같다.

① 무성한 잎을 좋아하기 때문에 가지치기를 해 준다.

② 손으로 작은 부분까지 골라낸다. 알과 활동 시기가 1주일 안에 끝나므로 연기를 피워 식물을 그을리는 작업을 해 준다. 연기는 곤충을 이동시키거나 없애 주기도 한다.

③ 나무 당 벌레의 수가 대략 2,500/ha에 이른다면 살충제를 사용한다.

6) 총체벌레(Thrips)

케냐와 북탄자니아에서 몇 년 동안 비가 오기 전 기온이 높고 더운 시즌에 공격받기 쉽다. 성충은 1~1.5mm로 매우 작고 가늘며 회갈색을 띠는 곤충이다. 누른 시가 모양의 유충이 잎사귀 뒷면에 산다.

🌿 [그림 3-15] 총체벌레

이 벌레의 영향을 받으면 작은 은색 점들과 반짝이는 검은 배설물 점들이 잎에 보인다. 주로 물 공급이 잘 되지 않는 나무들을 공격하므로 뿌리 덮개를 씌워 퇴치하기도 한다. 따라서 물 관개 시설을 보충하는 것이 이 해충을 통제하는 좋은 방법이다.

7) 커피나무좀

약하고 마른 나무를 좋아하는 벌레이다. 만일 좋은 경작법을 행하고 관개 시설이 잘 되어 있고 뿌리 덮개를 사용하여 작물의 줄기가 튼튼하다면 손상을 덜 받는다.

이 벌레는 커피나무의 주요한 중심 가지에 상부에서부터 20cm에 이르는 긴 관을 뚫는다. 그래서 나무 가지 속에 용수철 철사를 넣어서 퇴치해야 한다.

〈사진 3-18〉 커피나무좀에 의해 뚫린 구멍

아시아와 남아프리카 짐바브웨의 로부스타 커피에 자주 발생하는 커피나무 좀은 1~2cm의 잔가지를 골라 구멍을 뚫어 놓는다. 이 벌레가 지나간 가지는 곧 시들어 죽고 만다.

그 외에 1966년, 당시 케냐에서 남아프리카까지 널리 퍼진 '흰색 커피 천공충(White Coffee Borer)', 서부와 중부아프리카에서 멀리 우간다의 아라비카와 로부스타 모두를 공격한 '서아프리카 커피 천공충(West African Coffee Borer)', 동부 아프리카의 대부분의 아라비카를 공격한 작은 벌레 '노랑머리 천공충(Yellow-headed borer)', 서부아프리카와 콩고 공화국에 퍼진 커피 줄기를 뚫는 '커피 줄기 천공충(Coffee Stem Borer)' 등 많은 벌레가 있다.

8) 커피베리보러(Coffee Berry Borer)

저지대의 로부스타와 아라비카에 심각한 영향을 미치는 아프리카 토착 딱정벌레(Indigenous African beetle)이다. 암컷은 약 2.5mm 길이의 진한 갈색이고 수컷은 1.5mm이며 암컷보다 10대 1 비율로 더 많다. 암컷은 큰 초록 체리의 꽃봉오리 끝에 둥근 구멍을 만들고 속으로 파고 들어간다.

알은 체리 속에 낳고 유충은 커피체리 속의 조직을 먹고 산다. 25~35일 동안 살아 있고 체리가 최상의 상태인 과숙일 때 체리 속에 남아 있거나 떨어져서 번식한다.

제어하는 방법은 다음과 같다.

① 짙은 그늘은 피한다.
② 가지치기한다.
③ 수확 시 적어도 일주일에 한 번씩은 핸드피킹하며 살핀다.
④ 떨어진 체리를 되도록이면 적게 만든다. 수확할 때도 나무 아래에 시트를 깔아 두고 작업한다.
⑤ 질병에 걸린 나무를 태워서 뒷마무리한다.

커피베리보러의 성충

커피베리보러에 피해를 입은 커피체리의 단면

암컷 성충에 의해 둘린 체리

커피베리보러에 의해 손상된 콩

9) 잎을 먹는 벌레

토양이나 토양덮개에 사는 성충 바구미는 밤에 나무에 올라가서 잎 가장자리를 갉아 먹는다. 효과적인 제어 방법은 없다.

10) 녹색개각충(Green Scale)

아라비카 커피에 치명적인 해충이며 암컷은 2~4mm 타원형으로 평평하게 생겼고, 빛바랜 초록색이다. 등 쪽 중앙에 몇 개의 검은 점이 있으며 몇 시간 안에 50~600개의 알을 낳는다. 성충은 2~5개월 동안 살며 수액을 빨아먹고 특히 어린 덤불들을 약화시킨다. 잎사귀의 표면에 배설물로 감로를 만들어 감로를 먹이로 삼는 벗나무깍지벌레나 개미 등의 공격을 받게 만든다.

퇴치 방법은 벗나무깍지벌레 퇴치와 비슷하다. 개미는 말라티온(Malathion), 퀴날포스(quinalphos), 페니트로티온(Fenitrothion), 펜티온(Fenthion) 등 살충제가 뿌려져 있는 패치로 통제할 수 있고, 녹색개각충은 포식 기생충으로서 메마르고 건조한 기간에 번식하기를 좋아하기 때문에 얇은 그늘을 만들어 식물을 관리하도록 해야 한다.

🫘 〈사진 3-20〉 녹색 개각충

나. 커피 질병[33]

1) CBD(Coffee Berry Disease, 커피체리 질병)

일명 '탄저병(Colletotrichum Kahawae)'이라고 불리는 것으로 1922년에 케냐에서 처

33) (1) Wintgens, Jean Nicolas(2004), "Coffee : growing, processing, sustainable production", WILEY-VCH Veriag GmbH & Co. KGaA 원서 중에서 Muller,R.A., Berry,D., Avelino,J., Bieysse, D. "Coffee Diseases" 참고
　　(2) 에티오피아 산지 견학 워크숍 참조

음 발견되었다. 고지대에 있는 커피농장들에서 시작된 후 에티오피아 주변 나라들로 퍼져나갔다. 에티오피아에서는 1971년에 처음 발견되었으며 커피 생산량이 20~80%까지 줄어드는 주요 원인이 되기도 하였다.

이 질병은 춥고 축축한 곳에 잘 생기기 때문에 고도가 1,900m보다 더 높은 곳에서는 문제가 훨씬 심각하였다.

(1) 증상

이 질병은 꽃, 체리, 잎사귀 등 모든 곳에 영향을 끼치는데 최종 결실인 커피 체리에 가장 큰 영향을 미친다. 나무는 죽지 않지만 경작물은 80% 이상 손실된다. 덜 익은 체리일 때가 가장 위험하고, 체리가 만들어질 때부터 질병이 생기면 다 익었을 때까지 모두 공격받는다.

증상은 다음과 같다.

① 덜 익은 체리는 속까지 시체화가 되며 다 썩기 전에 흑갈색 반점을 만든다. 질병에 걸렸는지 확인하는 방법으로는 손가락으로 체리를 건드렸을 때 체리가 쪼그라드는 현상을 보이면 감염이 된 것이다.

② 익은 체리는 질병의 공격이 외피까지만 미치기 때문에 씨앗들은 썩지 않으나 다 익으면 딱딱하고 단단해진다. 하지만 움푹 패인 갈색 반점과 작고 검은 점들이 생겨난다. 까만 점들이 있는 체리는 흔히 브라운 브라이트 베리(Brown blight berries)라고 불린다. 이 질병에 걸리면 외피가 달라붙게 되므로 좋은 결과물을 얻기 힘들어진다. 왜냐하면 씨앗에 얼룩이 남기 때문에 결국 나쁜 품질로 취급되기 때문이다.

(2) 제어 방법

화학성 물질 가운데 구리 성분으로 균류를 죽이는 방법이 대표적이다.

① 다코닐(Daconil)은 아주 효과적인 방법이며 헥타르 당 약 4.4kg을 사용한다.

② 꽃이 핀 후 체리가 생겨날 때까지인 6주간은 6~7번 정도를 뿌려준다.

③ 그 이후부터는 약 4주 간격으로 뿌린다. 농약이 씻겨 내려가지 않도록 건조한 상태에서 뿌려 주도록 한다.

생물학적 제어 방법은 다음과 같다.

① 질병이 있는 나무나 체리들은 모아 불태워 소독한다.

② 적당하게 공간을 분리하고 질병들을 솎아 내 준다.

③ 농약에 견딜 수 있는 개량 품종을 연구해 나간다.

2) 커피 녹병(Coffee leaf rust, CLR)

과학적으로 연구된 가장 오래된 식물 질병으로서 1861년 스리랑카 실론에서 처음 발견되었다. 이 질병은 아시아와 아프리카에서만 발병했다가 1970년 브라질에서 아라비카 식물학자에 의해 알려졌다. 그 이후 전 세계의 커피농장으로 퍼져나갔다. 특히 1880년 스리랑카에서 커피 대신 차 농작을 하게 만든 결정적인 요인이 된 질병이기도 하다.

CLR은 CBD(Coffee berry disease) 다음으로 저지대 커피농장의 가장 큰 문젯거리 중의 하나로 자리 잡게 되었다.

커피 녹병의 종류에는 CLR 외에 GLR(Grey leaf rust)도 있다. GLR은 1929년 카메룬의 코스테(Coste)에 의해 처음 발견되었고 '그레이 러스트'라는 명칭은 모블랑(Maublanc)과 로저(Roger)에 의해 명명되었다. 그 후 이 두 가지 질병은 아프리카 전역으로 퍼져나갔다.

보통 작물이 재배되어 길러지는 기간(2~6주)보다 수확이 끝날 무렵에 가장 큰 영향을 받게 된다. 에티오피아의 저지대에서는 대부분 8월~12월에, 에티오피아의 중·고지대에서는 대부분 10월~12월에 주의가 필요하다.

(1) 증상

GLR은 곰팡이들이 잎사귀 뒷면에 불분명하고 빛바랜 오렌지색 얼룩을 남긴다. 보통 가장자리에서부터 반을 감염시킨다. CLR은 비교적 선명한 반점만을 남기므로 GLR과 명백히 구분된다((사진 3-23)). 감염된 잎사귀들은 다 자라기 전에 떨어지기 때문에 그다음 해의 수확 가능성을 떨어뜨린다. 따라서 자연히 그 다음 시즌의 수확량은 줄어들게 된다.

✏ [그림 3-16] GLR에 감염된 잎(왼쪽)과 CLR에 감염된 잎(오른쪽)의 증상 비교

CLR과 GLR 감염은 물기가 있는 축축한 상태와 어두운 곳에서 잘 일어나므로 많은 강수량은 CLR의 확산을 도와주는 좋은 요소가 된다. 보통 포자는 20~25도 온도와 깜깜한 밤에 가장 활동적이므로 밝은 낮이나 시원한 온도에서는 절대 감염되지 않는다.

따라서 이 질병을 제어하기 위해서는 나무 그늘을 만들거나, 낮에 덮개를 덮어주어 극복할 수 있다. 한편, 온도는 고도와도 관련되므로 1,300m 이상에서는 이 질병이 잘 걸리지 않고 800~900m 고도에서는 감염되기 쉽다.

(2) 제어 방법

일반적으로 화학물질인 보르도액(Bordeaux Mixture)을 사용한다. 기후적인 요소를 이용하여 전염병학을 통제할 수도 있다. 그 방법은 다음과 같다.

① 곰팡이 제거제는 비가 올 때 2~5번 쯤 뿌려준다.

② 4~6주 간격으로 뿌린다.

③ 잎사귀가 자라는 시기가 지연되어질 때 뿌리면 가장 처음 효과가 나타난다(2~3개월).

④ 재발을 막기 위해서는 녹병에 걸린 부위를 철저하게 제거하는 것이 중요하다.

생물학적으로 제어하는 방법은 다음과 같다.

① 녹병에 붙어사는 기생곰팡이(Verticulium hemileia)를 사용한다. 이 곰팡이를 통해 감염도 함께 줄어들 수 있다.

② 직접 공격 받았던 나무나 잎사귀 그 자체를 없앤다.

③ 이 질병을 견디고 버틸 수 있는 개량 품종을 만든다.

3) 미국 잎 반점(American Leaf Spot)

🌿 〈사진 3-21〉 미국 잎 반점

코스타리카, 캐리비안의 라틴 아메리카에서 흔하게 일어나는 질병으로서 기관, 줄기, 가지, 체리와 잎사귀 모두에 영향을 미친다. 이 질병은 커피나무뿐만 아니라 유사 품종 모두를 공격하여 퍼져 나간다. 증상은 수많은 동그란 점이 잎의 림프 위에 생겨난다. 결국 잎은 말라서 기능이 약해져 떨어져 버린다.

제어 방법은 보르도액을 사용하거나 CLR의 경우와 동일한 생물학적 방법을 사용하는 것이다.

4) 지브렐라 질병(Gibberella, Gibberella Zylariodes)

커피 곰팡이를 통해 감염되며 푸사리움(Fusarium) 혹은 지브렐라(Gibberella zylar-iodoes)에 의한 것이다. 이 질병은 나무를 자르고 잘게 칼질하는 등 사용하는 도구에 의해 나무에 상처가 생겼을 때 나무의 겉껍질이나 뿌리 끝을 뚫고 들어가 감염시킨다. 지브렐라 곰팡이가 상처를 통해 구멍이 나 있는 기관들로 들어가면 먼저 뿌리와 줄기를 감염시킨 후 점차적으로 나무 전체가 감염되어 죽어 버린다.

가장 큰 원인은 상처가 났는데도 계속 경작을 시도하는 것 때문이다. 이것은 공기를 통하여 옮기는 질병이기 때문에 뿌리를 걷어 내더라도 숨을 들이마시는 다른 식물에게 영향을 끼치게 된다.

(1) 증상

나무껍질 속의 줄기나 나무기둥에 검정색 줄무늬를 만든다. 어린 잎사귀들은 노랗게 되고 호흡기관이 마르고 식물의 끝이 구부러지며 말라비틀어지게 만든다.

보통 잎사귀가 비틀어지면 이 질병 때문이거나 뿌리질병으로 인해 나무가 다 말라서 식물이 비틀어지는 것이다.

(2) 제어 방법

① 커피 줄기 근처를 칼로 자르는 행동을 삼간다. 또 잡초를 뽑거나 토양이 약해져 있을 때 최대한 뿌리의 손상을 적게 한다.

② 견디고 이겨낼 수 있는 다른 개량 품종을 사용한다.

③ 죽은 나무들은 다 태워 버리고 남겨진 구멍에는 곰팡이 제거제를 넣어둔 다음 일 년 동안 아무것도 심지 않는다.

④ 나무를 솎아 내는 도구들을 알코올로 소독하거나 솎아 낼 때 불을 사용 하여 살균시켜 준다.

- 4 장 -

수확

◑ 커피체리의 성숙 단계를 분류해 본다.
◑ 다양한 수확 방법 및 특성을 살펴본다.

수확은 상품을 가공하여 만들기 전 단계이다. 잘 익은 그린커피를 얼마나 잘 선별하여 거두어들였는지에 따라 최종 그린커피의 결과물이 달라진다. 그렇기 때문에 수확할 수 있는 커피체리의 상태를 잘 파악하고 언제 어떠한 방식으로 거두어들일 것인지 등 수확 시기와 방식을 잘 선택해야 우수한 상품을 만들어 낼 수 있다. 즉, 한 나무에 숙성된 체리가 몇 퍼센트 달려있는지, 농장의 지형에 맞추어 어떤 방법으로 수확할 것인지, 필요한 노동력과 비용은 얼마를 들일 것인지 등을 고려해야 한다.

보통 아라비카는 일 년에 한 나무에서 5kg의 체리가 수확되고 가공을 하고 나면 그린커피로는 약 1~1.2kg의 양이 생산된다. 잘 익은 체리만을 선별하여 손으로 하나하나 따서 가공 처리하는 경우에는 수확에 드는 수고와 노력이 많이 들지만 고품질의 커피 결과물을 얻을 수 있는 반면, 기계 수확과 같은 대단위 수확을 하는 경우에는 한 번에 많은 양을 거둘 수 있지만 미숙두와 결점두까지 모두 섞일 수 있어 상품 등급을 떨어뜨릴 우려가 있다는 단점이 있다. 더불어 수확 방법에는 산지의 지형과 생산량, 동원 가능한 노동력, 기타 예산 및 조건 등도 고려하여 결정하게 된다.

한편, 수확은 그 다음 진행 과정인 가공 공정에도 직접적인 영향을 미친다. 미숙두, 이물질, 나뭇가지 등이 포함되는 스트리핑(Stripping)이나 기계 수확은 본격적인 가공 공정에 들어가기에 앞서 섞여 들어가 있는 여러 이물질들을 선별해 내는 작업을 우선적으로 꼭히 거쳐야 한다. 그러나 완숙두만을 선별하여 수확하는 핸드피킹(Hand picking)은 앞서 언급한 선별 작업을 건너 뛸 수가 있다.

지금부터 수확할 시기를 결정하는 데 도움을 주기 위하여 우선 커피체리의 성숙 상태를 분류하여 파악해 볼 것이고 나아가 여러 가지 수확 방법 및 그 특성을 찾아볼 것이다.

앞에서 커피체리는 여러 단계를 거쳐 성장하고 익어 가는 것을 알게 되었다. 아주 작은 팥알 같은 그린 체리 체리 속에서 그린커피는 배유(배젖)를 채우며 자라나게 되고, 그 후 과육을 축적시키며 크게 모양을 형성한다. 크기가 다 자라면 체리는 색깔 변화를 일으키며 익어 가고 짙은 빨간색일 때 최상의 단맛을 만든다.

커피체리가 자라는 단계마다 보유하고 있는 커피 향미가 조금씩 달라지므로 수확을 결정짓는 시기를 잘 결정하는 것은 아주 중요한 일이다.

커피체리는 보통 미숙 또는 미성숙, 미완숙, 완숙의 3단계를 거친다. 그 차이를 알고 용어를 정리해 보기로 한다.[34]

🌱 〈사진 4-1〉 커피체리의 크기와 색깔 변화

콩의 크기 변화

콩의 색깔 변화

34) (1) 황재복("Kopi Arirang" 농장 대표)의 인터뷰 (2) 이정기 선생님 인터뷰 (3) Carlos H.J. Brando, "Harvesting and Green Coffee Processing" (4) Wintgens, Jean Nicolas(2004), "Coffee : growing, processing, sustainable production", WILEY-VCH Veriag GmbH & Co. KGaA

1) 미숙 단계

이 단계는 커피체리 속의 그린커피 모양이 제대로 형성되지 못한 단계로 일명 '미성숙' 단계라고도 말한다. 수분을 통해 개화된 꽃이 떨어지고 팥알 크기의 아주 작은 초록 봉오리를 만든 후, 세포 분열을 통하여 커피체리 속의 그린커피가 모양을 갖추어 가는 단계이다. 그린커피 속은 배유로 채우며 그린커피의 크기와 모양을 먼저 만든다. 그 다음으로 그린커피 밖의 과육이 축적되면서, 커피체리의 크기는 점점 커진다. 점액질은 과육이 축적되는 시기에 함께 만들어지기 시작한다. 이 단계의 커피체리 색깔은 아직 초록색을 띠며 덜 자란 상태이다. 내부는 연약하여 젤리와 같이 말랑말랑하고 체리의 외피를 내부에 있는 그린커피로부터 떨어뜨려 떼어 내기가 힘든 상태이다. 과육이 아직 완전히 축척되지 않은 시기이기 때문이다. 아직은 완성된 과일의 단맛보다 스스로 병충해와 질병을 견뎌내기 위한 성분을 많이 가지고 있어 떫고 거친 편이다.

이 단계에는 모양 형성과 크기 변화 등 아직은 성장하는 과정이므로 충분한 수분 공급이 필수적이다. 수분이 원활히 공급되지 않으면 더 이상 성장하지 않거나 말라서 죽게 된다. 더 나아가 적절한 기온 유지, 그늘 재배 등의 환경 조건을 잘 맞추어 주는 것도 성장에 필수적인 요소이다.

2) 미완숙 단계

커피체리의 크기는 다 자랐지만 아직은 수확할 정도로 완전하게 익지 못한 상태를 말한다. 커피체리 색깔이 노랑에서 주황색, 밝은 연한 빨강으로 변해가는 단계이며 당도를 높여가는 시기이다. 이때부터 체리 껍질을 까서 과육과 그린커피를 분리해 낼 수 있다. 만일 이 단계에서 커피체리를 수확하고 가공을 한다면, 외피를 분리하여 떼어 낼 수 있기 때문에 펄핑은 가능하다. 하지만 아직은 커피체리가 충분하게 다 익지 못한 상태이므로 높은 당도를 기대하기는 어렵다. 아직도 조금은 거칠고 떫은 향미 특성을 나타낸다.

3) 완숙 단계

커피체리를 수확할 수 있도록 완전하게 익은 상태를 말한다. 커피체리 색깔이 선명한 빨강에서 진한 빨강, 자주색으로 변하며 잘 숙성되어 당도가 가장 높은 때를 말한다. 이때 수확을 하면 꼭지가 스스로 똑 떨어지는 가장 잘 익은 상태를 확인할 수 있다. 이 단계의 체리만을 수확하여 가공한다면 최상의 상품 가치를 창출해 낼 수 있다.

[표 4-1]은 커피 전문가들의 생각을 정리하고 그린커피 관련 원서와 자료를 수집하여 미숙, 미완숙, 완숙 단계를 비교하여 정리한 것이다.

🫘 [표 4-1] 미숙, 미완숙, 완숙을 비교 구분[35]

체리 컬러	가장 작은 그린 체리 (팥알)	그린 체리	옐로 체리	옐로+레드 체리(주황)	레드 체리	퍼플 체리 (꼭지가 똑 떨어지는 순간)
상태	배아에서부터 배젖으로 채워감	배젖으로 모두 채워짐. 실버스킨 생성	크기 완성 후 익기 시작	좀 더 익은 체리	다 익은 체리 (수확 준비)	더 많이 익은 체리
	점액질 없음	점액질 생성 시작	점액질 있음	점액질 있음	점액질 있음	점액질 있음
전문가 의견	타닌 가장 많음	당도 생성 시작. 과육 성장 시작	당도 더 추가. 과육 성장 완료	당도 더 추가	완전한 당도 형성	더 완숙된 당도
황재복	⟨······ 미숙 단계 ······⟩				⟨··· 완숙 단계 ···⟩	
빈트겐스	⟨··· 미숙 단계 ···⟩		⟨··· 미완숙 단계 ···⟩		⟨··· 완숙 단계 ···⟩	
이정기	⟨··· 미숙 단계 ···⟩		⟨······ 미완숙 단계 ······⟩			완숙 단계

35) (1) 황재복("Kopi Arirang" 농장 대표)의 인터뷰 (2) 이정기 선생님의 인터뷰 (3) Carlos H.J. Brando, "Harvesting and Green Coffee Processing" (4) Wintgens, Jean Nicolas(2004), "Coffee : growing, processing, sustainable production", WILEY-VCH Veriag GmbH & Co. KGaA

2 다양한 수확 방법 및 특성[36]

커피체리의 수확 방법은 크게 세 가지로 나뉜다. 그 방법은 상품화된 그린커피의 품질 등급을 결정짓는 데 영향을 미치며 그 다음 단계인 가공 공정의 진행 과정을 결정짓게 만들기도 한다.

1) 스트리핑(Stripping)

커피나무 아래에 보자기를 깔고 가지 하나를 선택하여 나뭇가지와 같은 방향으로 한 번에 훑어서 커피체리를 떨어뜨리는 방법이다.

수확 시기는 한 가지에서 익은 체리의 개체수와 체리 사이사이의 여백에 따라 결정짓는다. 미숙되거나 미완숙된 것, 과숙된 것, 건조된 체리 등을 모두 합하여 1/3 정도만 섞여 있어야 한다. 스트리핑 후 떨어진 체리를 모아서 키질하여 이물질을 일차로 제거한 후 선별 공정으로 넘긴다.

이 방법은 한 번에 수확할 수 있어 비용을 줄일 수 있는 장점은 있으나 커피나무 가지를 손상시킬 수 있고 품질이 균일하지 않다는 단점이 있다. 주로 건식 가공 방식으로 생산하는 나라와 대부분의 로부스타 생산국에서 사용한다.

자연건조 공정을 하기 위한 스트리피킹(strip-picking) 수확은 대부분의 커피가 완숙 또는 과하게 익은 상태를 지나쳤을 때, 즉 체리의 수분율이 65~70%였던 것이 약간 건조되어 30~40%로 떨어진 상태가 되었을 때 시작하는 것이 좋다.

---

36) (1) Carlos H.J. Brando, "Harvesting and Green Coffee Processing"
　　(2) Wintgens, Jean Nicolas(2004), "Coffee : growing, processing, sustainable production", WILEY-VCH Verlag GmbH & Co. KGaA

이때 수확하면 체리들은 비교적 표면이 마르고 딱딱해져서 다루기 쉽기 때문이다. 체리들은 나무에서 쉽게 떨어지므로 나무 아래에 있는 잡초와 쓰레기들을 미리 치우고, 땅을 평평하게 다지는 준비 작업을 미리 해 두면 손실 없이 수확할 수가 있다.

2) 핸드피킹(Hand picking)

잘 익은 체리만을 직접 손으로 따는 방법으로 높은 품질을 보장한다. 하지만 많은 시간과 노력이 필요하고 인건비가 많이 든다. 커피나무의 재배 밀도, 재배지 경사도 등에 따라 하루에 50~120kg 정도를 수확할 수 있으며 수세식 가공 방식을 사용하는 국가에서 주로 사용한다.

핸드피킹은 그린커피의 고품질을 위해서 선택하는 편이고, 커피농장의 경사가 심하다면 이 방법을 사용해야만 한다.

〈사진 4-2〉 핸드피킹하는 모습

3) 기계수확

주로 대단위 농장에서 많은 양의 체리를 한꺼번에 거두기 위해 사용하는 방식이다. 브라질이나 하와이에서 주로 사용한다.

자동 프로펠되는 기계는 커피나무를 진동시켜 익은 체리를 떨어뜨리고 모아서 압축 공기를 이용하여 가벼운 이물질을 제거해 낸 후 자동으로 포대(bag), 호퍼, 카트로 분리하여 포장한다.

기계수확은 농장 지형의 경사가 완만하고 커피나무의 재배 밀도가 넓은 지역이나 임금이 비싼 곳에서 주로 이용한다. 빠른 시간에 많은 양을 처리할 수 있으나 대규모의 장비와 시설이 필요하므로 고가의 기계 구입비가 든다. 또, 나무에 손상을 주기 쉬우며 잘 익은 것만을 수확하기 어려운 단점이 있다.

수확을 끝내고 나면 하루가 지나기 전에 가공 처리 공정으로 넘겨야 한다.

🌱 〈사진 4-3〉 수확 직전의 커피체리와 수확한 체리

수확한 체리

수확하기 직전

37) 커피품종(원산지), 네이버 오픈백과, http://kin.naver.com

🫘 [표 4-2] 주요 국가별 그린커피 수확시기[37]

국가	수확품종	1월	2월	3월	4월	5월	6월	7월	8월	9월	10월	11월	12월
브라질	아라비카 로부스타				◄	─	─	─	─	►			
콜롬비아	아라비카	◄	─	►							◄	─	►
코스타리카	아라비카	◄	─	►					◄	─	►		
엘살바드로	아라비카	◄	─	►								◄	►
과테말라	아라비카	◄	─	►				◄	─	►			
온두라스	아라비카	◄	─	►							◄	─	►
멕시코	아라비카	◄	─	►							◄	─	►
에티오피아	아라비카										◄	─	►
케냐	아라비카	◄	─	►							◄	─	►
자메이카	아라비카							◄	─	►			
탄자니아	아라비카 로부스타	◄	─	►							◄	─	►
예맨	아라비카						◄	─	─	─	─	─	►
파푸아뉴기니	아라비카				◄	─	─	─	─	►			
수마트라	아라비카 로부스타						◄	─	─	─	─	─	►
하와이	아라비카	◄	─	►				◄	─	─	─	─	►

〈사진 4-4〉 하와이 코나 농장

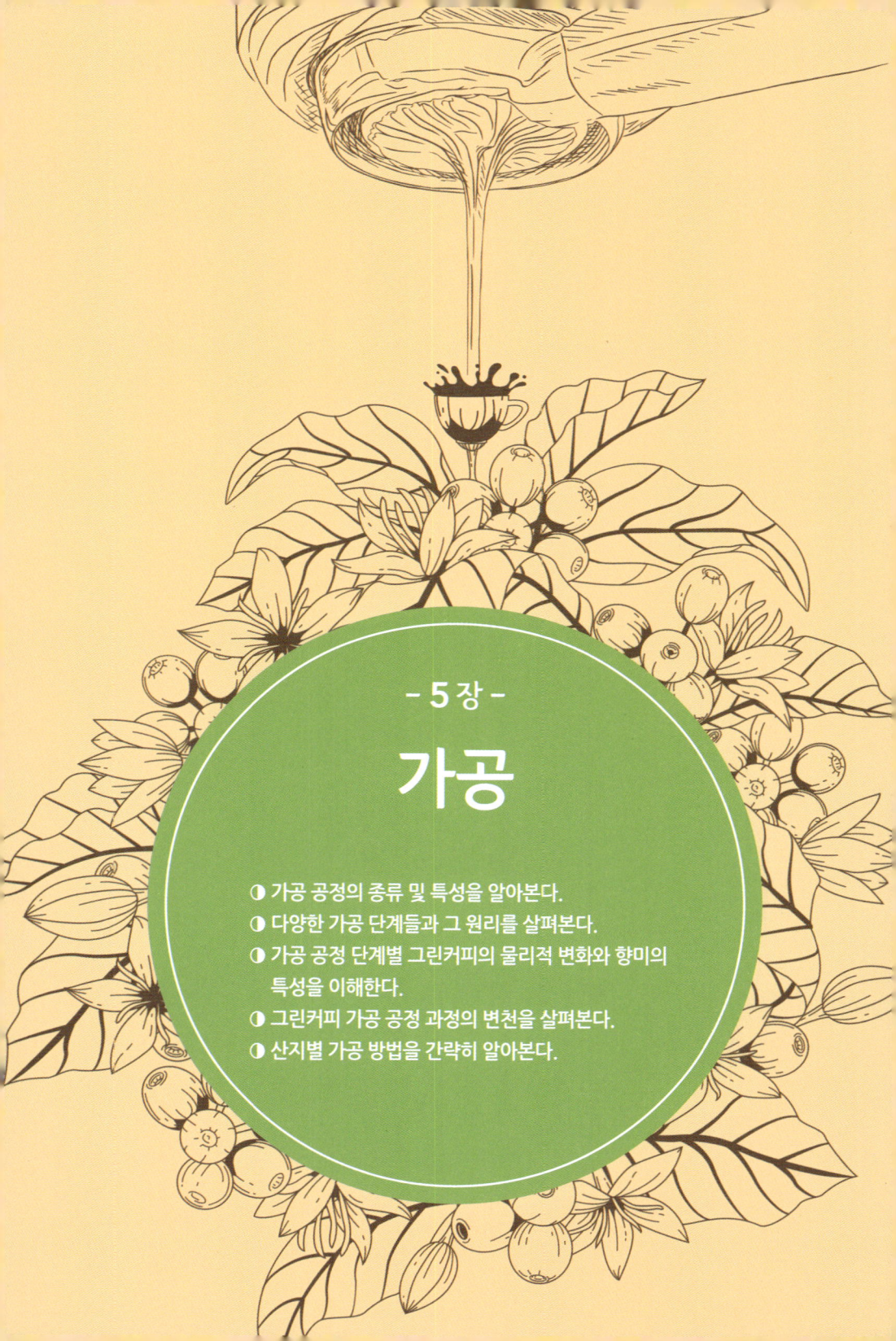

- 5 장 -

가공

- ◗ 가공 공정의 종류 및 특성을 알아본다.
- ◗ 다양한 가공 단계들과 그 원리를 살펴본다.
- ◗ 가공 공정 단계별 그린커피의 물리적 변화와 향미의
  특성을 이해한다.
- ◗ 그린커피 가공 공정 과정의 변천을 살펴본다.
- ◗ 산지별 가공 방법을 간략히 알아본다.

가공 공정은 맛과 밀접한 관련이 있으며 품질을 만들어 내는 근원이기도 하다. 이 과정은 그린커피를 만들어 내기 위하여 필수적으로 거쳐야 하는 단계이며 스페셜티 커피 가공업계에서 가장 관심을 기울이는 단계이다. 산지에서 인위적으로 경작 방법을 조절하여 좋은 품질을 만드는 것도 중요하지만 가공 공정 단계에서도 품질에 영향을 미친다는 것을 익히 알고 있기 때문이다.

수확 후 그린커피는 변질되기 시작한다. 수확 당일 3시간 내에 바로 가공 처리되어야 한다. 가공 방법은 지역에 따라 산지의 특성에 맞추어 물의 성분, 일조량, 습도, 바람 등의 다양한 조건에 따라 달리 선택되고 최종 공정까지 마무리하면 커피의 향미는 달리 표현된다.

일반적으로 공정방식은 자연건조 공정(Dry processing), 반건조 공정(Semi dry processing), 펄프드내추럴 공정(Pulped natural processing), 수세식 공정(Washed processing), 반수세식 공정(Semi washed processing) 등으로 크게 분류하나 요즘에는 각 방식을 절충하여 원하는 향미를 만들어 내고 있다. 즉, 100% 자연건조 공정만을 하거나, 5% 수세 가공을 하고 나머지는 자연건조 가공을 하는 경우, 자연건조 공정과 수세 가공 공정을 각각 50%씩 하거나, 90~95%의 수세 공정만을 하는 등 다양하게 복합적으로 절충하여 사용한다.

각 나라별로 공정 방법을 선택하는 주된 기준은 경제적인 면이고 그 외에 유통되는 커피 가격의 수준, 농장의 운영 비용, 노동력의 공급량과 질, 전력 비용, 기계 공정을 위한 여건, 재배자의 특성과 기질 등에 영향을 받는다.

자연건조 공정은 체리를 수확하여 선별한 후 체리 상태에서 건조하는 것이고 수세식 공정은 수확한 체리를 펄핑하고 발효를 통해 점액질까지 제거하여 건조하는 것이며 반건조 공정, 일명 펄프드내추럴 공정은 수확한 체리를 펄핑한 후 점액질이 있는 상태에서 건조하는 것이다. 반수세식 공정은 수세식 공정을 변형시킨 것으로서, 수세식 공정에서 물에 담가 습식 발효시켜 점액질을 제거하는 전통적인 방식을 기계를 이용하여 인위적으로 점액질을 벗겨 내는 새로운 방식이다. 이는 남긴 점액질의 두께 정도에 따라 건조가 끝난 후 그 향미를 달리 만들어 낼 수 있고, 수세식 공정에서 발생하는 환경오염의 문제까지 해결할 수 있는 획기적인 방법이다.

다음으로 각 가공 공정의 단계와 가공 방법 및 특성을 상세하게 제시한다. 공정 과정을 살펴보면 그린커피 고유의 향미가 어떻게 생성되는지를 쉽게 이해할 수 있고, 각 가공 공정의 단계가 커피 향미에 어떠한 영향을 미치는지까지 예측 가능할 것이다.

〈사진 5-1〉 수확한 체리와 가공 중인 그린커피

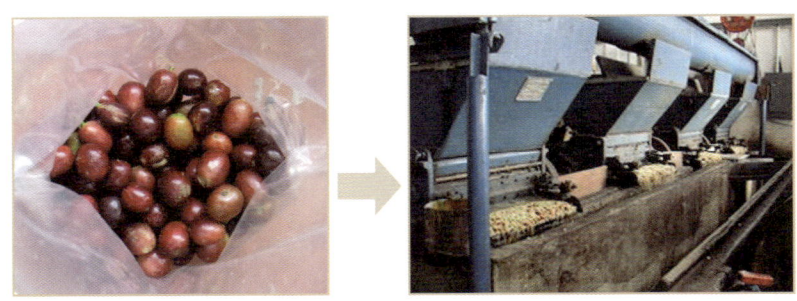

갓 수확한 체리
수분함량 : 약 65%~70% 정도

가공 완료된 그린커피
수분함량 : 약 10~12%

자연건조 방식, 펄프드 내추럴 방식, 수세식 방식의 모든 가공 방식은 공통적으로 일련의 과정을 거치게 된다. 체리 수집 ⋯▸ 선별 ⋯▸ 건조 ⋯▸ 프리클리닝 ⋯▸ 도정 ⋯▸ 광택 내기 ⋯▸ 크기 분류 ⋯▸ 밀도 분류 ⋯▸ 색깔 분류 ⋯▸ 중량 재기⋯▸ 포장 ⋯▸ 보관의 과정이다.

위에 나열된 진행 단계들은 가장 일반적으로 거치는 과정으로 자연건조 방식의 공정 단계를 대표한다고도 할 수 있다. 위의 과정 중에 두 번째인 선별 과정에서 세 번째인 건조 단계로 넘어가는 중간 단계를 어떻게 처리하는가에 따라 여러 가지 공정 방식으로 나뉘게 된다. 즉, 선별 과정 후 펄핑(Pulping)을 하고 점액질이 남아 있는 단계에서 건조를 할 것인지, 아니면 점액질까지 제거하고 건조를 할 것인지에 따라 펄프드 내추럴 방식과 수세식 공정 방식으로 크게 나뉜다.

다음에는 수확 후, 두 번째 선별 과정에서 세 번째 건조 단계로 넘어가는 중간 공정 과정을 2004년 빈트겐스가 《커피 : 생육, 가공, 지속가능한 생산("Coffee : growing, processing, sustainable production")》의 '커피 플랜트(The Coffee Plant)' 파트에서 제시하고 있는 가공 방식별로 주요 공정 단계를 알아본다.

1 가공 방식의 종류

가. 자연건조 공정(Dry processing)

이 방식은 옛날부터 전해 내려오는 가장 간략한 공정 단계들을 거친다. 체리를 수확한 후 그대로 건조시키는 방법으로서 브라질의 대부분 농장이나 인도네시아, 에티오피아, 예멘 등의 농장에서 스트리핑이나 기계 수확한 후 주로 사용한다. 이 방법은 [그림 5-1]과 같이 수확한 체리를 ①바로 건조 단계로 넘겨져서 선별 과정 없이 파티오(Patios)나 랙(Racks)에서 천일 건조로 수분 20~30%가 될 때까지 건조하고 다음으로 인공 건조(기계 건조)를 통하여 마무리 11~12%가 될 때까지 수분량을 맞추는 공정 과정과 ②키질과 체질을 통해 이물질을 1차 선별하고 물을 이용하여 무거운 체리와 가벼운 체리를 2차 선별한 후 따로따로 건조 단계로 넘겨 건조시키는 공정 과정의 두 가지 방법이 있다. 로부스타 재배 지역에서 주로 이 방법을 사용하고 있고 브라질은 1980년대부터는 거의 90%가 이 방법을 사용해 왔다.

◢ [그림 5-1] 자연건조 공정 과정

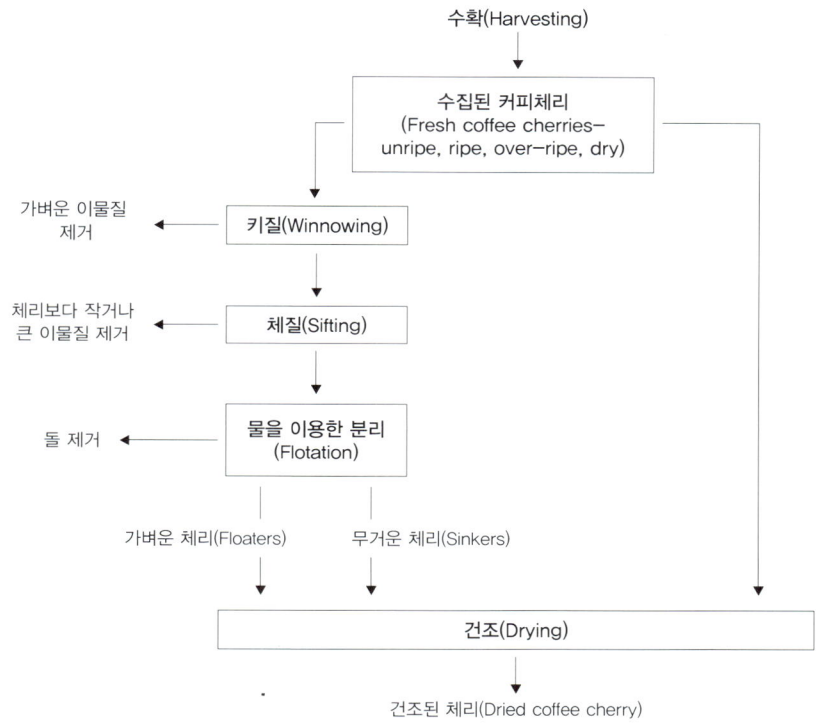

나. 반건조 공정(Semi-dry processing)

자연건조 공정과 수세식 공정을 변형하여 절충한 것으로 1990년초 브라질 (Cereja Descascado로 불림)에서 시작되었다. 최근에는 펄프드 내추럴(Pulped natural)이 라고 불린다. 이 방식도 스트리핑 수확과 기계 수확을 한 후 주로 적용하는 공정이다.

[그림 5-2]와 같이 빈트겐스는 수확한 체리를 1차로 이물질을 제거하고 2차로 물에 담가 무거운 체리와 가벼운 체리를 선별하여 다음 단계로 진행하도록 유도하고 있다. 가벼운 체리는 과숙된 체리이거나 부분적으로 건조된 체리이

므로 바로 건조 단계로 보내 내수용으로 사용하고, 무거운 체리는 미숙하지만 알찬 체리이거나 완숙한 체리이므로 따로 구분하여 처리한다. 그 후 무거운 체리만을 펄핑하면 벗겨진 외과피와 과육, 과육이 벗겨지지 않은 미숙 체리, 과육이 벗겨지고 점액질이 남아 있는 파치먼트가 따로따로 분리되어 모인다. 그 후 파치먼트만을 건조 과정으로 넘기게 된다. 이 과정을 따라 진행하게 되면 결국에는 잘 익은 완숙 체리만 펄핑되어 점액질이 있는 상태로 건조되므로 좋은 품질의 상품만을 생산하게 된다.

🌱 [그림 5-2] 반건조 공정 과정

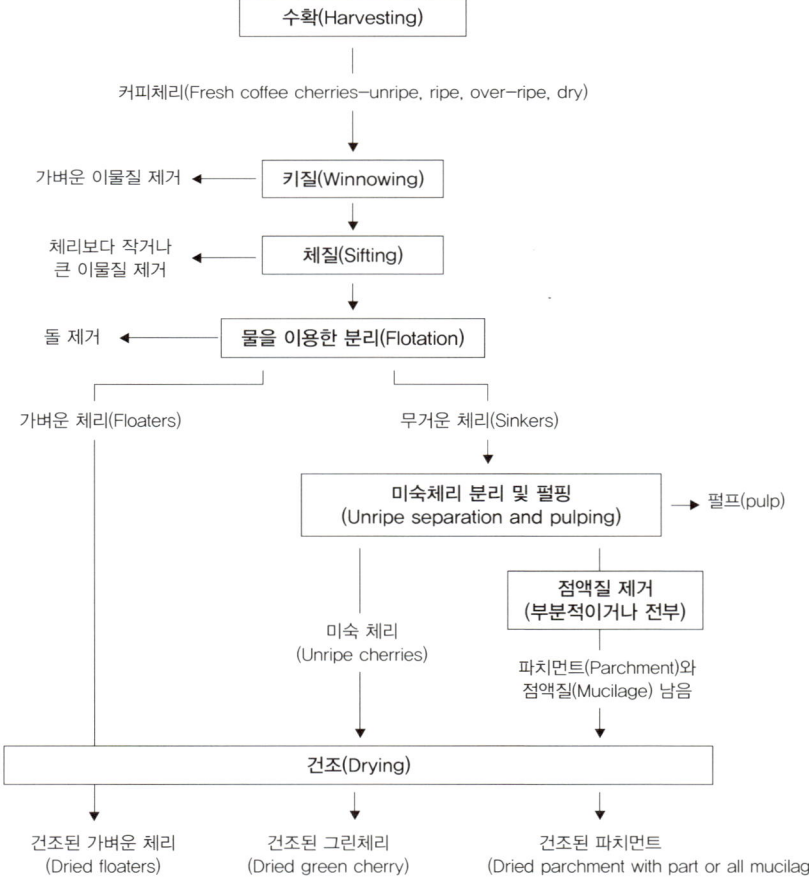

이 방식의 주요 핵심은 수확한 체리들을 선별하는 단계를 여러 가지로 세분화하여 더욱 좋은 품질의 커피를 만들어 낼 수 있다.

미숙 체리는 바로 건조장으로 보내 국내용으로 소비하고, 완숙 체리만 펄핑되므로 국외 판매용 상품으로 생산한다. 자연건조 공정에 비해 건조 시간이 짧아 미생물에 의해 발효될 위험이 훨씬 줄어든다. 공정이 잘 진행되면 수세식 공정의 커피보다 더 중후하고 양질감을 느낄 수 있는 커피를 생산할 수 있다.

그렇다면 반건조 공정의 각 세부적인 단계들을 좀 더 상세하게 살펴보자.

1) 반건조 공정의 미숙 체리 선별과 펄핑 단계

수확한 후, 체리를 두 단계를 거쳐 선별한다. 1차로 이물질을 먼저 제거하고 2차로 물에 담가 중량이 가벼운 체리와 무거운 체리를 선별한다. 가벼운 체리는 지나치게 익은 과숙 체리이거나 부분적으로 건조되어 무게가 가벼워진 것들이다. 무거운 체리는 크게는 자랐으나 아직 익지 않은 미숙 체리이거나 잘 익은 완숙 체리이다. 그중 물에 가라앉은 무거운 체리만을 채집하여 구멍이 뚫린 긴 스크린 펄프제거기(《사진 5-3》)에 넣어 압력을 이용하여 통과시킨다. 잘 익은 부드러운 완숙 체리는 과육이 잘 벗겨지면서 파치먼트만이 실린더의 작은 구멍을 통과해 빠져나오게 된다. 하지만 아직 덜 익어 딱딱한 미숙 체리는 과육이 벗겨지지 않고 작은 스크린 구멍을 통과하지 못하고 한쪽에 따로 모인다.

이 처리 과정을 거치고 나면, 펄핑되지 못하여 남은 딱딱한 미숙 체리, 과육이 벗겨져 점액질이 남아 있는 파치먼트, 펄핑되어 떨어져 나간 체리 겉껍질(펄프) 등 세 종류의 결과물이 나온다. 이러한 과정을 거쳐 미숙한 체리와 완숙한 체리를 구분하게 되고 선별된 미숙 체리는 따로 모아 건조장으로 보낸다.

2) 반건조 공정의 건조 단계

이 단계는 자연건조 공정의 건조 단계와 비슷하다. 하지만 펄프드 내추럴 방식의 파치먼트는 점액질이 남아 있는 상태이므로 수세식 공정에서 나오는 점액질이 없는 파치먼트와 분리하여 말려야 한다. 또한 점액질이 있는 파치먼트를 기계 건조할 때는 기계 건조장 벽에 들러붙을 수 있으므로 예비건조를 거쳐야 한다. 적어도 하루 동안 충분히 자연 햇볕으로 말리고 난 후 기계 건조시켜야 한다.

3) 반건조 공정의 맛의 특성

결국에는 신선한 완숙 체리만을 선별하여 가공하게 되므로 좋은 품질의 커피를 생산할 수 있다. 전통적인 자연건조 방식보다 더 긍정적이다. 맛의 특징은 자연 건조 방식보다 깔끔하고 수세 공정보다 중후하며 양질감을 나타내지만 커피나무의 재배 고도에 따라서 약간씩의 차이를 보인다. 저지대 커피는 내추럴 방식의 향미에 더 가깝고, 고지대 커피는 수세식 방식의 커피 맛에 더 가깝다. 단종이나 에스프레소용의 블렌드로 많이 사용되며, 브라질에서는 1년에 3백만 포대까지 생산하기도 한다.

다. 수세식 공정(Wet processing)

일명 워시드 방식(Washed processing)이라고도 불리며, 수확한 체리를 펄핑하여 발효시킨 후 건조시키는 방식이다. 빈트겐스는 수확 방법에 따라서, 즉 스트리핑이나 기계를 통해 수확한 체리와 핸드피킹을 통해 거두어들인 완숙 체리를 따로 구분하여 가공하도록 유도하고 있다. [그림 5-3]과 같이 한 번에 거둬들이는 스트리핑이나 기계 방식으로 수확한 체리는 반건조 가공 방식에서 사용한 선별 과정과 같은 방법으로 키질이나 체질을 통하여 이물질을 1차로 먼저 제거하고, 물에 담가 가벼운 체리와 무거운 체리를 2차로 선별한 후, 무거운 체리만을 회전하는 구멍 뚫린 긴 스크린 펄프제거기에 통과시켜 펄핑한다. 반면, 핸드 피킹으로 수확한 경우는 애초에 잘 익은 것만을 모아오게 되므로 앞의 1차 이물질 제거 과정과 2차 미숙 체리를 선별하는 과정을 건너뛰고 바로 펄핑 단계로 진행시킨다. 그러면 단계가 더욱 간단해지고 균일화된 고품질의 상품을 용이하게 만들어 낼 수 있다는 장점이 있다.

펄핑된 파치먼트는 점액질을 가지고 있는데, 수조탱크에서 36~72시간 동안 물에 담가 발효시킨다. 72시간을 넘어서면 자극적인 발효된 약품 냄새를 풍긴다. 발효가 끝나는 시점은 파치먼트의 양, 물의 온도, 습도, 점액질의 두께에 따라 다르게 나타난다. 손으로 파치먼트를 문질러 보았을 때 마찰음이 사각사각 들리면 발효가 끝난 것이다. 발효가 끝난 파치먼트는 깨끗한 물로 충분히 세척하여 파티오로 옮겨 건조시킨다.

수세식 공정 중에 특히 발효 과정 후 버려지는 물은 환경오염 문제를 야기한다. 이를 보완하기 위하여 물을 사용하지 않고 인위적으로 점액질을 제거시킬 수 있는 새로운 형태의 점액질 제거기(Mucilage remover)가 나오게 되었고 수산화나트륨(NaOH) 같은 화학 물질을 이용하여 품질 손상 없이 단시간에 발효시키는 방식 등 친환경적인 방법들이 계속 개발되고 있다.

수세식 공정 이후, 탈수기처럼 파치먼트의 점액질 두께를 원하는 양만큼 벗겨내고 건조시키는 반수세식 공정이 등장하게 되었다. 이 방식은 수세식 공정의 발효 과정을 거치지 않으므로 커피의 풍미가 물에 녹아 유실되는 것을 방지할 수 있고 건조 시간을 줄일 수 있다는 장점이 있다.

[그림 5-3]의 수세식 공정은 수확 단계에서부터 체리를 거둬들이는 방식에 좀 더 관심을 기울이면 그 다음의 가공 단계를 간결하게 줄여서 고품질의 상품을 쉽게 생산할 수 있다는 점을 강조하고 있다.

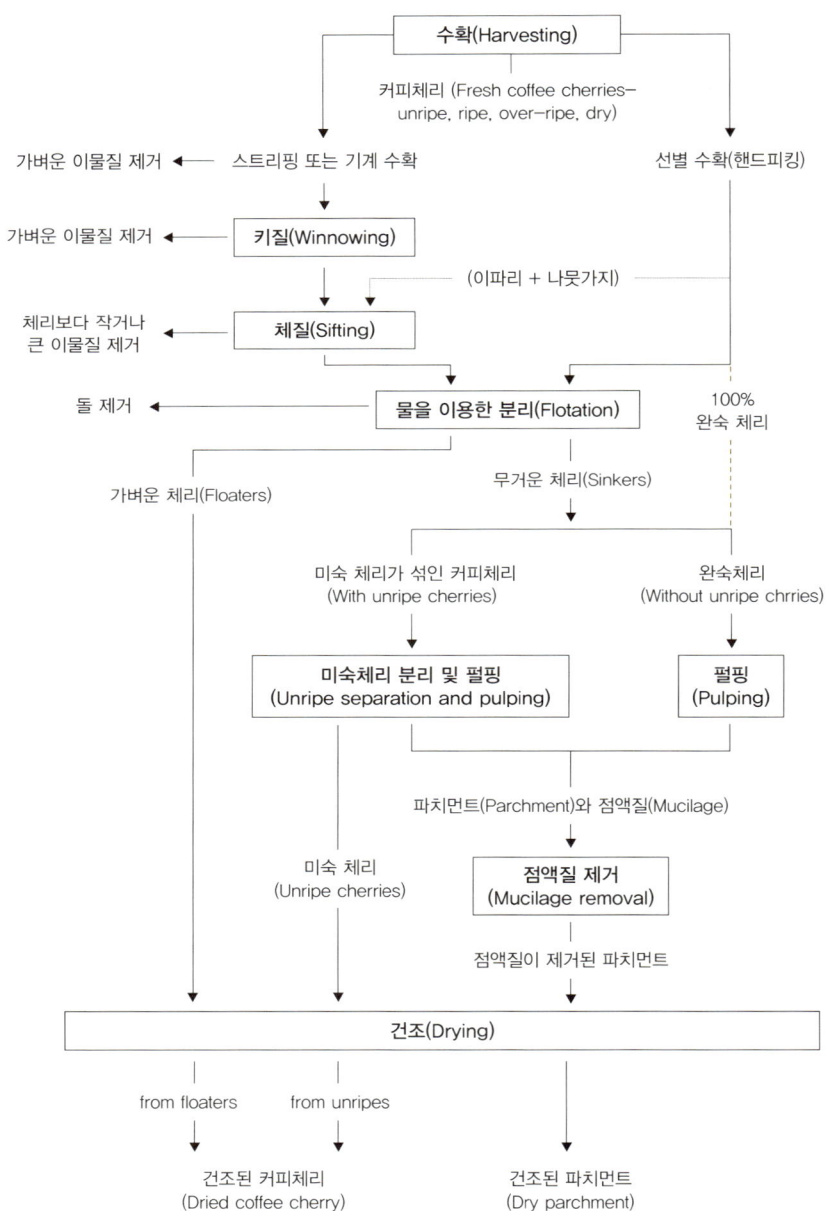

수확(Harvesting)

커피체리 (Fresh coffee cherries–
unripe, ripe, over–ripe, dry)

가벼운 이물질 제거 ◄── 스트리핑 또는 기계 수확

선별 수확(핸드피킹)

가벼운 이물질 제거 ◄── 키질(Winnowing)

(이파리 + 나뭇가지)

체리보다 작거나 ◄── 체질(Sifting)
큰 이물질 제거

돌 제거 ◄── 물을 이용한 분리(Flotation)

100%
완숙 체리

가벼운 체리(Floaters)

무거운 체리(Sinkers)

미숙 체리가 섞인 커피체리
(With unripe cherries)

완숙체리
(Without unripe chrries)

미숙체리 분리 및 펄핑
(Unripe separation and pulping)

펄핑
(Pulping)

파치먼트(Parchment)와 점액질(Mucilage)

미숙 체리
(Unripe cherries)

점액질 제거
(Mucilage removal)

점액질이 제거된 파치먼트

건조(Drying)

from floaters

from unripes

건조된 커피체리
(Dried coffee cherry)

건조된 파치먼트
(Dry parchment)

라. 허니 공정(Honey processing) 방식

일명 펄프드 내추럴 공정이라고 말하기도 하고 그 진행 과정도 유사하다. 우선 샘플의 당도를 측정하여 완전히 익은 체리만을 수확하고 다시 3차에 걸쳐 선별한 후 체리 겉껍질(외과피)만 제거하고 과육 부분이 많이 남아 있는 채로 10~12일 정도 건조시키는 방법이다. 이미 선별된 최우수 체리만을 골라서 가공하므로 단맛은 탁월하다.

요즘에는 가공 후 남아 있는 점액질의 두께에 따라 옐로(Yellow) 허니 공정, 레드(Red) 허니 공정, 블랙(Black) 허니 공정으로 나뉜다.

옐로 허니 공정은 과육을 많이 제거하여 점액질과 과육을 약 10% 정도만 남기고 건조한 것이다. 위의 세 가지 방식 중 가장 수세식 공정에 가까운 깔끔한 맛이 특징이며 어느 정도의 단맛까지도 잘 표현되는 방식이다. 레드 허니 공정은 점액질과 과육을 약 20% 정도 남긴 상태를 말한다. 블랙 허니 공정은 외과피만 살짝 제거하고 과육을 가장 많이 남긴 상태로서 자연건조 공정의 맛의 특징에 가장 가까운 편이나 자연건조 공정보다 좀 더 깔끔한 맛을 느낄 수 있다.

2 **가공 단계별 방법과 원리**

가. 선별 과정

수확한 체리는 당일 바로 가공 처리한다. 이때 가장 먼저 거치는 공정은 선별 과정이다. 비선택적 수확 방식인 스트리핑이나 기계 수확을 통해 거둬들이는 경우에는 수확 시 함께 유입된 이물질이나 결점 있는 체리들을 골라 내는 작업이 필요하다.

수확을 하고 나면 지나치게 익은 과숙 체리, 아직 익지 못한 미숙 체리, 부분적으로 건조된 체리들, 나뭇가지들, 잎사귀들, 흙과 돌 등이 모두 섞여 있다.

수확한 체리는 가장 먼저 선별 공정으로 보낸다. 선별을 하는 이유는 이물질 제거와 더불어 체리의 숙성 정도를 균일하게 맞추기 위함인데, 이 과정을 건너뛰면 커피의 품질이 나빠질 수밖에 없다.

이 선별 과정은 세 가지 가공 공정(자연건조 공정, 펄프드 내추럴 공정, 수세식 공정) 모두에서 공통적으로 거치는 과정이다.

선별 과정은 1차로 이물질을 제거하고, 2차로 물에 담가 중량에 따라 체리를 가벼운 것과 무거운 것으로 구별하고, 최종적으로 무겁고 상품성 있는 체리만을 골라 가공하여 균일화된 최종 결과물을 만드는 데 그 목적이 있다.

1) 이물질 제거 단계(Cleaning)

선별 과정 중에서도 첫 번째로 거치는 단계이다. 먼저 키질을 통해 잎사귀, 가지, 먼지 등과 같은 가벼운 이물질을 제거하고 체질을 통해 모래, 돌, 진흙 등과 같은 무거운 이물질을 제거한다.

[그림 5-4]와 같은 선별기기는 수확물이 일정한 루트를 지나가도록 하여 세 가지의 선별과정을 한 번에 실행토록 하는 것이다. ①먼지나 모래와 같은 작은 이물질은 1차로 작은 구멍을 통해 아래로 가라앉게 하고, ②2차로 강한 바람으로 가벼운 이물질을 날려버리며, ③3차로 체리만을 아래로 떨어뜨려 돌덩이나 나뭇가지와 같은 큰 이물질만 남기도록 하는 것이다.

🌿 [그림 5-4] 선별기기

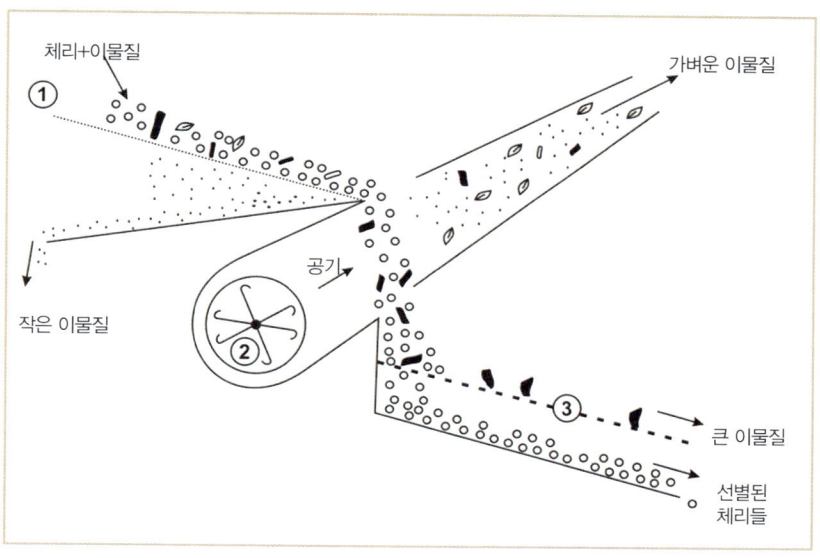

2) 수분함량(중량)을 이용하는 단계

선별 과정 중에서 두 번째로 거치는 단계이다. 물에 띄워 중량에 따라 가벼운 체리와 무거운 체리로 구별하는 것이다. 가벼운 체리는 부분적으로 건조되어 말라버린 체리이거나 지나치게 익어버린 과숙 체리가 대부분이므로, 바로 파티오로 보내어 건조시켜 국내소비용으로 사용한다. 무거운 체리는 크지만 아직 익지 않은 미완숙 체리이거나 크고 잘 익은 완숙 체리인 것이 대부분이다. 펄프드 내추럴 공정과 수세식 공정에서는 무거운 체리만 선별하여 펄핑 단계로 보내어 국외 판매용으로 사용한다.

🌿 〈사진 5-2〉 체리의 중량 차이를 이용한 선별 방법

익은 체리는 무거워서 가라앉고 덜 익은 체리는 가벼워서 물에 뜨게 된다.

물로 체리를 선별하는 방법으로는 네 가지가 있다.

(1) **물탱크**(Static water Tanks) **사용 :** 준비한 물탱크 속에 체리를 담가 물에 뜨는 것과 가라앉는 것을 단순하게 구분하는 방법이다.

(2) **사이폰 탱크**(Siphon Tanks) **사용 :** 흐르는 물을 이용하여 체리를 선별하는 방법이다. [그림 5-5]를 보면, 수조에 물을 넘치게 하여 ②와 같이 가벼운 체리를 따로 모으고 무거운 체리는 가라 앉혀서 사이폰 원리로 ③과 같이 빨아올리는 방식이다. 이 방법은 많은 물이 필요하고, 남아있는 돌을 제거하기 위해 직접 건져 내는 노동력이 필요하다는 단점이 있다. 1~2m³ 크기의 금속형이 나왔다.

●[그림 5-5] 사이폰 탱크

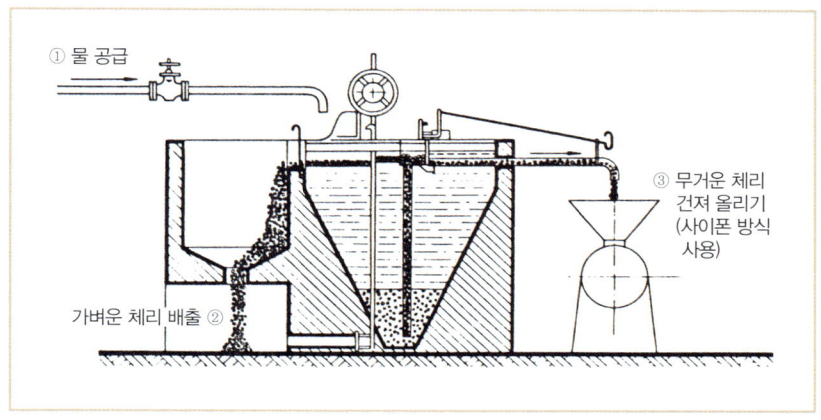

① 물 공급

③ 무거운 체리
건져 올리기
(사이폰 방식
사용)

가벼운 체리 배출 ②

(3) 물길을 이용하여 다른 채널로 선별 : 흐르는 물길을 따라 체리가 이동하다가 무거운 체리는 아래의 다른 채널로 옮겨지도록 하는 방식이다. 이 방법 역시 물을 계속 흘려보내야 하므로 물소비가 많다. 따라서 현재는 감소 추세에 있다.

(4) 기계형 세척 분리기 : 기본적으로는 (3)과 같은 원리이나 동시에 여러 작업이 이루어지도록 하는 조금 더 발전된 방식이다. 물소비가 많은 단점도 보완하고 있다. 여러 가지 이물질이 섞여있는 수확물을 ①에 보낸 후 [그림 5-6]과 같이 돌을 선별하여 따로 분리해 내고 나머지 체리는 ②로 옮겨진다. 이때 무거운 체리는 아래 채널로, 가벼운 체리는 위 채널에 남아있게 된다. 돌은 [그림 5-6]의 아래 그림과 같이 무거운 것이 아래로 가라앉으면 밑바닥에 나 있는 구멍으로 물총을 쏘아 올려 그 수압으로 돌을 밀어내는 방식이다.

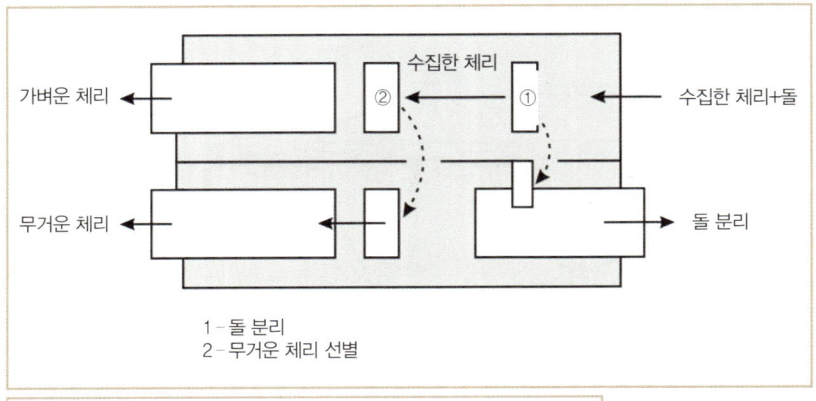

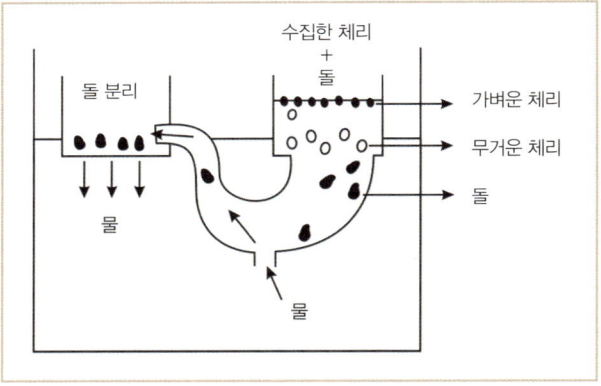

(5) **복합형 위노어**(Combined Winnower) : 체질과 키질을 통한 선별과 물을 이용한 선별을 모두 복합적으로 한꺼번에 이루어지도록 하는 더욱 발전된 방식이다.

나. 건조 과정

갓 수확한 커피체리의 수분함량은 미숙한 체리는 70%, 성숙한 체리는 50~70%, 과숙된 체리는 35~50%, 건조된 체리는 16~30%로 다양하다. 선별된 체리는 별도로 구별되어 나머지 공정을 거친 후, 파티오로 보내서 천일건조로 습도 20~30%까지 건조시키고, 마지막으로 기계 드라이어로 11~12%까지 인공 건조시켜 마무리한다. 최근 수세식 공정에서는 기계 건조 방식을 선호하는 편이다.

자연건조 공정은 여러 단계를 거치지 않으므로 설비 투자비가 저렴하고 에너지 소비가 적으며 물을 사용하지 않아 환경오염이 거의 없다는 장점이 있다. 하지만 파티오에 펼쳐서 말려야 하기 때문에 넓은 면적이 필요하고 건조 속도도 3~4주 정도로 오래 걸리므로 미생물이 쉽게 생길 수 있다는 단점이 있다. 일반적인 건조 시간은 지역마다, 기후에 따른 습도에 따라 달라진다. 만약 완숙 체리와 미숙 체리를 미리 구분하여 말리지 않는다면, 최종 결과물이 좋지 않은 거친 맛을 낼 수 있으며 최종 마지막 공정 단계인 색깔 분류 단계에서 좀 더 주의 깊게 세심히 분류 작업을 해야 한다. 또 미숙한 체리를 30℃ 이상에서 건조하게 되면 블랙빈(Black beans) 같은 결점두를 만들어 낼 수도 있다.

다음은 다양한 건조 방법들을 살펴본다.

1) 파티오를 사용한 건조 : 벽돌, 타일, 콘크리트, 아스팔트 위에서 커피체리를 넓게 펴서 말리는 방법이다. 찬 공기가 머물지 않는 지역이나 햇볕이 최대한 많이 드는 지역에서 주로 사용한다.

물 빠짐을 원활히 하기 위해 0.5~1.5%의 경사가 있으면 더욱 좋다. 처음에는 두께 2~3cm 정도 얇게 펼쳐서 말리기 시작한다. 긴 고랑을 만들며 하루에 15~17회 뒤집기를 해 주어야 한다. 나중에는 두께 5cm 이하의 긴 고랑이 만들어진다. 각 고랑이 햇볕으로 따뜻해지면 그린커피를 그 부분으로 뒤집어 주고, 그린커피가 있었던 곳은 다시 태양으로 말려 주는 방식이다. 이렇게 해야 잘 마르고 발효되거나 곰팡이가 생기지 않는다. 수분 60~65%상태의 체리 더미를 5cm 두께까지 건조하면 평당 30~40kg의 양을 말릴 수 있다.

수분이 20~30%의 반건조된 커피가 될 때까지 천일건조로 말린다. 매일 밤에는 커피를 모아 더미를 만든 다음 면이나 방수천으로 덮어 밤이슬을 피하게 한다. 그러나 올이 굵은 삼베는 사용하지 않는 게 좋다. 삼베 향이 콩에 스며들 수 있기 때문이다.

2) 기계 드라이어를 사용한 건조 : 건조 작업을 가속화시킬 수 있는 방법으로서 기계 속에서 40~45℃ 정도에서 건조시키는 방법이다. 그러나 55℃는 넘지 말아야 한다. 온도가 높으면 그린커피가 경화되어 해머로 치면 유리같이 부서질 수도 있는 상태가 되기 때문이다.

3) 건조 테이블을 사용한 건조 : 펄프드 내추럴 공정과 수세식 공정 방식에서 주로 사용하는 것으로 아프리카에서 대부분 사용한다. 일명 아프리칸 베드(African Bed)라고 불린다. 건조테이블 위에 천을 깔고 그 위에 그린커피를 펼쳐서 말리는 방식이다. 공기가 사방에서 들어오기 때문에 그린커피는 거의 비슷한 수분량으로 건조되고 미생물 번식과 발효가 쉽게 일어나지 않도록 한다.

에티오피아에서는 한 낮에 천으로 덮어 14일간 건조시키고, 케냐에서는 살짝 물기를 뺀 그린커피를 건조테이블에 펼쳐서 5~9일간 20%의 수분이 남도록 건조시키고 나머지 수분은 큰 그물망에서 20~40일간 천천히 뒤집어주며 건조시킨다.

르완다와 브룬디는 그린커피를 1~2일 동안 그늘에서 건조시킨 후 르완다는 14일간 건조테이블에서 말리고, 브룬디는 16~20일간 파치먼트를 피라미드 형식으로 쌓아서 말린다.

4) 태양 건조[38] : 석유 연료나 전기를 사용하지 않아 더욱 경제적이며 파티오보다 더 높은 온도로 빨리 건조시키므로 더 효율적이다. 브라질에서 주로 사

---

38) 태양 에너지만을 사용하는 강제 공기 드라이어이다. 건조실 타입은 외부 집열판형과 온실형이 있고, 이러한 드라이어에서 건조하는 것을 태양열 건조라고 부른다.

용하는 이 방법은 에너지 절약 효과가 있으나 널리 사용되지는 않는 편이다.

다. 펄핑 과정

펄핑은 수확 후 24시간을 넘기지 않고 커피체리에서 외과피와 과육을 분리해 내는 작업이다. 다양한 펄프 제거기를 이용한다. 2004년도 이후에 선보인 방법과 그 공정들을 살펴본다.

1) 디스크 펄프 제거기(Disk Pulper) : 펄핑 바(Pulping bar)와 회전 디스크 사이에서 커피체리가 으깨어지며 펄핑되는 방식이다. 지름 45cm 수평회전축인 디스크, 체리를 으깨는 펄핑 바, 펄프와 파치먼트를 분리해 내는 판으로 구성되어 있다. 한 시간에 1톤의 체리를 처리해 내며, 디스크가 한 장이면 1.0마력의 전력을 소모하고 4장 이상의 디스크이면 2.5마력의 전력을 소모한다.

🌱 **[그림 5-7] 디스크 펄프 제거기**

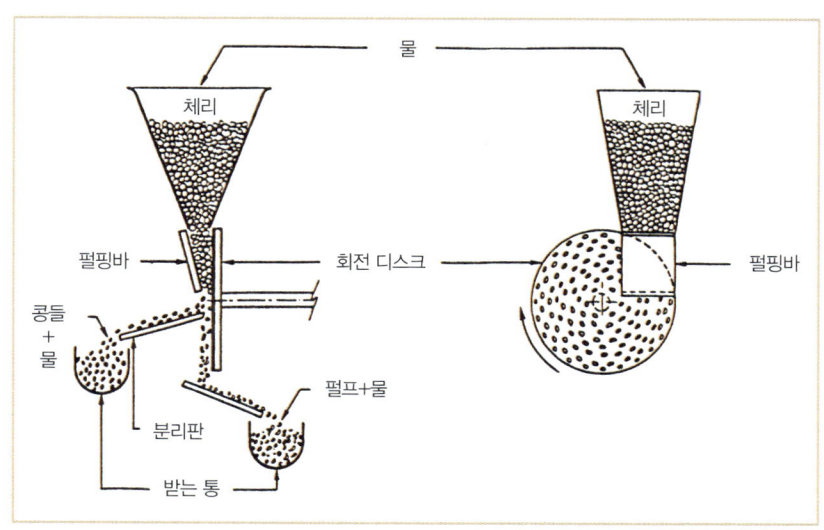

2) **드럼 펄프 제거기**(Drum pulper) : 브레스트 판(Breast plate)과 회전 드럼 사이에서 체리가 으깨어지며 펄핑되는 것이다. 두 가지 종류가 있다.

(1) **수평 드럼 펄프 제거기**(Horizontal drum pulpers) : 20~30cm 지름의 회전하는 수평 드럼 실린더와 으깨어지는 브레스트 판 사이에서 펄핑되어 내려오면, 펄프와 파치먼트를 분리해 내는 분리판으로 구성되어 있다. 시간당 0.25~4톤의 체리를 처리할 수 있고 한 시간에 1톤당 2마력의 전력을 소모한다.

● [그림 5-8] 수평 드럼 펄프 제거기

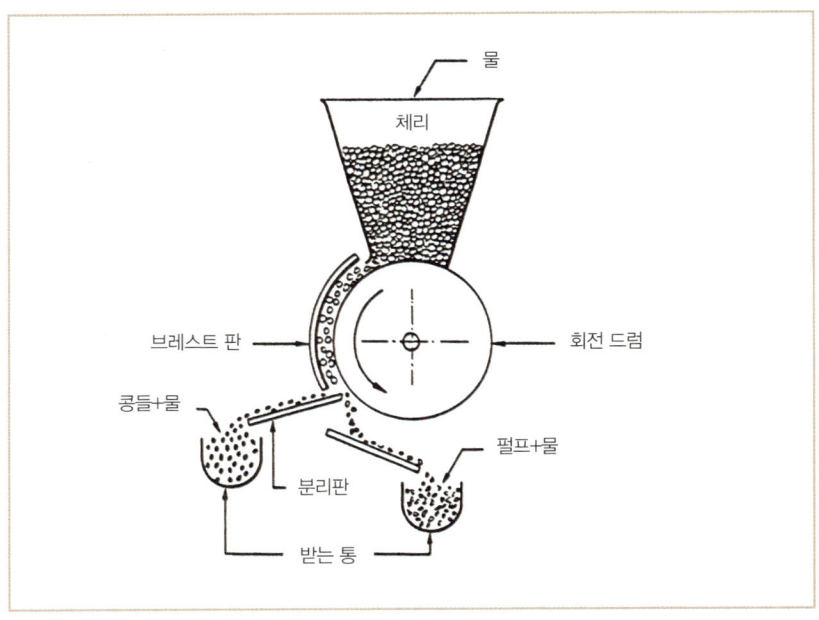

3) **수직 드럼 펄프 제거기**(Vertical drum pulpers) : 구리나 금속 재질의 좁은 수직 회전 드럼 실린더에는 3~6개의 주철 채널이 있다. 위에서 아래로 체리가 내려올 때, 점진적으로 좁아지면서 압력이 가해지면서 펄핑된다. 시간당 0.25~2톤의 체리를 처리할 수 있고 한 시간에 1톤당 0.7마력의 전력을 소모한다.

🌱 [그림 5–9] 수직 드럼 펄프 제거기

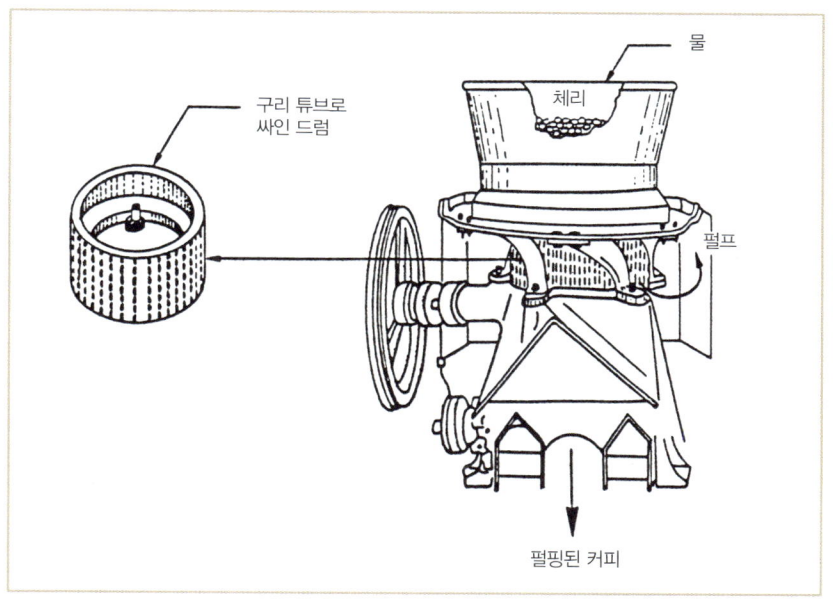

3) **스크린 펄프 제거기**(Screen pulper) : 〈사진 5-3〉과 같이 스크린 구멍 사이를 통과하면서 체리의 과육이 떨어져 나가며 분리되는 방식이다. 미숙 체리는 아직 과육이 단단하여 떨어져 으깨어지지 않기 때문에 스크린의 구멍을 통과하지 못하고 한쪽으로 모이게 되고, 완숙한 체리만 말랑말랑한 상태인 과육이 으깨어지며 떨어져 나가고 파치먼트만 스크린 구멍을 통과하게 된다. 따라서 스크린 펄프기를 한번 작동시키면 미숙 체리와 완숙 체리는 일단 분리가 되고 나아가 완숙 체리는 펄핑까지 되어 펄프와 파치먼트로 분류되어 배출된다. 일석

삼조인 셈이다. 이 때문에 '미숙 체리 분리기 겸 펄프 제거기'라고 불리기도 한다. 시간당 0.7~15톤의 체리를 처리할 수 있고, 1톤당 1.5~2.0마력의 전력을 소모한다.

🌿 〈사진 5-3〉 스크린 펄프 제거기

　　4) **아쿠아 펄파**(Aqua pulpa) : 고정된 스크린 실린더 속에 회전 드럼이 들어 있는 것으로, 앞의 기계와는 달리, 펄핑을 1차 진행하고 나아가 점액질까지 동시에 제거할 수 있는 기기이다. 이때 많은 물을 흘려보내야 하는 단점이 있다. 로

부스타에 주로 사용한다. 시간당 0.75~3.0톤의 체리를 처리할 수 있고 1톤당 7~10 마력의 전력을 소모한다.

🫘 [그림 5-10] 아쿠아 펄파

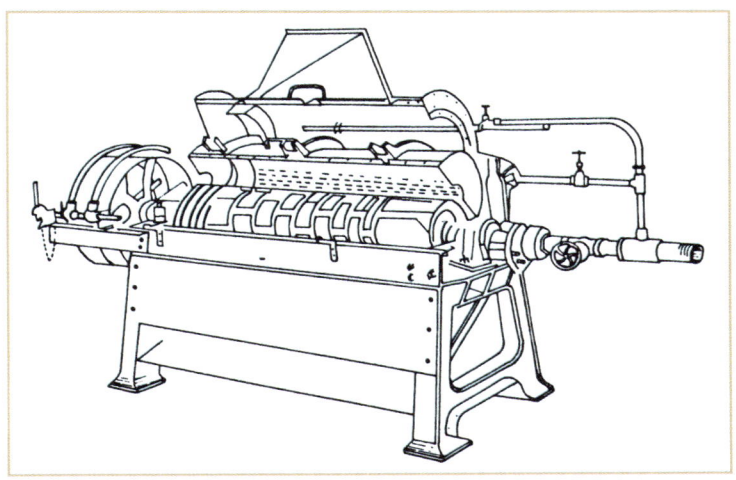

5) **건조 펄핑** : 물 소비를 줄이기 위해 앞에서 소개된 기계를 이용하되, 물을 사용하지 않고 작동시키는 방법이다. 주로 드럼과 디스크 방식에 중점을 두고 있다. 주의할 점은 체리가 호퍼에서 물 없이도 잘 내려가도록 해야 하며, 펄핑을 하기 위해 회전속도도 더 증가시켜야 한다. 작동 중 막히지 않도록 파치먼트와 펄프를 분리하여 빨리 이동시키는 체계도 뒷받침되어야 한다.

6) **사전 분류 및 재처리기** : 사전 분류 작업은 체리를 펄핑하기 전에 크기별로 분류하는 것이다. 이 과정이 필요한 이유는 같은 농장이라도 시즌별로 커피체리의 크기가 달라질 수 있기 때문이다. 재처리 작업은 작은 크기의 체리라도 놓치지 않고 수평 드럼 펄프기에서 브레스트판 간격을 더 좁게 조절하여 다시 한 번 더 펄핑하는 것을 말한다.

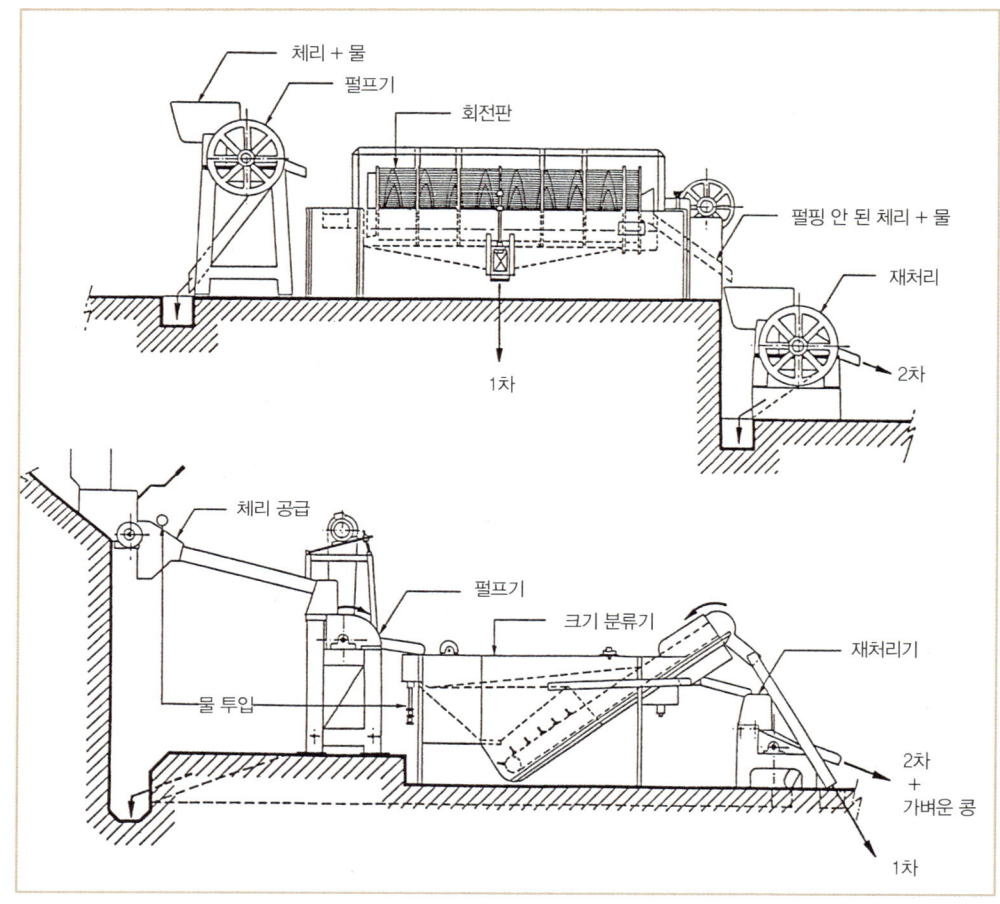

라. 파치먼트의 점액질 제거

점액질이란, 0.5~2.0mm 두께의 매우 미끄럽고 끈적끈적한 물질이다. 색깔이 없고 투명하지만 공기에 노출되면 효소의 산화작용으로 인해 갈색으로 쉽게 변한다. 주로 펙틴과 당류(단당류, 다당류, 올리고당류)로 구성되어 있으며 물에 녹지 않고 나중에 펙틴산으로 가수분해된다. 좀 더 자세히 살펴보면 프로토펙틴이 33%, 환원당인 포도당과 과당이 30%, 비환원당인 자당이 20%, 섬유소와 회분이 17% 들어 있다. 이러한 성분들은 프로토펙틴이 가수분해되고 자연적으로 생성되는 효소의 영향을 받아 펙틴이 감소되며 점액질이 제거되는 것이다.

만약 36~72시간 동안 발효시키면 젖산, 초산, 프로피온산이 만들어지고 자연적으로 효소 펙타아제, 펙틴 에스테라아제, 프로토펙티나아제가 만들어진다. 하지만 72시간이 지나면 자극적인 약품 냄새가 난다.

점액질은 과육을 제거할 때 잘 분리될 수 있도록 윤활유 역할을 한다. 미숙 체리에는 점액질이 아직 생성되지 않은 상태이기 때문에 과육 제거에 필요한 쿠션과 윤활유가 부족한 상태이다. 그래서 과육을 제거할 때 씨앗이 잘리거나 으깨지게 되어 커피 향미를 떨어뜨릴 우려가 있다. 반대로 많이 익은 과숙 체리도 체리 안에서 이미 자연 발효가 이루어져 점액질이 끈적끈적한 젤 상태로 사라지게 되므로 이 또한 과육을 제거할 때 윤활유가 부족하여 파치먼트에 손상을 입힐 수 있다.

한편, 점액질은 쉽게 미생물에 오염될 수 있으므로 가공 시 얼마나 조심스럽게 다루는지에 따라 커피의 향미는 달라진다.

1) 점액질을 제거하는 다섯 가지 방법[39]

(1) **자연 발효법 :** 전통적인 방법이며 절차가 단순하다. 현재 수세식 공정에서 90~95%까지 적용하여 사용하는 방법이다. 점액 자체에서 자연 효소가 스스로 생성되어 분해되는 방법이다. 발효 과정은 24시간 동안 진행된다.

(2) **효소 발효법 :** 발효 과정을 촉진시키기 위하여 활성 효소인 펙틴 효모(펙타아제 등)를 사용하는 방법이다. 대표적으로 곰팡이균에서 만든 베네팩스(Benefax)

---

39) Vincent, J. C.(1987), In : "Coffee". Vol. 2: Technology, eds Clarks, R. J. and Macrae, R. Elsevier, London,

를 많이 사용한다. 38℃의 온도에서 다량 사용하면 5분 만에 분해시킬 수 있고, 소량 사용하면 5~8시간 만에 분해시킬 수 있다.

(3) **화학적 방법** : 커피를 알칼리 성분(수산화나트륨의 가성소다나 나트륨탄산염)으로 처리하는 방법으로 가수분해와 해중합화를 이용하는 것이다. 점액질 제거 시간을 1시간 이내로 단축시킬 수 있다. 1953년에 개발한 카페프로(Cafepro)[40]가 대표적이다.

(4) **온수법** : 50℃의 물속에 점액질이 있는 파치먼트를 3분간 접촉시키고 난 후 같은 온도의 물로 씻어내는 방법이다. 간단하고 연료비가 적게 드는 장점이 있다.

(5) **소모법** : 기계를 이용하여 점액질을 벗겨 내는 방법이다. 정확하게 간격 조절을 하지 않으면, 큰 콩은 손상되기 쉽고 작은 콩은 처리가 깨끗하게 되지 않을 우려가 있다. 초창기에는 과육과 점액질을 동시 제거하여 세척하고 건조하여 배출하는 기기인 아쿠아펄파를 주로 사용하였고, 그 다음에는 마찰을 통해 점액질 제거하는 저압과 저동력 실행 기계인 더 헤스 워셔(The Hess Washer)를 썼다. 이는 저동력 진동으로 점액질을 벗기고 물이 지나가면서 세척을 하므로 파치먼트 손상과 결함이 거의 없는 장점이 있다.

앞에서 살펴본 여러 가지 방법을 사용하여 점액질을 제거하고, 그 품질의 차이를 커핑를 통하여 비교해 보았는데, 맛의 차이는 거의 없는 편이었다. 급속 발효한 그린커피의 맛은 깨끗하고 무난한 편이었으나 오래 발효한 커피에 비해 바디는 약간 부족한 편이었다.

---

40) 수산화나트륨이나 수산화칼륨을 섞어서 사용

마. 발효

주로 점액질을 가수분해하여 제거하고 커피 향미를 조성하기 위해 발효를 한다. 발효의 종류로는 습식 방식과 건식 방식이 있다. 습식 발효는 [그림 5-12] 와 같이 상온에서 12~36시간 동안 탱크 속에 있는 물에 침지시키는 것으로 미생물인 효모와 박테리아를 이용한다. 72시간 이상 지나면 형광빛의 콩이 증가하며 저장 중에 악취가 나는 스팅커(Stinker) 결점두를 만들어 낸다. 건식 발효는 발효 시간을 줄이기 위해 많이 사용하는 방법으로, 점액질을 먼저 제거하고 향미를 살리기 위해 발효하는 것이다. 일반적으로 커피 발효 방법은 각 지역의 농장 위치와 기후에 따라 달리 선택되며, 발효 시간은 발효시킬 커피의 양, 물 온도, 습도에 따라 달리 한다. 온도가 높아지면 미생물 농도도 높아지고 발효 시간이 단축된다. 따라서 저지대에서는 16시간, 고지대에서는 48시간이 걸린다.

🫘 [그림 5-12] 습식 발효와 탱크

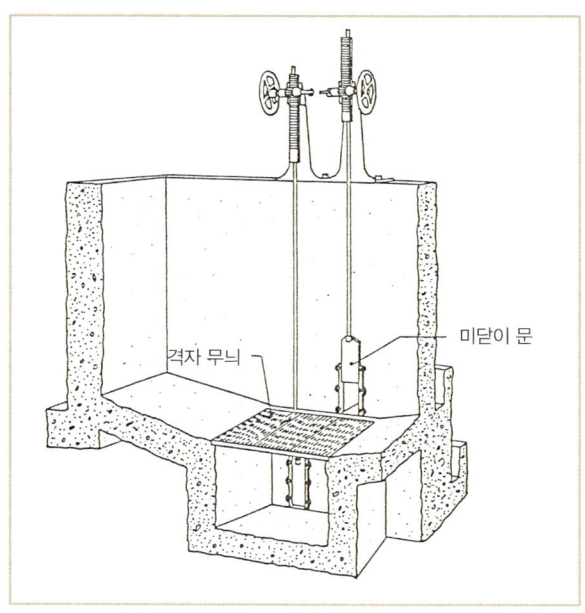

발효가 완료되었는지 확인하는 방법은 손으로 문질렀을 때 점액질이 없어져서 미끈거리지 않고 사각사각 하는 특유의 소리가 나면 끝난 것이다.

바. 세척

발효가 끝난 시점에서 세척을 제대로 하지 않으면 발효는 계속 진행된다. 이는 커피 품질에 영향을 주며 초산의 원인인 휘발성 성분이 더 발생한다. 세척은 노(Paddle)를 이용해 탱크 속에서 보통 시행한다. 발효 탱크 속에는 이미 미네랄과 당류가 떨어져 나와 있기 때문에, 새로운 물로 적절히 교체해 주는 것이 필수적이다. 물을 새로 교체하는 작업이 늦어지면 다양한 미생물에 다시 오염되기 쉬워져 콩의 질을 떨어뜨릴 수 있다. 가벼운 양파 향미 또는 매우 나쁜 스팅커 향미가 쉽게 나타난다. 세척이 끝난 후의 발효 탱크는 남은 미생물이 없도록 깨끗하게 닦아 놓아야 하고, 때로는 칼슘이온을 공급하여 '석회세척'을 해야 한다. 최근에는 발효 탱크 대신 마찰을 이용하여 점액질을 제거하는 현대적인 기계를 많이 사용하는 편이다. 이는 물과 에너지 소비를 줄이고 환경오염도 줄일 수 있기 때문이다.

사. 예비 건조

발효 후 커피를 세척하는 동안 [그림 5-14]처럼 긴 수로를 따라 흘려보낸다. 긴 수로 안에서 커피의 크기와 품질을 구별하게 된다. [그림 5-13]과 같이 물과 같이 흘러가면서 가장 무겁고 알찬 콩들은 이동 거리가 짧아 가까운 곳에 모일 것이고, 작고 가벼운 콩들은 멀리까지 흘러가서 쌓일 것이다. 이렇게 구별된 콩은 따로 건조한다. 건조 시간은 6시간에서 72시간까지 다양하며 기온, 점액질의 두께, 펙틴 효소의 농도에 따라 차이가 난다. 대략 2~3일은 걸리며 약 60%의 수분 상태에서 30%의 수분 정도까지 반 건조시킨다.

[그림 5-13] 커피의 크기 및 등급 구별 원리

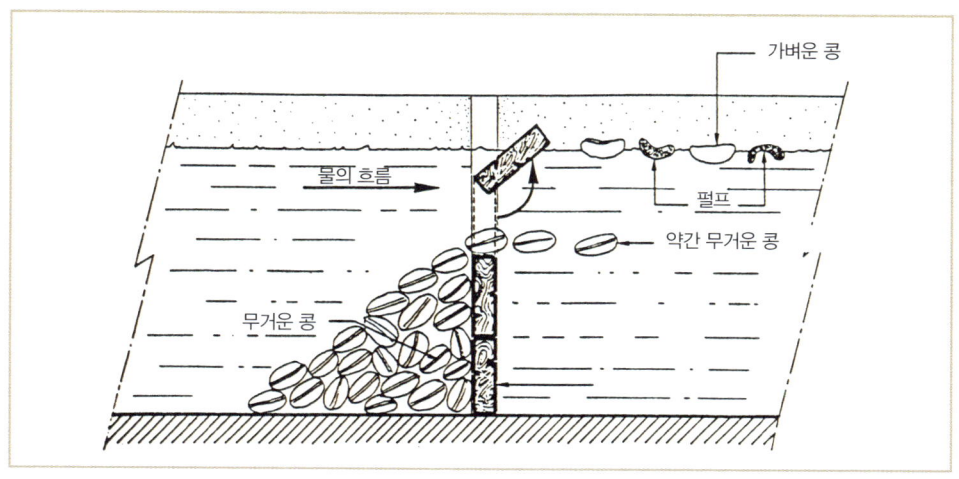

가벼운 콩

물의 흐름

펄프

약간 무거운 콩

무거운 콩

[그림 5-14] 전통적인 습식 공정

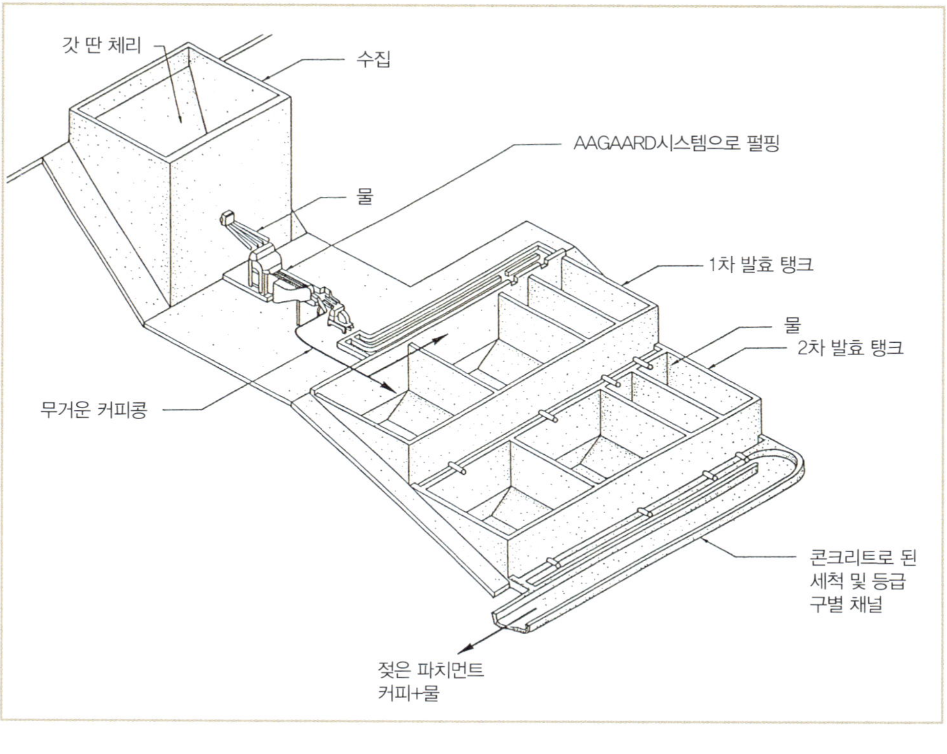

갓 딴 체리

수집

AAGAARD시스템으로 펄핑

물

1차 발효 탱크

물

2차 발효 탱크

무거운 커피콩

콘크리트로 된
세척 및 등급
구별 채널

젖은 파치먼트
커피+물

아. 인공 기계 건조

20~30%까지 반건조된 그린커피를 수분 11%~12%까지 기계에서 마무리 건조한다. 이 공정이 잘못되면 커피 외관과 품질이 저하된다. 기계 온도가 55℃ 이상이 되면 화학적 변화를 일으킬 수 있으므로 주의해야 한다.

자. 프리클리닝(Pre-Cleaning)

아직까지 남은 불순물(조약돌, 금속조각, 이물질)을 제거하는 과정이다. 후반에 남은 공정 과정에서 사용하는 클리닝 머신을 보호하기 위해서 반드시 거쳐야 하는 단계이다. [그림 5-15]와 같은 프리클리너는 최소한 두 개의 층으로 구성되어 있다. 커피보다 더 작은 구멍과 더 큰 구멍이 나 있는 스크린 형식이다. 흔들림을 주어 큰 불순물은 가장 큰 구멍을 통과하지 못하게 하고, 아주 작은 불

✔ [그림 5-15] 프리클리너

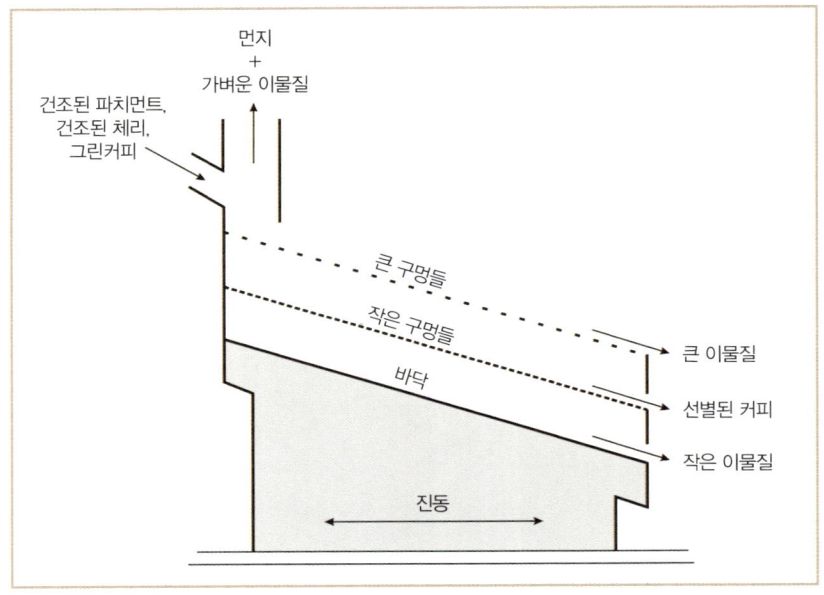

순물은 작은 구멍을 통과하여 아래로 모이게 하는 원리이다. 따라서 커피는 중간층에 모이게 된다.

차. 도정과 광택내기

'도정'은 건조된 파치먼트 커피로부터 파치먼트 겉껍질 층을 제거하거나 건조된 체리에서 체리의 겉껍질을 제거하는 작업이다.

'광택내기'는 그린커피에 가장 얇게 붙어있는 실버스킨 층을 제거하는 것이다. 스마우트(Smout)나 스콰이어(Squire) 형태의 도정기는 도정과 광택 내는 작업을 한꺼번에 수행할 수 있는 기기이다.

카. 크기와 중량 분류

깨지거나, 크기가 작고, 미숙한 상태의 결점이 있는 그린커피를 크기별, 중량별로 분류해 내는 단계이다. 1차에서 먼저 돌을 제거하고, 2차에서 도정되어 나온 파편들을 제거한 후, 3차에서 밀도계로 측정하여 3점 이상의 점수를 맞은 커피들을 분류해 내는 것이다.

크기별 분류는 로스팅의 균일함을 주기 위하여 고객의 요청에 의해 처리되는 단계이다. 과거에는 로스터들이 크기별로 그린커피를 직접 분류하는 수작업을 하였으나 요즘에는 효율적인 로스팅을 위해 가공 과정 중에 미리 크기를 분류해 주는 것이다. 또한 이 과정을 거치면 다음 처리 과정인 중량 분류와 색깔 분류 과정을 더욱 쉽게 처리할 수 있다.

중량별 분류는 밀도에 따라서 그린커피를 분류하는 것으로 결점두를 선별하기 위한 과정이다. 이는 커피의 등급을 구분 짓는 과정으로 반드시 거쳐야 하는 단계이다. [그림 5-16]과 같은 흔들리는 스크린 형식의 중량분류기는 공기를 불어넣어 가벼운 콩과 무겁고 좋은 콩을 구분하기 위한 것이다.

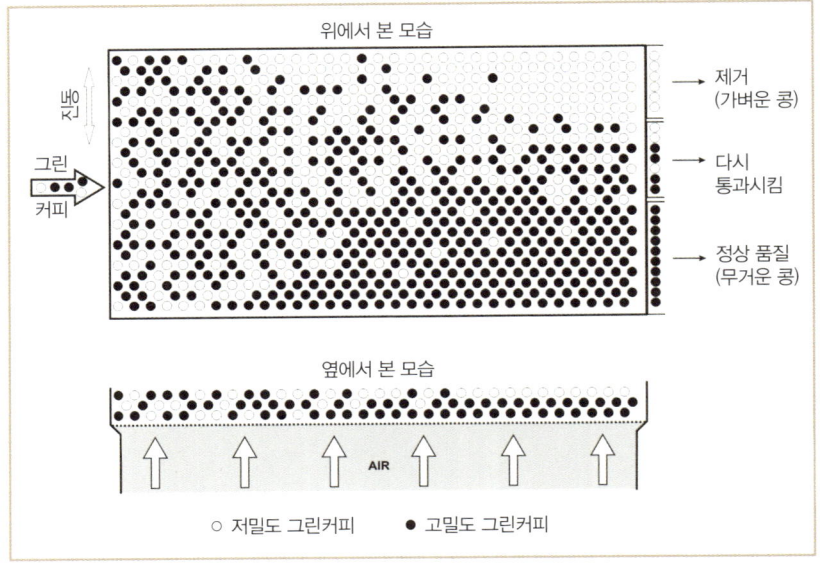

위에서 본 모습

진동

그린
커피

→ 제거
(가벼운 콩)

→ 다시
통과시킴

→ 정상 품질
(무거운 콩)

옆에서 본 모습

AIR

○ 저밀도 그린커피   ● 고밀도 그린커피

타. 색깔 분류

가공 공정을 거치거나 도정하는 과정에서 미처 없애지 못한 결점두를 제거하는 공정이다. 직접 색깔을 보며 손으로 집어내거나 CCD 유형의 카메라를 사용하여 제거하는 방법이다. 모노크로매틱 기계는 흑백을 이용하여 결점두를 골라내는 것이고, 바이크로매틱 기계는 백화(白化), 미완숙, 깨진 콩, 벌레 먹은 콩, 검은색 콩들까지 검색하는 데 용이하다. 최근에는 UV분류기를 이용하여 스팅커 콩까지 제거하고 있다. 색깔 분류를 스케치하면 [그림 5-17]과 같다.

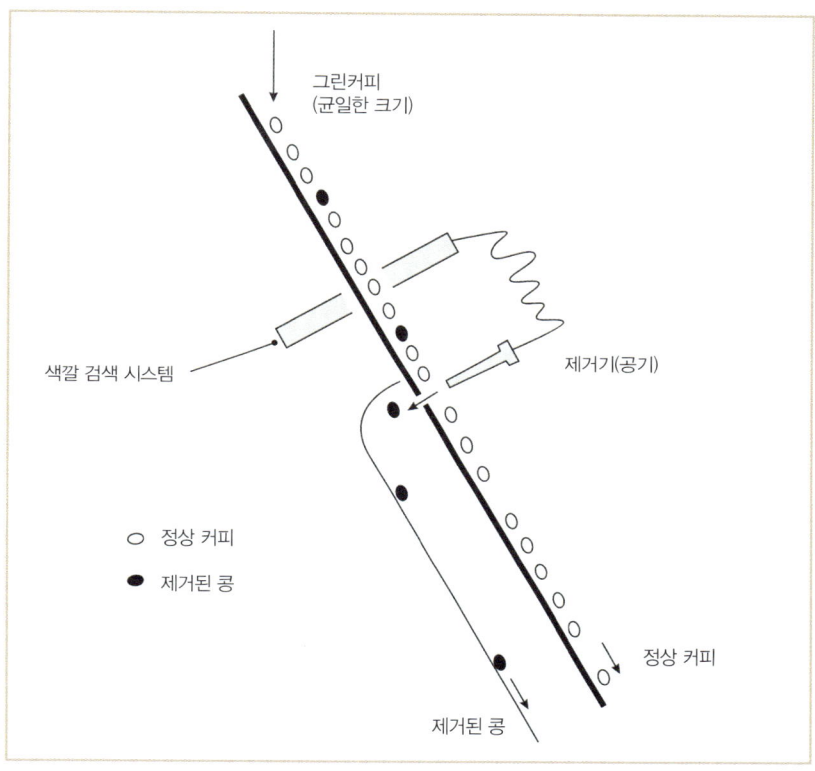

파. 포장하기

마지막 단계로서 상품 배송을 준비하는 과정이다. 출하 준비가 끝난 커피의 무게를 재고 포대나 컨테이너에 옮겨 담는 작업이다.

[그림 5-18]처럼 자동화 시스템으로 사일로에 커피를 받아서 무게(60kg 혹은 69kg)를 재고 포대에 포장하여 저장하는 것이다.

⊘ [그림 5-18] 포장하기

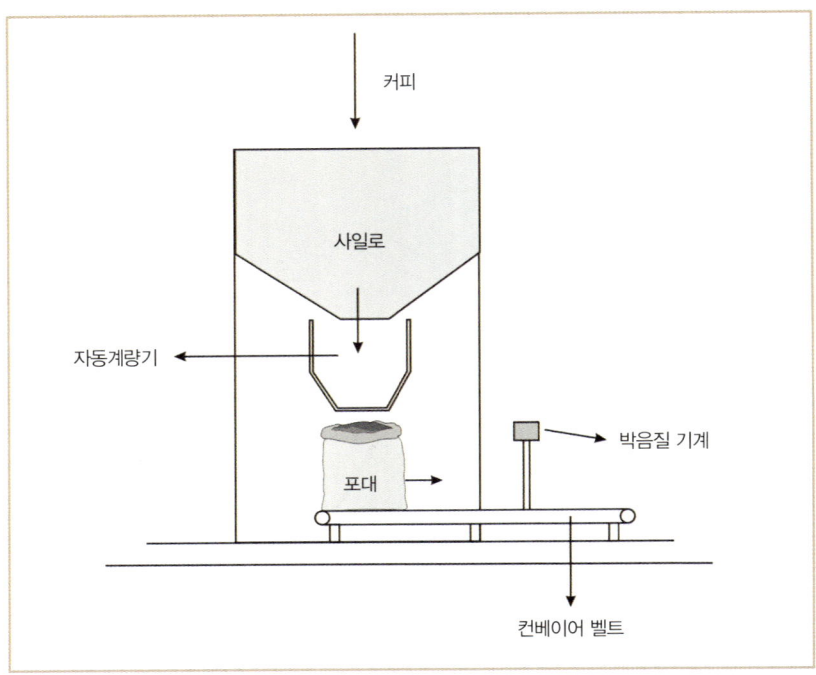

3 가공 단계별 그린커피의 물리적 변화

커피체리에서 그린커피가 되기까지 가공 단계별 수분함량과 무게 및 부피를 자연건조 공정과 수세식 공정으로 비교하여 [표 5-1]에 나타내었다. 특히 자연건조 공정에서는 아라비카와 로부스타를 비교하여 데이터를 정리했다.

[표 5-1] 공정 방법에 따른 처리 단계별 기술 데이터[41]

자연건조 공정						수세 공정			
처리 과정 각 단계	수분함량(%)	아라비카		로부스타		처리 과정 각 단계	수분함량(%)	아라비카	
		무게(kg)	부피(kg/m³)	무게(kg)	부피(kg/m³)			무게(kg)	부피(kg/m³)
신선한 체리	65	100	616	100	645	신선한 체리	65	100	616
↓						↓		↓	
						펄프된 커피	모름	54	846
						↓		↓	
건조된 커피체리	12	37.20	422	42.20	440	젖은 파치먼트	55	45	665
						↓		↓	
						건조된 파치먼트	12	23	352
↓						↓		↓	
그린커피	12	19	650	22.20	750	그린커피	12	19	650
부산물						부산물			
						펄프	84	46.00	420
겉껍질	12	18.20	230	20.00	230	파치먼트	12	430	230

갓 수확한 커피체리는 65%의 수분을 가지고 있지만, 자연건조 공정이나 수세 공정 과정을 거치면 각 단계별 수분 함유량은 다르게 비춰지나 최종 그린커피의 수분량은 거의 같게 나타났다. 단, 로부스타가 아라비카보다 수분을 더 함유하고 있었고 부피도 더 크게 나타났다.

---

41) Wintgens, Jean Nicolas(2004), "Coffee : growing, processing, sustainable production", WILEY-VCH Veriag GmbH & Co. KGaA

4 가공 방식별 향미의 특성 이해하기

가. 가공 과정의 환경적인 영향

각 가공 공정의 진행 단계는 환경의 영향을 받기도 하지만 가공 공정 후 마무리 처리의 미비로 인해 심각한 환경오염을 유발하기도 한다.

자연건조 공정은 친환경적으로 이루어지므로 환경에는 그리 큰 영향을 미치지 않는다. 선별 과정 때에만 가볍게 물을 사용하므로 환경오염이 그나마 적은 편이다.

펄프드 내추럴 공정은 과육을 제거하기 위해 펄프와 파치먼트 사이를 분리할 때 물을 필요로 하므로 오염수가 발생하지만, 수세식 공정보다는 적은 편이다. 그러나 수세식 공정은 펄핑을 하고 점액질을 제거하기 위해 물탱크 속에서 발효 과정을 거치므로 많은 양의 물을 사용한 뒤 버리게 된다. 이것이 환경오염을 유발한다. 다행히 요즘에는 물탱크 속에서 담가 발효시키는 대신 물 소비를 줄일 수 있게 기계를 이용하여 점액질을 인위적으로 제거하기도 하고, 1차 사용한 물을 재활용할 수 있는 기계를 고안하는 노력도 진행되고 있다.

나. 가공 방식별 커피 향미의 특성 비교

여러 가공 과정을 살펴보면 공정별로 커피 성분이 얼마나 손실되는지 그 차이를 알 수 있다. 수용성 고형물은 자연건조 공정을 거친 그린커피에 가장 많이 남아 있다. 이는 건조 과정을 거치면서 삼투현상을 일으켜 점액질의 당류들이 점액질(중과피)과 그린커피의 외과피 사이에서 그린커피 속으로 옮아 간 것으로 추정된다.

수용성 고형물의 손실은 수세식 공정에서 가장 많이 발생했는데, 발효하는 동안 0.7%, 세척하는 동안 0.7%의 수용성 물질이 손실되었다. 미네랄 함량도 자연건조 공정에 비해 수세식 공정에서 소량 더 감소되었다. 바디는 자연건조 공정, 펄프드 내추럴 공정, 수세식 공정 순으로 줄어든 것으로 나타났다.

각 공정을 통해 나타나는 커피의 향미 특징을 보면, 자연건조 공정을 거친 커피는 바디가 강하고 달콤 구수하며 부드럽고 복합적인 향미를 나타냈다. 자연건조 공정은 강수량이 부족하고 일조시간이 긴 인도네시아, 에티오피아, 브라질, 예멘 지역에서 주로 사용하였다.

수세식 공정을 거친 커피는 커피체리의 바깥 외피부터 4개의 층(외과피→과육→점액질→파치먼트)을 제거함으로써 더욱 깔끔하고, 더욱 밝고, 더욱 과실향이 잘 살아나고 산미가 강하게 나타났다.

펄프드 내추럴 공정을 거친 커피는 수세식 방식과 자연건조 방식의 특성을 모두 가지고 있었다. 자연건조 공정보다 바디감이 가벼우며 수세식 공정보다 더 달콤 구수하고 산미도 어느 정도 가지고 있었다. 이 공정은 습기가 부족하여 점액질을 빨리 건조시킬 수 있는 브라질에서 가장 많이 사용하였다.

위와 같이 커피 가공 공정은 커피 산지별 기후와 특성에 적합한 방식을 선택하여 사용하는 것을 알 수 있다. 특히 과테말라에서는 높은 습도 때문에 자연건조 방식을 사용하기가 어려운 편이다. 건조시킬 때 발효가 쉽게 일어날 수 있기 때문이다.

하지만 요즘은 커피의 향미를 극대화시키기 위하여 많은 시설을 갖추어 여러 가지 공정을 복합적으로 구현하고 있다. 이를테면 자연건조 방식을 채택하더라도 8일간 숙성시켰다가 낮 시간에는 햇볕에 건조시키고 늦은 오후와 밤 시간에는 실내에 거두어들여 실내 건조시키는 등 그 방식을 다양화하여 정성을 들이고 있다.

5 그린커피 가공 공정의 변천

커피 가공 과정은 시간이 지남에 따라 불편함을 없애고 효율성을 높여 더욱 더 고품질의 결과물을 내기 위해 계속적으로 보완하고 연구해 오고 있다. 커피 가공 과정은 해를 거듭하면서 그 단계가 더 복잡해지고 세분화되었는데 가장 핵심적인 과제는 결과물에서 특색 있고 고급스런 향미가 발현되도록 하는 데 있다. 부수적으로는 품질의 고급화, 과정의 기계화, 운영의 편리화, 환경오염 의 최소화 등에 목표를 두고 있다.

초창기에 시도된 가공 방법과 비교하자면, 근래의 그린커피 가공 과정은 커피를 수확한 후 선별 과정을 반드시 거치게 하여 알차고 건실한 수확물을 대상으로 가공 단계를 진행하고 있고, 수확 방법 및 수확된 체리의 상태에 따라 가공 방법과 과정을 달리 적용하고 있다는 점이다. 거두어들인 체리의 상태에 따라 그에 알맞은 가공 단계를 거치게 하여 최종적으로 거의 균일한 결과물을 만들어 내는 데 목표를 두고 있기 때문이다.

한편, 최근에는 적은 비용으로 대량의 물량을 한꺼번에 처리해 낼 수 있는 다양한 기계를 발명하고 있으며, 앞으로 점점 더 효율적이고 경제적인 방법들을 계속 모색하고 있다. 즉, 가공 과정을 한꺼번에 처리하여 간편화를 염두에 두면서 수질오염을 줄이고 재활용까지 고려하는 등 더욱 발전된 방식들을 지속적으로 개발하고 있다.

다음은 커피 가공 과정을 1987년도, 2000년도, 2004년별로 제시한 것이다. 이를 비교하여 커피 가공 기술이 어떻게 변화하고 발전해 왔는지를 살펴보고 자 한다.

가장 오래된 커피 가공 과정은 1987년 빈센트(J.C.Vincent)가 제시한 방식이다. [그림 5-19]를 보면, 1987년도에는 가공 방식을 자연건조 방식과 수세식 방식으로 크게 나누고 있다. 자연건조 방식은 수확 후 커피체리의 선별 과정을 거치지 않고 바로 건조 과정으로 진행하고 있다. 커피체리의 상태를 선별하지 않아서 수확 후 미숙 체리, 미완숙 체리, 완숙 체리, 부분 건조된 체리 등이 모두 섞여 건조될 수 있으므로 그 결과물의 품질은 떨어질 우려가 있다.

　　수세식 방식에서는 커피체리를 선별하고 난 후 무거운 체리와 가벼운 체리를 구분하여 무거운 체리만 다음 단계로 진행시키고 가벼운 체리는 바로 건조장으로 보내고 있다. 수세식 방식을 통해 선별된 가벼운 커피체리는 자연건조 방식에서 넘어오는 커피체리와는 별도로 따로 구분하여 건조시키고 있다.

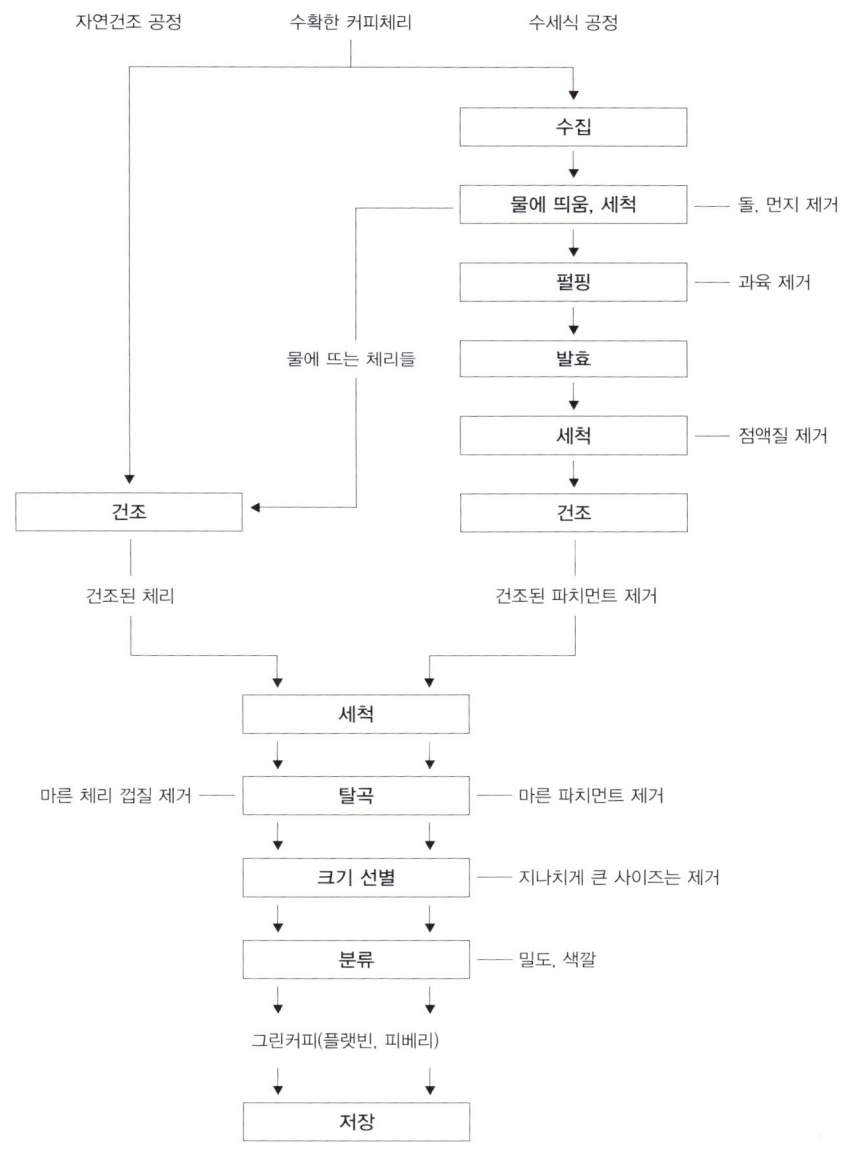

[그림 5-19] 빈센트가 제시한 가공 방식(1987년)

자연건조 공정　　　　수확한 커피체리　　　　수세식 공정

수집

물에 띄움, 세척 —— 돌, 먼지 제거

펄핑 —— 과육 제거

발효

물에 뜨는 체리들

세척 —— 점액질 제거

건조

건조

건조된 체리

건조된 파치먼트 제거

세척

마른 체리 껍질 제거 —— 탈곡 —— 마른 파치먼트 제거

크기 선별 —— 지나치게 큰 사이즈는 제거

분류 —— 밀도, 색깔

그린커피(플랫빈, 피베리)

저장

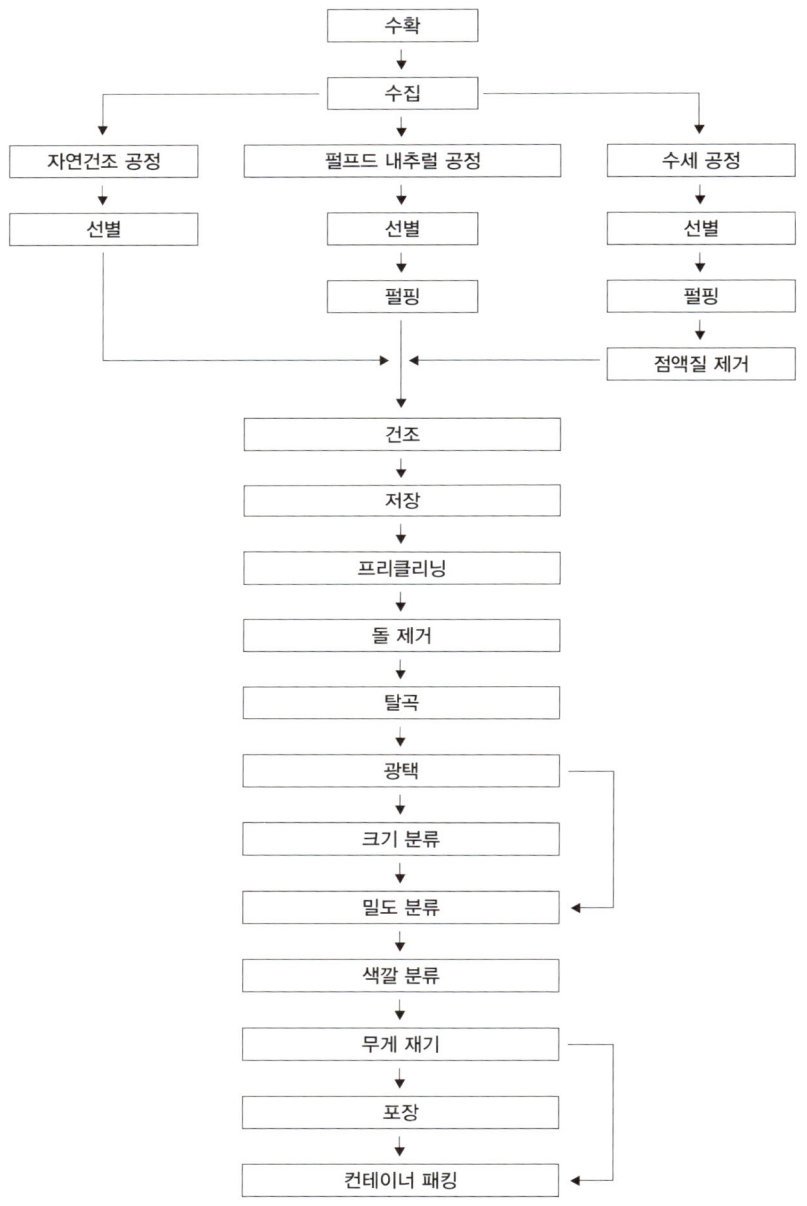

[그림 5-20] 일리와 비아니가 제시한 가공 방식(2000년)

- 수확
- 수집
  - 자연건조 공정
    - 선별
  - 펄프드 내추럴 공정
    - 선별
    - 펄핑
  - 수세 공정
    - 선별
    - 펄핑
    - 점액질 제거
- 건조
- 저장
- 프리클리닝
- 돌 제거
- 탈곡
- 광택
- 크기 분류
- 밀도 분류
- 색깔 분류
- 무게 재기
- 포장
- 컨테이너 패킹

[그림 5-20]은 일리(Andrea illy)와 비아니(Rinantonio Viani)가 2000년에 《에스프레소 커피 : 퀄리티의 과학(Espresso coffee : The science of quality(second edition))》에서 제시한 것이다.

2000년대 가공 방식은 1987년식 자연건조 방식에서 하지 않은 선별 과정을 삽입했다는 점이 확연히 다르다. 이때부터 커피 향미에 더욱 관심을 갖게 되었고, 가공 방식도 자연건조 방식과 수세식 방식의 중간 단계인 펄프드 내추럴 방식이 추가되었다. 이는 브라질에서 커피의 품질과 맛을 고급화하기 위하여 새롭게 고안해 낸 과정이었다.

2000년에는 가공 방식을 자연건조 방식, 펄프드 내추럴, 수세 방식으로 크게 세 가지로 나눈다. 첫 단계부터 수확한 커피체리를 선별하여 보다 좋은 품질의 그린커피를 균일하게 만들어 내는 데 목적을 두고 있음을 알 수 있다.

이 과정은 2004년에도 꾸준히 이어져 왔다. 하지만 2004년도 방식에는 커피체리를 한 번 더 세분화하여 선별하고 있다는 점이 다르다. 더욱 더 고품질의 결과물을 위해 노력하고 있는 것을 알 수 있다. 또한 건조 단계부터 컨테이너 패킹까지의 나머지 가공 과정은 1987년식 가공 단계에 비해 많은 과정을 두어 더 섬세하게 결점두를 찾아내고 분류하여 최상의 커피 품질을 창출해 내고 있다.

앞 단원에서 설명한 빈트겐스의 2004년식 공정 과정도 2000년도의 공정 용어와는 크게 차이 나지 않게 자연건조 공정, 반건조 공정, 수세 공정으로 나누고 있다. 여기서 말하는 반건조 공정은 사실 펄프드 내추럴 방식과 같은 방식이다.

첫 단계에서 수확한 커피체리를 선별하는 과정은 2000년도와 2004년도 모두 자연건조 방식과 펄프드 내추럴 방식에서 유사하게 진행하고 있다. 키질이나 체질을 통해 1차 선별을 하고, 물에 띄워 중량의 차이를 이용하여 2차 선별하는 방식이다. 하지만 수세 공정에서는 진행 과정이 조금 차이난다. 2004년도에서는 기계 수확, 스트리핑, 핸드피킹 등 수확 방법에 따라 처리 과정을 달리 하고 있지만, 2000년도에는 수확 방식에 상관없이 거둬들인 체리를 어떻게 가공하는지의 진행 방식에만 집중하였다. 해가 거듭될수록 고품질의 결과물을 얻

기 위하여 수확 단계부터 정성을 들여 좋은 상품을 거둬들이고 가공하려는 의
지를 알 수 있었다.

6 산지별 가공 방식[42]

1) 케냐의 이중 발효 방식

30시간 동안 건식 발효시키고 세척한 후 다시 건식 발효하여 점액질을 모두 제거하고, 다시 세척한 다음 18시간 동안 침지시키는 방식이다. 진한 과일맛이 나고 선명한 산미가 있으며 뛰어난 클린컵을 나타낸다.

2) 브룬디의 이중 발효 방식

15시간 동안 건식 발효시키고 또 15시간 동안 습식 발효시킨 후 세척하여 18시간 동안 침지하는 방식이다. 진한 과일 향미와 묵직한 바디, 부드러운 산미를 가지고 있다.

3) 수마트라식 길링바사(Giling Basah)

과육을 제거하고 하룻밤 방치한 후 세척하여 파치먼트 상태로 판매한다. 수분 30~40%의 반건조 파치먼트 상태에서 파치먼트 겉껍질을 벗겨내고, 그린커피 상태에서 파티오에서 건조하는 방식이다. 이때 반건조 상태의 파치먼트를 벗겨내므로 깨끗이 벗겨지지 않고 찢어지기 쉬우며 썩기도 쉽다. 따라서 잘못 관리하면 퀘퀘한 묵은내가 나고 썩은내, 흙내, 잡내가 많이 날 수 있다.

이 공정은 바디와 단맛은 강하지만, 산미가 적고 고유의 발효취와 흙내가 나며 스파이시하고 남성적인 거친 느낌이 있다. 로스팅에서 1차 크랙 소리가 잘

---

42) 서필훈, "가공 방식의 현재와 미래", 월간커피 공식 세미나 참조

나지 않으며 색깔 변화는 밝은 편이다. 대표적으로 카티모르, 띰띰이, 우수다 등이 있다.

4) 에코 펄퍼(Eco Pulper)

펄핑 후 점액질을 기계로 인위적으로 제거한 후 건조하는 방식이다. 기계는 아쿠어펄퍼, ELMU, 상향식 점액질 제거 장치 등이 있다. 향미는 산미나 바디, 단맛 등 모든 면에서 전통적인 발효 방식에 비해 떨어지지는 않으나 발효 과정이 없어서 맛이 떨어진다는 논란이 일고 있다. 하지만 허니 공정의 옐로, 레드 공정들 모두 이 방식을 사용하고 있다. 장점은 품질의 균일화와 안정성을 보장할 수 있고 수질오염에서 벗어날 수 있으며 가공 단계의 단순화와 임금 절약으로 비용을 줄일 수 있다는 장점이 있다.

5) 코스타리카의 허니 프로세싱[43]

단맛과 향미가 우수한 커피를 만들기 위하여 코스타리카에서 고안한 가공 방법으로서 농장마다 각기 다른 방식과 노하우를 가지고 있다. 화이트-옐로-레드-블랙의 순서대로 점액질의 단맛과 향미를 살린 프로세싱이다. 뒤로 갈수록 향미가 풍부해진다.

(1) **옐로 허니**('화이트 허니', '골드 허니'라고도 한다.) : 수확 후 펄핑→파티오에서 뒤섞어 주며 자연건조→도정

(2) **레드 허니** : 수확 후 펄핑→파티오에서 약 6~12시간 뒤 뒤섞어 주며 자연건조→도정

---

43) 월간커피(2014), '코스타리카의 커피트렌드', 12, No 156, 118

(3) **블랙 허니** : 수확 후 펄핑→파티오에서 약 18~24시간 뒤 뒤섞어 주며 자연건조→도정

6) 코스타리카 마이크로롯[44]의 독자적 가공법[45]

개별 농장에서 자연건조 방식을 독자적으로 향상시킨 방식으로서 향미의 농축도를 높이기 위한 것이다.

(1) **펠라 네그라**(Perla Negra) : 당도 21~22% 레드 체리만을 핸드피킹 수확→세척하고 선별한 후→1주일 후 포대에 넣어 그늘에서 건조시킴→파티오에서 15일 동안 오전 7시~오후 1시까지 일광 건조시킴→오후 2시~다음날 오전 6시까지 아프리칸 베드에서 건조시킴

(2) **알마 네그라**(Alma Negra) : 당도 21~22% 레드 체리만을 핸드피킹 수확→세척하고 선별한 후→1주일간 포대에 넣어 그늘에서 건조시킴→파티오에서 한 달 동안 오전 7시~오후 1시까지 일광 건조시킴→오후 2시~다음날 오전 6시까지 아프리칸 베드에서 건조시킴

(3) **언에어로비카**(Anaerobica) : 소기후(1~10km³ 정도 지역)를 가진 농장에서 재배된 커피체리를 핸드피킹 수확 →펄핑→점액질이 있는 상태에서 밀봉 보관(기존 발효 시간보다 2배 시간 보관) →건조 후 도정

---

44) 소규모 소작농 형태의 한정된 농장 또는 특정한 지역에서 100% 수확한 그린커피이다. 보통 특별히 구획된 공간에서 특별 관리를 통하여 수확한 고품질의 그린커피를 말한다.

45) 월간커피(2014), '코스타리카의 커피트렌드', 12, No 156, 118

7 **다양한 커피 발효 방식 등장**

커피산업의 발전으로 획기적인 가공 방법이 무수히 등장하며 다양한 커피 향미를 선보이기 시작했다. 이는 스페셜티 커피의 한 종류로 자리 잡으며 일반인에게도 관심의 대상이 되기 시작했다.

코스타리카의 에스테반 빌라로보스 코랄레스가 무산소발효(Anaerobic Fermentation) 가공법을 개발하여 만들어 낸 커피 '엘 디아망테'는 2014년 코스타리카 COE 대회에서 7위를 차지하며 관심을 받기 시작했고, 2015년 네덜란드 롭 커크호프 선수가 엘 디아망테 커피로 월드 브루어스컵 대회에서 5위를 차지하며 세계에 알려지게 되었다. 이때부터 커피시장에 발효커피에 대한 새로운 개념과 시각을 불러일으켰다.

이에 따르면, 기존에 사용해 왔던 수확 후 가공 진행 방식에 따라 필수적으로 발효 과정을 거치게 되는데, 당(sugar)과 펙틴(pectin) 등을 비롯한 다양한 성분이 분해되는 발효 과정에서 아래의 다양한 방법에 의해 다양한 커피 향미를 만들어 낸다는 것이다.

(1) 무산소발효(Anaerobic Fermentation) 방식

커피 발효 과정에서 커피체리에 산소의 접촉을 차단시키면 발효 속도를 늦출 수 있고 점액질이나 과육의 성분을 그린커피 내부에 더 많이 흡수시킬 수 있어 복잡하고 다양한 향미를 구사할 수 있게 된다.

무산소발효 방식은 탱크나 플라스틱 통에 체리를 넣고 탱크 상단에 부착된 밸브를 통해 산소를 최대한 빠져나가게 하여 무산소를 유지시키는 방식이다.

경우에 따라서는 이산화탄소를 주입하여(CM) 산소가 빠르게 빠져나가도록 한다.

(2) 탄소침용(CM : Carbonic Marceration) 방식

와인의 발효 과정을 커피에 접목시킨 방식이다. 밀폐된 탱크에 커피체리를 넣고 이산화탄소를 강제로 주입하여 산소를 밀어내는 방식이다. 이산화탄소로 인해 자연스럽게 탄산이 생성되어 '탄산침용' 커피라고 칭한다.

(3) 다양한 균주를 이용한 방식

① 젖산 발효(Lactic Fermentation) 방식

당을 분해하여 젖산을 생성하게 하는 발효 과정이다. 유제품의 젖산 생성에 사용되는 것과 동일한 박테리아인 '락토바실러스' 배양균의 성장을 위해 최적의 환경을 조성해 주는 것과 같은 원리이다. 당이 많은 커피체리를 산소가 없는 탱크에 넣고 발효시킬 때, pH 수준, 온도 및 산소 수준을 확인하여 락토바실러스가 번성하고 발효가 잘 될 수 있는 완벽한 조건을 맞춰주도록 신중하게 공정을 제어해 나가는 것이다.

② 이스트 발효(Yeast Fermentation) 방식

커피 본래부터 가지고 있는 효모를 활용하는 방법인데. 여기에 다양한 이스트(효모)를 더해 다양한 향미를 생성해 내는 것이다. 효모는 무궁무진하다. 산소를 제거하며 맥주나 와인에 사용하는 이스트 등을 추가하고 온도를 높이거나 낮추어 발효 시간을 제어해 가며 향미를 조절해 가는 것이다.

- 홉 이스트(Hob Yeast) : 홉은 맥주에 사용되는 향료로, 카투아이와 같은 안정적인 품종에 사용된다. 홉의 종류에 따라 '시트라'는 레몬류와 감귤류의 향미를 나타내고, '엘도라도'는 로즈마리, 잘 익은 열대과일, 복숭아 향을 나타낸다.

- 비어 이스트(Beer Yeast) : 맥주효모 발효에 사용되는 세종(Saison)과 에일(Ale) 이스트를 이용하여 발효시키는 것이다. 이때 외부 다른 과일 등의 향미를 가진 재료를 첨가하면 이 향미까지 커피 점액질에 흡수되도록 하는 원리 이다. 이스트만 첨가한 경우에는 새콤하고 쓴 후미가 만들어진다.
- 와인 이스트(Wine Yeast) : 맥주효모는 온도와 당분의 정도에 민감하게 반응 하지만 와인효모는 상대적으로 예민하지 않고 빠르게 번식한다. 와인 이 스트를 사용하면, 배, 사과, 말산이 함유된 것 같은 과일향이 진하게 나 타난다.

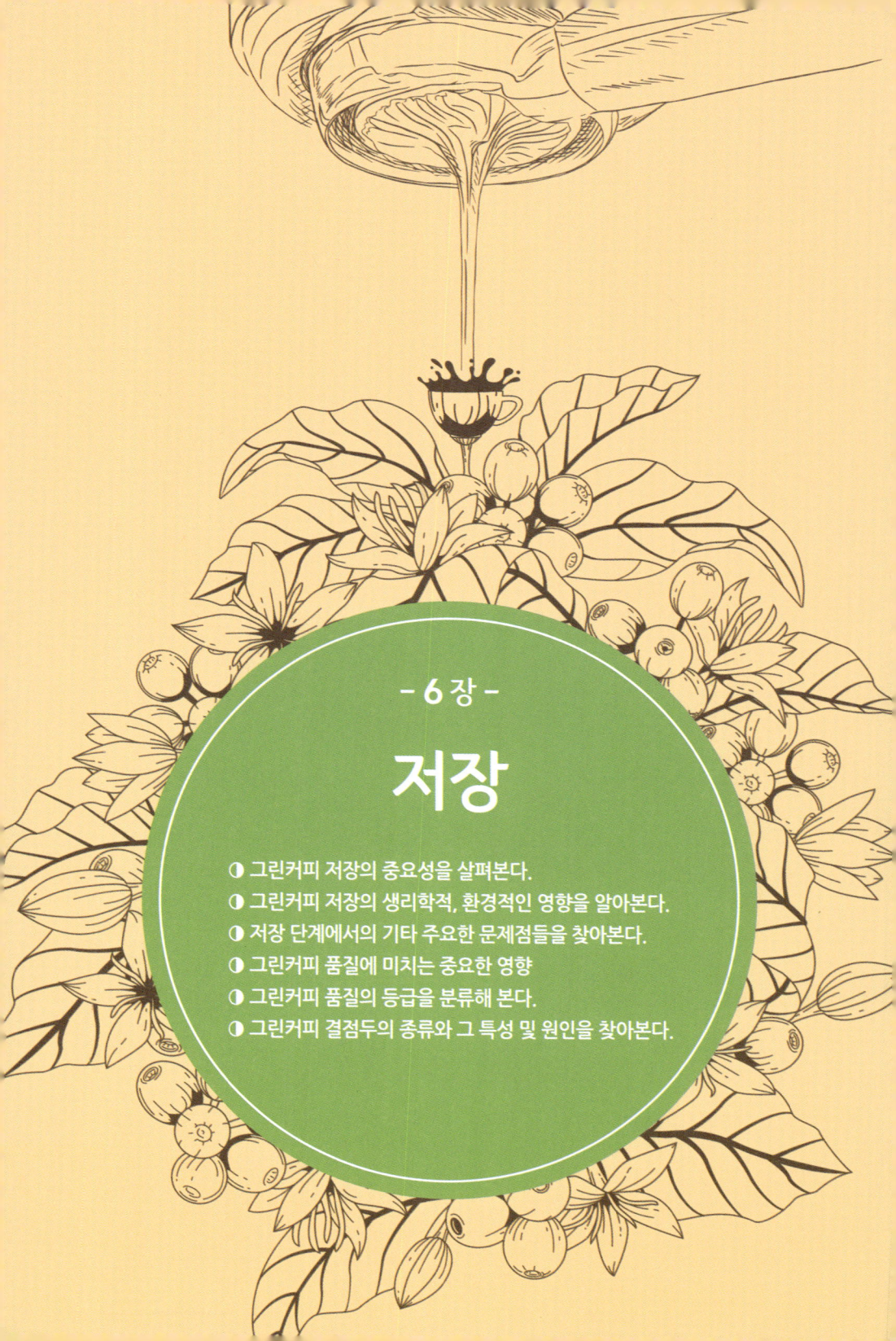

- 6 장 -

저장

- ◑ 그린커피 저장의 중요성을 살펴본다.
- ◑ 그린커피 저장의 생리학적, 환경적인 영향을 알아본다.
- ◑ 저장 단계에서의 기타 주요한 문제점들을 찾아본다.
- ◑ 그린커피 품질에 미치는 중요한 영향
- ◑ 그린커피 품질의 등급을 분류해 본다.
- ◑ 그린커피 결점두의 종류와 그 특성 및 원인을 찾아본다.

포장 및 저장 단계는 그린커피의 상품 가치를 가능한 한 오래 보존시키기 위한 무엇보다 중요한 일이다. 가공이 끝난 그린커피는 포장되고 저장되는 과정에서 좋은 상태로 유지되거나 혹은 산패되어 향미가 변해 버리기 쉽다. 그린커피는 아직 볶아지지 않은 상태이므로 발아력과 생명력을 가진 씨앗이라고 해도 과언이 아니다. 쉽게 부패되고 곰팡이의 접근에도 취약할 수 있으므로 포장하는 것은 물론 보관하는 환경, 즉 장소, 통풍, 온도와 습도 등을 맞춰 주는 것은 필수적인 일이다.

 1 ## 그린커피 저장의 중요성

그린커피는 아직 생리적인 활동을 하는 살아 있는 독립체이기 때문에 적절한 조건에서 저장해야 한다. 나아가 씨앗으로 재사용하려면 그 생명력은 저장 상태에 따라 많이 좌우된다.

상품으로서의 그린커피는 저장 상태에 따라 인체에 해를 끼칠 수 있는 독소를 만들 수도 있고 나아가 아로마와 맛에도 영향을 미치게 된다. 이는 그린커피의 가격을 책정하는 데 직접적인 영향을 주게 된다.

한편, 커피 시장의 수요와 공급의 균형을 맞추기 위해 오랜 기간 동안 커피를 저장하는 경우도 있다. 이처럼 긴 시간 동안 그린커피를 저장해 두는 상황 역시 커피의 질에 영향을 미친다. 따라서 저장 조건을 잘 맞추는 것은 무엇보다 중요한 일이다.

그린커피의 안정성과 질적인 면에 영향을 주는 저장 조건으로는 상대습도 (Relative Humidity, RH), 수분함량, 온도, 가스 등이 있다. 최적의 저장 조건을 어떻게 맞추어야 하고, 상품의 질적 가치를 높일 수 있는 기술적이고 생리적인 통제 요인으로는 무엇이 있는지를 알아본다.

2 그린커피 저장의 생리학적 · 환경적 영향

가. 본질적인 생리적 현상

그린커피는 잎이나 줄기, 뿌리와 같은 식물의 산물이므로 살아있는 생명체이다. 호흡을 위해 산소를 사용하고 녹말, 탄수화물, 지방과 단백질 성분을 생성해 낸다. 발열 반응으로 이산화탄소를 만들어 내고 효소를 소비한다. 이러한 활동을 통해 그린커피가 싹을 틔우게 되고 점점 자라나게 된다. 그런데 이때 과도하게 수분을 주고 온도를 높이게 되면 에너지를 과다하게 소비하며 호흡을 가속화시켜 그린커피에게 나쁜 영향을 미친다. 즉, 가속화된 호흡 속도와 높은 온도는 그린커피의 과다한 에너지 소비로 중량 손실을 일으키게 만들어 마르게 할 뿐 아니라 향미에도 부정적인 영향을 미친다. 따라서 온도, 상대습도, 수분함량, 공기 구성 등 적절한 환경 상태를 조성해 주는 것은 매우 중요한 일이다.

나. 발아력

그린커피의 생명력은 그린커피 자체의 컨디션뿐만 아니라 보관 환경에 의해서도 많이 좌우된다. 일반적으로 씨앗은 일정 기간 동안은 발아력은 가지고 있으나 수확이나 가공 과정을 거치는 동안 타격을 입어 발아력이 단축된다. 이는 신진대사나 호흡 활동에 피해를 입히거나 발아 시발점이 되는 씨눈이 다칠 수 있기 때문이다.

로부스타는 아라비카에 비해 발아 가능 기간이 짧은 편이다. 총 15~18%의 수분함량을 가지고 있는 파치먼트나 커피체리는 일반적으로 좋은 발아력을 가지고 있더라도, 10~19℃의 온도와 상대습도 35~55%의 적절한 환경을 유지시켜 준다면 5개월 동안 발아력을 더 연기시킬 수 있다.

다. 수분함량과 상대습도

습도는 그린커피의 생명을 결정짓는 중요한 요소이다. 비록 그린커피가 수분함량을 적게 가지고 있더라도 주변 환경의 습도가 높아 수분함량이 적절하다면 여전히 살아있는 활동을 할 수 있다. 따라서 균형 있는 수분 상태(Moisture Balance)를 유지해 주는 것이 중요하다.

일반적으로 이상적인 커피의 수분함량은 아라비카는 12%, 로부스타는 13%로 알려져 있다. 9%보다 더 낮은 수분함량은 색깔, 향미, 균형감에 부적절한 영향을 끼치고, 반대로 15~16%의 수분함량을 가진 그린커피라면 상대습도 75%를 가진 그린커피와 동일한 상태로 볼 수 있다. 이때 곰팡이 번식이 쉬우므로 상대습도를 60% 미만으로 낮추어 주어야 한다.

라. 온도

온도는 그린커피의 질적인 면에 영향을 미치는 요소이다. 35℃ 온도에서 6개월간 두면 11%만큼의 수분 손실이 일어나므로, 그린커피를 좀 더 나은 품질로 유지시키고자 한다면 10℃ 미만의 온도에 두면 좋다. 따라서 커피의 신진대사와 호흡을 줄여 품질의 상태를 보존하려면 낮은 온도로 낮춰 줄 필요가 있다. 저장 환경의 기온뿐만 아니라 그린커피 자체의 기본 온도도 낮게 유지시켜 주는 것이 좋기 때문에 항온항습을 갖춘 저장 장소가 필요하다.

보통 장기간 저장을 위해서는 평균 20~35℃를 유지하는 것이 좋다고 한다. 하지만 최상의 상태를 유지하기 위해서는 20℃ 이하의 온도를 유지시켜야 한다.

마. 공기 환기

저장하는 동안 환기를 시키지 않으면 산소(O₂) 분자가 많아져서 그린커피의 호흡을 가속화시킬 수 있다. 산소를 줄이고 이산화탄소(CO_2)를 증가시킬 수 있도록 공기를 자주 환기시키는 것이 좋다.

바. 고도

저장 고도가 낮을수록 그린커피의 생명력은 더 짧아지게 된다. 정확하게 600m 고도에서는 3개월간 보관할 수 있는 반면, 1,400m 고도에서는 8개월간 보관이 가능하다. 따라서 판매업자나 수입업자들은 높은 위치에 저장고를 두는 것을 선호한다.

사. 기간

장기간 동안 저장하게 되면 그린커피의 고유 특성을 보존하기 어려워진다. 일상적인 상온에서 그린커피를 저장한다면 1년 정도가 적정하다. 1년을 넘기게 되면 품질에 영향을 미치게 된다. 이 때문에 1년을 기준으로 하여 수확해서 6개월 기간까지는 커런트크롭, 1년 미만까지는 뉴크롭, 1년이 지나고 2년까지는 패스트크롭, 2년 이상이 지나면 올드크롭으로 구분 짓는다.

오래된 그린커피일수록 밝고 투명하던 센터컷의 색상이 짙고 누런 색깔을 띠게 된다. 그린커피의 표면도 건조되어 만지면 메마른 느낌의 콩 마찰음이 들린다. 향기도 많이 사라져 그린커피 특유의 냄새를 맡기 어렵고 쾌쾌한 곰팡내가 난다.

반면, 로부스타는 저장을 하면 할수록 고유의 특성을 오히려 살릴 수 있다. 로부스타 특유의 거칠고 우디(Woody)한 향미 특성은 6개월 동안의 저장 기간을 거치면 더 잘 살아날 수 있기 때문이다. 하지만 저장 기간이 지나치게 길어지면 부정적인 면이 더 생기기 마련이다. 이를 개선하기 위하여 저장 기술에 대한 과학적인 방법들이 더 많이 개발되어야 한다.

아. 기타 요소들

커피의 다양한 품종들은 가공 단계를 거치고 저장하는 상태에 따라 각각 다르게 반응한다. 예를 들어, 아라비카는 가공 방식과 저장 상태에 민감하게 반응하지만, 로부스타는 비교적 영향을 덜 받는다. 또 수세식 공정을 거친 커피는 자연건조 공정을 거친 커피보다 더 쉽게 주변 환경의 영향을 받게 된다.

1) 갓 수확한 커피체리 상태로 저장할 때 : 체리의 높은 수분함량으로 인해 발효와 진균독(Mycotoxins)이 쉽게 생길 수 있기 때문에 48시간을 그냥 방치해 두면 안 된다. 그 전에 저장 조건 및 환경을 조절해 주어야 한다.

2) 건조된 파치먼트 상태로 저장할 때 : 수세식 공정을 거친 파치먼트는 외부 환경으로부터 보호만 된다면 더 오래 저장할 수 있다. 약 25톤을 저장하기 위해서 60㎥의 그물망에 넣어 두거나 약 0.5톤/㎥의 공간이 필요하고, 사일로 혹은 박스나 포대가 필요하다.

3) 건조된 커피체리 상태로 저장할 때 : 장기간 저장하기에 가장 좋은 상태이다. 그러나 이 상태도 곤충의 공격을 받기 쉬우므로 보통 사일로나 황마포대, 프로폴리백에 저장한다.

4) 그린커피 상태로 저장할 때 : 그린커피는 상품으로 팔고 있는 일반적인 형태로서 로스팅하기 전 상태이다. 다양한 포장 방법을 모두 동원하여 사용할 수 있다.

〈사진 6-1〉 그린커피 상태와 건조된 커피체리 상태

3 저장 단계에서의 기타 문제점

그린커피는 가공 후 저장하고 보관하며 유통되는 과정에서 변하기 시작한다. 물리적인 외관(모양, 색깔 등) 및 커피 향미 등이 모두 변하므로 로스팅하기 전에 항온항습인 상태(상대습도는 60% 미만, 최소 20℃ 이하)에서 적절히 보관되어야 한다. 습도가 80% 이상이면 산패 속도가 가속화되어 해충이 생기거나 그린커피 주변에 오렌지분의 곰팡이가 생기며 불쾌한 악취가 나기 시작한다. 특히 보관이 잘못된 오래된 콩에서는 오크라톡신 곰팡이류가 생기기 쉽다.

가. 오크라톡신 곰팡이류

잘못된 저장 환경에서 생기기 쉬운 오크라톡신은 얇게 깎은 가다랭이, 옥수수, 땅콩 등과 저장 곡류 등에 기생하는 마이크톡신(곰팡이균)이다. 아스퍼질러스 오크라세우스(Aspergillus ochraceus)나 페니실리움 비리디카텀(Penicillium viridicatum)[46]에 의해 생산되는 곰팡이균으로서 A, B, C 3종이 알려져 있다. A의 독성은 B, C의 1,000배 이상으로 강하다. A는 실험동물에서 신뇨세관 및 간장 장해를 일으켜 신장 및 간에 암을 유발한다. 독성 정도를 나타내는 농도는 0.0003~0.016ppb 정도이며 신장 손상 및 피로, 식욕 결핍, 복통, 빈혈 등의 증상을 보인다.

국내 커피 허용 기준은 EU 허용 기준과 동일한 0.724ppb이다. 하루 섭취 허

---

46) 식품과학기술대사전, 2008.4.10, 광일문화사

용량은 5ng/kg이다. 60kg의 성인이라면 300ng은 마셔도 된다는 뜻이다. 보통 커피 한 잔에 10g을 사용한다면, 오크라톡신의 양은 평균 0.608ppb이고 한 잔에 6.08ng가 들어 있다. 이 기준에 따르면, 하루에 커피를 49잔 이상을 마셔야 1일 섭취허용량을 초과한다고 할 수 있다.

나. 벌레나 동물 공격

저장 환경이 부적절하거나 오랜 기간 보관하게 되면 해충의 공격을 받거나 박테리아가 생기기 쉽고, 쥐나 새들로부터 피해를 입게 된다. 이러한 것들은 커피의 품질과 상품의 안정성을 떨어뜨리는 원인이 된다.

4 그린커피 품질에 영향을 미치는 주요 요소

가. 향미

1) 포대 냄새 : 저장 기간 동안 포대의 향이 스며들어간 것이다. 종종 높은 수분함량(13% 이상)으로 장기간 저장된 경우에 발생하고, 포대가 재사용되거나 탄화수소 오일(hydrocarbon oils)과 함께 다루어질 때 생기기 쉽다.

2) 곰팡이내 : 곰팡이가 생겼을 때 나는 전형적인 냄새이다.

3) 흙내 : 건조와 저장 단계에서 복합적으로 나올 수 있는 것으로 흙 향과 맛을 낸다. 아로마는 반건조된 저장 단계에서 먼지와 땅의 직접적인 접촉에 의해서 생겨난다.

4) 양파 냄새 : 습한 상태에서 저장한 결과로 과발효된 커피에서 나타난다. 프로피온산(Propionic Acid)이 '양파'의 향미를 낸다.

5) 묵은 콩 냄새 : 적절한 저장 환경에 두었더라도 오랜 시일이 지나면 나타나는 현상이다. 특히 덥고 습한 환경이면 더욱 가속화되는데 종이 향과 산패취(Rancid)를 나타낸다. 20℃ 이하의 온도이거나 65% 이하의 상대습도에서는 거의 나타나지 않으나 파치먼트 상태로 저장할 때는 종종 나타난다.

6) 기타 : 오랜 기간 동안 보관되는 도중에 휘발 성분인 황(Sulfur), 카다몬, 기름내, 비누내 등이 그린커피 속에 스며들면서 추출할 때 자연스레 나타나는 현상이다.

나. 색깔

저장 상태에서 그린커피의 색깔 변화는 매우 중요하다. 간접적으로 커피의 상태를 나타내 주기 때문이다. 그린커피는 80℃ 이상의 온도에서 과하게 건조되면 경화가 일어나며 회색빛을 낸다. 12%보다 더 많은 수분함량을 가지고 있으면 웨트 스폿(Wet spots)을 만든다. 또한 '카데닐로(Cardenillo)'라고 하는 결점은 마이크로 유기농 지역에서 자주 생기며 그린커피의 특수 부위에 노란빛과 붉은빛의 색깔을 만든다.

다. 결점두

1) **곰팡이가 핀 콩** : 흰색, 회색이나 초록빛을 가진 곰팡이가 생긴 그린커피이다. 커피의 맛과 아로마에서 결점이 나타난다.

2) **해충 피해를 입은 콩** : 해충에 의해 손상된 것으로, 큰 결점을 만든다.

3) **빛바랜 콩** : 일정 기간 동안 저장할 때, 높은 온도와 높은 수분함량으로 인해 부분적으로 색깔 변화를 일으킨 것이다.

더 많은 결점두와 그 원인은 235쪽에서 제시한다.

5 그린커피의 등급 분류 기준

그린커피를 포장하고 저장할 때, 퀄리티에 따라 분류하고 등급을 매겨둔다. 그린커피 생산국마다 그린커피를 분류하고 등급을 나누는 방법은 다르다. 얼마나 많은 결점두가 들어 있는지에 따라, 생산하는 환경이나 성장 고도에 따라, 그린커피의 크기에 따라, 품종에 따라, 가공 방식에 따라, 그린커피 외관(크기, 모양, 색깔)에 따라, 볶음 상태와 컵 품질에 따라, 그린커피의 밀도에 따라 방법은 다양하다.

최근 들어 고급 커피에 대한 선호도가 높아짐에 따라 SCAA(Specialty Coffee Association of America)에서는 특정 기준을 제시하여 점수로 평가하고 그 결과를 통해 등급을 분류하고 있다. 또한 중남미 산지에서는 COE(Cup of Excellence) 대회를 열어 컵 퀄리티를 통해 그린커피의 순위를 매긴다. 이처럼 꾸준한 평가와 경쟁을 통해 커피의 품질을 유지해 오고 있으며 앞으로 더욱 좋은 품질의 커피를 생산하기 위해 노력하고 있다.

[그림 6-1] 미국 스페셜티커피협회(SCAA)의 마크(왼쪽)와 COE 마크(오른쪽)[47]

가. SCAA가 제시한 스페셜티 등급 평가 기준

SCAA는 그린커피를 스페셜티 등급(Specialty Grade)과 프리미엄 등급(Premium Grade) 두 가지로 나누며, 아래의 기준에 부합하는지의 여부와 결점 점수로 환산하여 퀄리티를 구분 짓는다.

[표 6-1] SCAA의 스페셜티 등급 기준[48]

항목	내용
샘플 중량	생두(350g), 원두(100g)
수분함량	수세가공 커피 : 10~12% 이내, 건조가공 커피 : 10~13%
콩의 크기	편차 5% 이내
냄새	외부에서 오염된 냄새가 없을 것(Foreign Order)
로스팅 균일성	스페셜티 등급 : 퀘이커(Quaker)는 전혀 허용하지 않음 프리미엄 등급 : 퀘이커 3개까지 허용함
향미 특성	애프터테이스트(Aftertaste)로 독특한 개성과 여운이 남는다. 외부 냄새나 향미 결점이 없어야 한다.

---

47) 강승훈, "맛있는 커피 기본, 원두", Coffee&Tea
  http://navercast.naver.com/contents.nhn?rid=173&contents_id=14822

48) (사)한국커피협회, "바리스타 자격시험 예상문제집", 커피투데이

스페셜티 커피는 바디, 향미, 아로마, 상큼함의 개성과 여운이 좋으며 외부의 오염 냄새가 배어들지 않아야 한다. 프라이머리 디펙트(Primary defect)는 1개도 허용하지 않고 풀 디펙트(Full defects)만 5개 이내로 허용한다. 외관으로는 색상이 청록색일수록, 크기는 편차가 5% 이상 나지 않으며, 밀도는 단단할수록, 수분 함량은 10~13% 이내이며, 로스팅은 균일하게 되어야 하고 퀘이커(Quaker)가 포함되지 않아야 한다. 향미 평가 점수는 80점 이상이어야 한다.

1) SCAA 스페셜티 등급 평가 방법

스페셜티 커피는 전 세계 커피의 8~10%에 불과하다. 양보다는 질을 우선으로 하여 가격을 정하고, 농장주와 거래상과의 직접적인 합의 하에 거래가 이루어진다. 스페셜티 커피의 품질 평가는 우선 눈으로 모양, 색깔, 겉표면 상태 등을 확인하고 차후에는 직접 커핑하여 향미를 평가한다. SCAA가 평가하는 품질 관리 요소들은 다음과 같다.

(1) 수분

그린커피의 표준 수분함량은 10~12%이다. 수분이 10% 미만일 때는 묵은 그린커피일 가능성이 있고, 수분이 13% 이상일 때는 저장 중 곰팡이가 번식할 우려가 있다. 수분함량이 1%씩 증가하면 약 8%씩 가격이 높게 책정되므로 적절한 수분함량을 보유하고 있는 것이 좋다. 그린커피의 수분 분석은 '칼 피셔법(Karl-Fischer method)'을 사용하는 것이 표준이나 간이로 분석할 때는 '5분 건조법'을 사용한다.

수분 정량법의 하나이다. 칼피셔 시약(요오드, 이산화황 및 피리딘 등을 무수메탄올 용액으로 한 것)을 수분과 반응시킨 후 당량점을 지나면 요오드가 과잉하게 되고 그것을 검출함으로써 종점을 구할 수 있다.

$$I_2 + SO_2 + 3Base + H_2O + CH_3OH \rightarrow 2BaseHI + BaseHSO_4CH_3$$

(2) 크기

그린커피의 크기는 클수록 가격이 높다. 구매 시 견본을 진동 표준체(Standard screen)로 분류하여 데이터를 축적하며 고품질을 유지시킨다. 일반적으로 표준치 #14 이하는 소(Small), #15~16은 중(Medium), #17 이상은 대(Large)로 구분한다.

(3) 결점두 수

결점두 수는 커피 품질을 결정하는 직접적인 요소로서 로스팅을 할 때 영향을 미치게 된다. 뉴욕 거래소(NYBT)의 기준은 300g 그린커피 견본 중 결점두의 종류와 수를 육안으로 검사하고, 결점두마다 가중치가 다른 결점 계수를 곱하여 총 결점점수를 계산한다.

(4) 밀도

밀도는 그린커피 품질의 중요한 척도이다. 고지대에서 자란 그린커피는 밀도가 높고 저지대에서 자란 그린커피는 밀도가 낮은 편이다. 100cc의 용기에 그린커피를 수평으로 담고 중량을 칭량하여 밀도를 산출한다.

(5) 색도

그린커피의 색깔은 품종 및 가공 방법, 저장 상태에 따라 다르다. 일반적으로 고지대에서 재배하고 수세식으로 가공한 아라비카 품종은 청록색이며, 저지대

49) 네이버 화학용어사전, 2011.1.15, 일진사

에서 재배한 브라질과 로부스타는 황록색이나 황갈색이다. 오래된 콩은 점점 청록색이 퇴색되며, 저장 중 변질되면 백색이거나 색상이 균일하지 않다. 색도의 측정은 표준색도 차트와 견본 그린커피를 비교하여 표시해야 한다.

2) SCAA 스페셜티 등급 향미 평가 방법

SCAA에서 스페셜티 커피를 구분하는 두 번째 방법은 커핑을 통해서이다. 커피추출은 물 150ml에 원두 7.25~8.25g을 사용하여 침지시킨 후 커피 성분이 1.1~1.3% 정도 추출되도록 3~5분간 기다린다. 커피는 커핑하기 전 24시간 이내에 로스팅한 후 8시간 이상 탈기시키고 분쇄하여 준비한다. 사용하는 물은 투명하고 냄새가 없어야 한다.

3~5분을 기다린 후 표면에 떠있는 커피 층를 걷어내고 커핑을 시작한다. 평가 항목은 아로마(Aroma), 향미(Flavor), 후미와 뒷여운(Aftertaste), 상큼함(Acidity), 바디(Body), 균형감(Balance), 통일감(Uniformity), 깔끔함(Clean cup), 달콤 구수함(Sweetness)이다. 향미 평가를 통한 SCAA 커피 등급은 점수로 나타낸다.

- 95~100 – 수퍼 프리미엄 스페셜티(Super premium Specialty)
- 90~94 – 수퍼 프리미엄 스페셜티(Premium Specialty)
- 85~89 – 스페셜티(Specialty)
- 80~84 – 프리미엄(Premium)

🌱 [그림 6-2] SCAA 커핑 양식

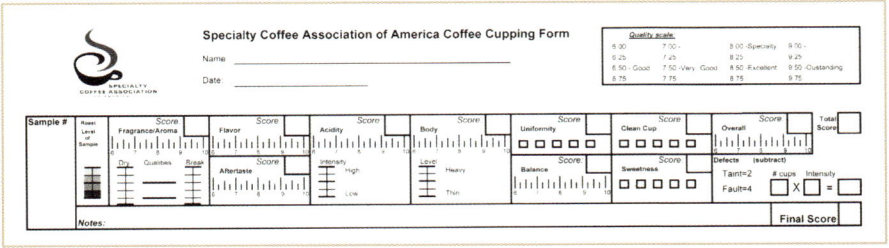

나. COE가 제시한 스페셜티 등급 평가 기준

COE는 커피가 생산되는 지역의 경제 활성화와 상호 거래 시 공정 거래를 기하고 심사를 통하여 커피의 품질과 지역 생산자의 이해도를 향상시키는 데에 그 목적을 두고 있다. 비영리 국제 커피 단체인 ACE(Alliance for Coffee Excellence)에서 운영하는 세계적으로 권위 있는 커피 품질 경쟁 대회이며 나라별로 출품된 커피를 가지고 커핑을 통하여 커핑 점수 84점 이상인 커피를 인터넷 경매로 판매하기 위한 프로그램이다.

COE의 등급 평가는 그린커피 결점에 대한 기준은 없고 오직 커핑을 통해서만 평가가 이루어진다. 여러 국가에서 초청된 커퍼들이 평가를 하고, 일주일간여 선과 본선을 통하여 최종 10위까지의 순위를 매긴다. 이는 최종 커피 가격을 결정하는 데에 큰 역할을 하게 된다.

커핑은 [그림 6-3]과 같이 여덟 가지 영역, 즉 아로마(Aroma, 기록은 하지만 점수에는 포함 되지 않는다), 결점(Defects, 작은 결점은 1점이고 큰 결점은 3점이다), 깔끔함(Clean Cup), 달콤구수함(Sweet), 상큼함(Acidity), 촉감(Mouth feel), 향미(Flavor), 후미와 뒷여운(After Taste), 전체 느낌(Overall) 각각에 8점 만점을 기준으로 점수를 부여하여 총 64점에 36점을 더해 준다.

🫘 [그림 6-3] COE 커핑 양식

Tip. COE(Cup of Excellence)의 진행 방법[50]

1999년 브라질에서 COE 대회가 시작된 이래 매년 여러 나라에서 대회가 개최되고 있다. 현재까지 브라질(1999, 2000), 과테말라(2001), 니카라구아(2002), 코스타리카, 엘살바도르, 온두라스, 르완다에서 개최되었다.

COE 국제 대회에 출전하기 위해서는 먼저 자국 내 대회를 거친다. 1차로 150위까지 순위를 뽑고 3일간 2차 대회를 통해 84점 이상 60위 이상인 커피를 선출하여 국제 평가전에 출전시킨다.

국제 COE 대회는 5일간(월~금) 진행되는데, 월요일은 세계 각지에서 온 커퍼들과 향미의 기준을 잡는 회의를 한다. 화요일부터 수요일까지 본격 대회를 위한 커핑을 8~10샘플씩 4테이블로 나누어 진행한다. 이때 84점 이상을 획득한 커피는 준결승에 진출한다. 목요일은 준결승 진출 커피만을 다시 커핑하고 금요일에 84점 이상인 상위 10위권 내의 커피를 골라내어 결승전에 진출시킨다. 금요일 마지막 날 10위까지의 커피를 2시간 동안 다시 커핑하여 최종 순위를 정하고 마무리한다. 마지막 날 오후에는 자유롭게 농장의 농부들과 담소의 시간을 가지며 작황 상태와 여건에 관한 정보 교환을 한다.

최종 선정된 커피는 경매에 올라 높은 가격으로 거래되고, 해당 농장은 많은 수익을 거두게 된다. 따라서 커피 농장은 COE 순위에 들기를 매년 희망하며 좋은 결과물을 내기 위해 노력한다.

---

50) 이윤선, "테라로사 커피로드", 북하우스엔, 50~60

6 결점두의 종류 및 원인

스페셜티 등급의 그린커피를 구별해 내기 위하여 결점두의 종류를 미리 알고 분류해 내는 것은 중요한 일이다. 이를 위해 결함이 있는 그린커피의 종류는 무엇이며 어떠한 상태인지를 알아보고, 나아가 이러한 결함이 생긴 원인을 따져 본다. 또한 결점두를 볶았을 때 어떤 향미의 결함을 만드는지도 함께 살펴보고자 한다.

아라비카 커피에서 찾아볼 수 있는 여러 가지 결함을 이해하기 쉽도록 국제표준ISO 10470(The International Standard ISO 10470(1993))에서 제시한 '그린커피 결함 참고표(Green Coffee-Defect Reference Chart)'를 토대로 하고, 빈트겐스의《커피 : 생육, 가공, 지속가능한 생산(Coffee : growing, processing, sustainable production)》에서 제시한 사진들과 해설을 요약하여 정리한다. 특히 로부스타 커피에서 보이는 결함들은 아라비카 커피의 품질이나 결함에 별반 다를 게 없으므로 제외한다.

결점으로 나타나는 그린커피들은 [표 6-2] 형식으로 구분하여 분류한 후, 각 결점두마다 구체적인 사진과 함께 결점의 특성, 결함이 생긴 원인, 로스팅에 미치는 영향을 제시한다. 또한 네슬레사(Nestle社)의 전문가를 통하여 결점두가 컵 퀄리티에 미치는 영향도 함께 구분하여 제시할 것이다. 눈으로는 결함이 뚜렷이 보이지 않더라도 향미에는 크게 차이를 보일 수 있기 때문이다. 향미 결함은 악취, 먼지내, 흙내, 목질내, 페놀내 혹은 황마섬유내 등으로 나타내었다.

가. 결점두의 분류 기준

결점두는 그린커피가 만들어지는 전 과정 중에서 여러 가지 원인에 의해 생성된다. 커피체리가 성장하면서 받는 스트레스나 환경적인 요인들, 수확하고 가공하면서 받는 영향, 저장하고 유통하면서 잘못된 보관 등 다양하다. [표 6-2]는 결점두를 분류하여 정리한 기준이다.

● [표 6-2] 결점두의 분류 기준

F	**환경적 영향에 손상된 콩(Field damaged beans)**
	환경의 영향으로 결함이 생긴 경우, 혹은 아래의 요인들에 의해 생긴 결함 • 커피나무(유전적 요인) • 환경(흙, 날씨) • 병충해 • 수확물 관리(물·영양 부족, 서리, 잡초 등)
FP	**환경이나 가공 과정에 손상된 콩(Field or process damaged beans)**
	환경적 요인에 의한 스트레스, 물 혹은 영양 부족, 부적절한 수확 방법 또는 잘못된 기초 전처리 등으로 인한 결함
P	**가공 과정에 손상된 콩(Process damaged beans)**
	과육 제거, 세척, 건조, 탈곡, 다듬기 중 잘못된 기초 전처리 등으로 인한 결함
PS	**가공 과정이나 저장 중에 손상된 콩(Process or Storage damaged beans)**
	잘못된 기초 전처리 혹은 잘못된 보관 환경 등으로 인한 결함
S	**저장 중에 손상된 콩(Storage damaged beans)**
	잘못된 보관 상태와 보관할 때 발생할 수 있는 해충들로 인한 결함
DP	**커피체리의 건조 과정 중 손상된 콩(Dried parts of the coffee fruit)**
	정확하고 깨끗하게 껍질이 벗겨지지 않거나 제거되지 않음으로써 생기는 결함

나. 결점두가 컵 퀄리티에 미치는 정도

결점두가 일반 그린커피와 함께 섞여 볶인 후 나타내는 향미의 특징과 컵 퀄리티에 미치는 정도를 [표 6-3]과 같이 나타내었다.

📗 [표 6-3] 컵 퀄리티에 미치는 영향

컵 퀄리티의 부정적인 영향 정도(Scale of negative effect on cup quality)
없다(None)
적다(Low)
적거나 보통이다(Low to medium)
보통이거나 많다(Medium to high)
많다(High)
가장 많다(Very high)

다. 아라비카 그린커피의 결점두 종류

▣ 환경적 영향에 손상된 콩 F(Field Damaged Beans)
📗 F-1 커피 해충에 의해 가볍게 손상된 콩

Bean slightly damaged by Hypothenemus hampei(커피 해충, Coffee berry borer)

① 특징 : 콩 안에 3개 이하의 작은 구멍이 보인다. 구멍은 동그랗고 0.3~1.5mm 크기로 깔끔히 뚫려 있다.
② 원인 : 커피 과육이 해충에게 공격 받은 것이다.

③ 로스팅 : 보통의 다른 콩보다 이 결점 원두가 약간 더 어두워 보인다.

④ 컵 프로파일 : 향미가 없다고 느껴질 수 있다. 향미와 산미가 약간 줄어든다.

⑤ 컵 퀄리티에 미치는 영향 : 적거나 보통이다.

✏ F2 커피 해충에 의해 심하게 손상된 콩

Bean heavily damaged by Hypothenemus hampei(커피 해충, Coffee berry borer)

① 특징 : 콩 안에 3개 이상의 작은 구멍이 보인다. 구멍은 동그랗고 0.3~1.5mm 크기만큼 깔끔히 뚫려 있다. 가끔 해충들이 콩 조직을 손상시키는 경우도 있다.

② 원인 : 커피 과육이 해충에게 공격받은 것이다.

③ 로스팅 : 일반적인 콩보다 더 어두운 색을 띤다.

④ 컵 프로파일 : 확실하게 향미와 산미를 크게 잃는다.

⑤ 컵 퀄리티에 미치는 영향 : 적거나 보통이다.

✏ F3 어두운 갈색 콩 Dark brown beans

① 특징 : 표면에 갈색이나 검정색 표시가 보이며 쭈글쭈글하고 말라 비틀어져 있다. 앤테스티아(Antestia) 벌레에게 공격받았거나 미숙 상태일 때 병충해에 걸린 흉터 자국이 남아 있는 것이다. 로부스타 커피에는 이러한 비슷한 공격은 매우

드물다.

② 원인 : 과육이 덜 자랐을 때 앤테스티아 벌레가 체리를 공격해 과육을 꿰
뚫고 과즙을 빨아먹은 것이다. 체리가 너무 익어도 이 결점을 볼 수 있다.

③ 컵 프로파일 : 베리 향의 산미와 향미를 많이 잃는다. 때때로 감자 향이
난다.

④ 컵 퀄리티에 미치는 영향 : 손상 정도에 따라 보통이거나 많다.

✒ F4 호박색 콩 Amber bean

① 특징 : 약간 윤이 나고 노란빛을
띠고 있다

② 원인 : 토양에 철분이 부족하거나
높은 pH 지수를 보일 때

③ 컵 프로파일 : 향미가 약간 떨어
지고 풀내, 나무내와 함께 신맛을
띤다.

④ 컵 퀄리티에 미치는 영향 : 보통이다.

✒ F5 코끼리 콩 Elephant Bean

① 특징 : 대체로 큰 구(Spherical) 모양
이다. 로부스타 콩에서 빈번히 나
타난다.

② 원인 : 다배유 콩(Polyembryony)으로
2개 이상의 조합을 보이며 유전적
이유로 나타난다.

③ 로스팅 : 일반적인 콩보다 불규칙
하게 볶인다.

④ 컵 프로파일 : 컵 품질에 별 영향 없다.

🫘 F6 삼각형 모양 콩 Triangular bean(Three cornered)

① 특징 : 세로로 삼각형 모양이다.

② 원인 : 체리 안에 세 개의 콩이 자라나면서 생긴 유전적 요인이다.

③ 컵 프로파일 : 약간 부족한 맛을 낼 수도 있다.

④ 컵 퀄리티에 미치는 영향 : 없거나 적다.

🫘 F7 피베리 Peaberry(Caracol, Caraloli)

① 특징 : 대체적으로 달걀 모양을 띤다.

② 원인 : 하나의 체리 안에서 두 개의 씨 중 하나는 도태되고 나머지 하나만 자라면서 생기는 유전적 요인이다.

③ 로스팅 : 잘 굴러다니므로 플랫빈(Flat bean)과 섞여 있지 않다면 더욱 더 잘 볶인다.

④ 컵 프로파일 : 균일하게 로스팅되므로 컵 품질이 약간 향상된다.

F8 조각난 콩 Flaky bean(Chips)

① 특징 : 아주 작고 표면이 거칠거칠하며 얇고 부스러지기 쉽다.
② 원인 : 영양부족으로 인한 성장 장애 요인이다.
③ 로스팅 : 무게가 가벼워 볶기 힘들고 종종 타버리기도 한다.
④ 컵 프로파일 : 향이 약간 사라진다. 약간의 목질내가 나며 향미가 줄어든다.
⑤ 컵 퀄리티에 미치는 영향 : 보통이다.

F9 코끼리 콩의 껍질 Shell of elephant bean

① 특징: 코끼리 콩의 겉껍질
② 원인: 껍질을 벗기고 제거할 때 코끼리 콩에서 떨어져 나왔다.
③ 로스팅 : 볶는 도중 콩 자체가 깨지거나 끝부분이 손상될 수 있다.
④ 컵 프로파일 : 향미가 약간 줄어들 수 있으나 로스팅이 제대로 되었다면 컵 품질에는 별 이상이 없다.
⑤ 컵 퀄리티에 미치는 영향 : 없거나 적다.

🫘 F10 코끼리 콩의 내부 조직들 Body of elephant bean, Core, Ear

① 특징 : 코끼리 콩의 내부 조직들
이다.
② 원인 : 껍질을 벗기고 제거할 때
코끼리 콩에서 떨어져 나왔다.
③ 로스팅 : 로스팅이 고르지 못하
다.
④ 컵 프로파일 : 로스팅이 제대로
되었다면 컵의 품질에 아주 적게 영향을 주거나 아무 영향을 끼치지도
않는다.
⑤ 컵 퀄리티에 미치는 영향 : 없거나 적다.

🫘 F11 서리에 손상된 콩 Frost damaged bean

① 특징 : 콩의 겉과 속 모두 갈색이
거나 검정이다. 서리로 인한 피해
강도에 따라 점들이 갈색에서 광
택 나는 검정색을 띤다. 짙은 콩
에서는 실버스킨의 겉표면이 빛
나 보이기도 한다. 로부스타는
이 결점이 거의 나타나지 않는다.
② 원인 : 서리
③ 로스팅 : 불균형하게 볶인다.
④ 컵 프로파일 : 피해가 크든 적든 향미와 산미를 잃고 바디를 줄여 준다. 아
주 심하게 서리 피해를 입었다면 맛은 그만큼 사라진다.
⑤ 컵 퀄리티에 미치는 영향 : 서리로 인한 피해의 강도에 따라 보통이거나
크다.

🫘 F12 미숙 콩 Immature bean(Quaker bean)

① 특징 : 작은 보트 모양이며 가끔 겉 표면이 쭈글쭈글하다. 콩의 색깔이 금속성을 띤 초록색에서 말라버린 실버스킨이 붙어있는 검은색까지 다양하다. 세포벽이나 내부 구조가 충분히 발달되지 않았기 때문이다. 일반적인 콩보다 크기가 작다.

② 원인 : 성장 중 생긴 요인들(가뭄, 병충해 등)과 미숙한 체리를 수확한 것이다. 보통 미숙 체리들은 물에 띄워 선별하기 때문에 건조 단계에서는 거의 보이지 않는다. 하지만 기계 수확으로 아라비카종을 수확했을 때는 종종 보인다.

③ 로스팅 : 아주 천천히 불균형하게 볶인다. 콩들은 빛바랜 색으로 익는다.

④ 컵 프로파일 : 쓴맛이 증가한다. 향미와 산미가 다 줄어든다. 발효된 맛이 가끔 날 때도 있고 미성숙의 화학적 성분으로 인해 맛을 떨어뜨리는 결과를 초래한다.

⑤ 컵 퀄리티에 미치는 영향 : 서리로 인한 피해의 강도에 따라 보통이거나 크다.

⚫ F13 시든 콩 Withered bean(shriveled, ragged)

① 특징 : 콩들이 약간 쭈글쭈글하다.

② 원인 : 스트레스 받은 나무들이나 가뭄으로 인해 체리가 제대로 자라지 못한 것이다.

③ 컵 프로파일 : 향미와 신맛이 약간 떨어지고, 가끔 맛이 풍부하지 못하다.

④ 컵 퀄리티에 미치는 영향 : 적거나 보통이다.

▣ 환경적 영향이나 가공 과정에 의해 손상된 콩들

FP(Field or Process damaged beans)

⚫ FP1 검은 콩 Black bean

① 특징 : 콩의 겉 표면과 내부의 약 50% 이상이 검정색이다. 겉 표면이 거칠고 크기가 작으며, 실버스킨이 붙어 있고, 센터컷이 아주 굵으며, 얇지만 끝이 뾰족한 보트 모양이다.

② 원인

- 병충해의 습격
- 물 부족과 잘못된 경작으로 인한 콩의 탄수화물 성분의 생성 부족
- 땅에서 주운 너무 익은 과숙 체리들
- 지나치게 고온에서 건조됐거나 잘못 건조된 미숙한 콩들
- 자주 건조되고, 이스트 등으로 인해 너무 발효가 되어 버린 콩과 체리들

• 건조되었다가 다시 젖어졌다가 반복한 것들

③ 로스팅 : 천천히 볶인다. 아주 흐릿한 노란색으로 변한다. 무게가 줄어들며 볶는 도중 2차 크랙 소리가 거의 들리지 않는다.

④ 컵 프로파일 : 향미와 산미를 모두 잃어버린다.

⑤ 컵 퀄리티에 미치는 영향 : 많다.

✿ FP2 부분적으로 검은색이거나 반 정도 검은 콩

Partly black bean or Semi black bean

① 특징 : 콩의 겉 표면과 내부의 약 50% 이하가 검정색이다.

② 원인 : 검은 콩과 같다.

③ 로스팅 : 천천히 볶인다. 아주 흐릿한 노란색으로 변한다. 무게는 적게 줄어들며 볶는 도중 2차 크랙 소리가 거의 들리지 않는다.

④ 컵 프로파일 : 향미, 산미가 절반 정도 사라진다.

⑤ 컵 퀄리티에 미치는 영향 : 보통이거나 많다.

✿ FP3 갈색 콩 Brown bean

① 특징 : 콩이 갈색이거나 짙은 갈색이다.

② 원인 : 나무가 괴사하거나, 서리로 인해 피해를 입었거나 오랫동안 천천히 말라버린 것이다.

③ 컵 프로파일 : 스팅커 콩과 비슷하다. 맛을 잃는 경우가 많다. 바디

는 약간 줄어들지만 향미와 산미는 거의 다 잃어버린다.

④ 컵 퀄리티에 미치는 영향 : 매우 많다.

🫘 FP4 윤기 나는 콩 Waxy bean

① 특징 : 왁스같이 윤기 나는 콩이다. 색상은 누르스름한 초록색부터 검붉은 갈색까지 다양하다. 검붉은 갈색을 내는 콩이 가장 흔하다. 실버스킨이 아주 적거나 거의 없다. 쪼개어 보았을 때 아주 불결한 냄새가 난다. 가끔 콩의 아랫부분에서 썩은 부분이 발견되기도 하고 겉 표면에 썩은 줄무늬가 보일 때도 있다.

② 원인 : 체리가 너무 익거나 반쯤 마른 상태에서 수확된 것이다. 콩이 물에 젖었을 때 박테리아의 효소 침투로 콩 조직의 겉과 속에 영향을 미친 것이다.

③ 로스팅 : 빨리 로스팅되고 색상이 금방 어두워진다.

④ 컵 프로파일 : 산미를 잃고, 풋내와 함께 중간 정도의 향미를 지니거나 완전히 잃어버린다. 효모맛만 남을 때도 있다.

⑤ 컵 퀄리티에 미치는 영향 : 매우 많다.

FP5 폭시 콩 Foxy bean

① 특징 : 여우 색깔(옅은 적갈색)의 실버스킨을 가지고 있는 콩이다. 눈에 보이는 빨간 색상은 센터컷에서 확연히 나타난다. 생김새 및 크기나 모양은 일반적인 콩과 같다. 대부분 실버스킨이 영향을 받은 것이다.

② 원인 : 과육 제거 시기가 늦어져서 과다하게 익으면 과발효되어 겉 표면에 이상이 생긴다. 또한 서리에 피해를 입거나 제대로 세척되지 않은 것이 원인이 되기도 한다. 발효되고 남은 찌꺼기들을 계속 가지고 있게 되기 때문이다. 또한 기계적으로 잘못 건조된 것도 문제가 된다.

③ 컵 프로파일 : 약간의 풋내가 나고, 향기, 향미, 산미가 살짝 줄어든다.

④ 컵 퀄리티에 미치는 영향 : 적다.

FP6 피복 콩 Coated bean

① 특징 : 실버스킨이 아주 단단히 붙어 있는 콩

② 원인 : 가뭄의 영향을 받거나 미숙한 콩이 원인이다. 보통 콩들과 크기는 같다. 부적절하게 발효가 되었고, 너무 천천히 건조되었다. 건조 가공 처리된 콩에서 자주 보인다.

③ 컵 프로파일 : 쓴맛과 신맛이 강해진다. 약하게 풋내가 나고 향기, 향미,

산미는 모두 줄어든다.

④ 컵 퀄리티에 미치는 영향 : 보통이다.

■ 가공 과정에 손상된 콩 P(Process Damaged Beans)

✿ P1 펄프기 – 찢겨진 콩 Pulper – nipped bean

펄프기 – 절삭된 콩 pulper – cut bean

① 특징 : 수세식 가공을 할 때 절삭되거나, 펄핑할 때 찢겨져 2차 미생물들의 영향으로 종종 갈색 혹은 검정색 흔적을 남긴 것이다. 건조 가공을 할 때는 펄핑을 하지 않으므로 이런 콩들은 보이지 않는다.

② 원인 : 펄핑 머신을 잘못 조정하였거나 미숙한 체리나 일정하지 않은 크기의 체리를 함께 펄핑했을 때

③ 컵 프로파일 : 손상 정도에 따라 아주 미세하거나 중간 정도로 향기, 향미, 산미가 손실된다. 화학적 변화나 발효로 인한 오프플레이버(Off-flavor)[51]가 살짝 난다.

④ 컵 퀄리티에 미치는 영향 : 보통이다.

---

51) 과실이나 식품이 화학적 변화를 일으키거나 외부로부터의 혼입에 의해 2차적으로 발생한 이취를 뜻한다. 대개 불쾌한 냄새로 인식된다.

P2 으깨진 콩 Bruised bean(Crushed)

① 특징 : 으깨어진 커피 콩. 센터컷이 깊게 파여져 있고 부분적으로 쪼개졌거나 색이 바래었다.

② 원인 : 건조 중에 밟혀서 으깨졌을 때. 덜 마른 콩들의 껍질을 벗길 때. 덜 마른 콩들에 강한 압박이 가해졌을 때(분쇄기를 사용하여 수동으로 껍질을 벗길 때)

③ 로스팅 : 고르지 않게 볶인다.

④ 컵 프로파일 : 발효로 인해 오프플레이버은 중간에 강하게 생겨난다. 산미가 약하게 손실되고 향기와 향미도 살짝 줄어든다.

⑤ 컵 퀄리티에 미치는 영향 : 보통이거나 많다.

P3 부분적으로 펄프되지 않은 체리 Partly depulped cherry

① 특징 : 펄핑 도중 일부분만 과육이 제거된 것.

② 원인 : 덜 익거나(미숙) 너무 많이 익거나(과숙) 부분적으로 마른 체리를 펄핑했을 때. 건조 가공을 처리한 콩들에게는 나타나지 않는다.

③ 컵 프로파일 : 오프플레이버가 가볍게 나타나고 향기, 향미, 산미가 약하게 줄어든다.

④ 컵 퀄리티에 미치는 영향 : 적거나 보통이다.

🔸 P4 스팅커 콩 Stinker bean(foul)

① 특징 : 으깨지거나 분쇄할 때 아주 불결한 냄새를 풍긴다. 옅은 갈색이나 회색을 띠나 대부분 색이 흐릿하다. 자주 왁시 콩들과 헷갈리도록 윤기 나는 표면을 가지고 있다. 구분하기 어렵긴 하지만 자외선광 아래에서 보면 구분 가능하다. 배아가 썩어 보통 콩 아래에 자그마한 구멍이 생긴 것을 볼 수 있다.

② 원인 : 반복적이거나 너무 오래 발효시켰을 때, 콩들이 너무 오랫동안 썩은 물에 담겨 있었을 때, 잘못 말렸거나 너무 오래 펄핑되었 때. 건조 가공처리를 한 콩에서는 흔하지 않다.

③ 컵 프로파일 : 향기와 향미를 모두 잃어버린다. 발효된 오프플레이버가 강하게 나고 생선 썩은내 같은 매우 이상한 향이 난다.

④ 컵 퀄리티에 미치는 영향 : 매우 많다.

🔸 P5 건조가 덜 된 말랑말랑한 콩 Under-dried soft bean

① 특징 : 고무 같은 검푸른 청록색 콩이다. 칼로 쉽게 잘린다. 오래 보관하면 하얀색으로 변한다.

② 원인 : 덜 말림.

③ 로스팅 : 로스팅 손실이 많아진다.

④ 컵 프로파일 : 향기와 향미가 살짝 줄어든다.

⑤ 컵 퀄리티에 미치는 영향 : 적다.

⬤ P6 파치먼트에 싸인 콩 Bean in parchment

① 특징 : 파치먼트가 전체적으로 혹은 부분적으로 싸여 있는 것

② 원인 : 수세식 가공 중에 파치먼트가 벗겨지지 않았거나 분리되지 않은 경우. 자연건조 가공 중에는 덜 말려진 체리를 실수로 도정했을 때.

③ 로스팅 : 볶는 도중 탈 수 있다.

④ 컵 프로파일 : 독특한 화학적 오프플레이버와 또렷한 나무 향으로 인해 향미와 산미가 줄어든다.

⑤ 컵 품질에 미치는 영향 : 보통이거나 많다.

⬤ P7 건조된 체리나 파드 Dried cherry, Pod

① 특징 : 콩들이 안에 있는 체리 상태로 말라버린 것.

② 원인 : 미리 과육을 제거하지 않는 자연건조 가공 커피를 가끔 잘못 분류하거나 체리가 작을 때 생길 수 있다. 도정이 잘못되었을 때 작은 파드들이 통과되어 제거되지 않은 것이다.

③ 로스팅 : 볶는 도중 탈 위험이 있다.

④ 컵 프로파일 : 종종 오프플레이버 향기와 향미로 인해 산미가 줄어든다.

⑤ 컵 퀄리티에 미치는 영향 : 적거나 보통이다.

🫘 P8 탈색되도록 지나치게 건조된 콩 Discolored over-dried bean

① 특징 : 흐릿하고, 황토색이나 연한 누른빛을 띠고 있고 작은 충격에도 쉽게 깨진다.
② 원인 : 너무 오래 건조시킴(수분함량 9% 이하)
③ 로스팅 : 볶는 도중 경화되거나 타 버린다.
④ 컵 프로파일 : 풋내가 나고 향기, 향미, 산미가 줄어든다. 종종 곡물 향이나 나무 향이 난다.
⑤ 컵 퀄리티에 미치는 영향 : 보통이다.

🫘 P9 크리스탈화된 콩 Crystallized bean(Jade bean)

① 특징 : 청회색을 띠며 쉽게 부스러진다.
② 원인 : 50℃ 이상의 고온으로 말렸다.
③ 로스팅 : 볶는 도중 콩들이 깨진다.
④ 컵 프로파일 : 덜 익은 풋내가 나고, 향기와 산미가 가볍게 줄어든다.
⑤ 컵 퀄리티에 미치는 영향 : 적거나 보통이다.

✐ P10 콩의 파편 Bean fragment

① 특징 : 콩의 절반이나 파편
② 원인 : 도정 중에 흔히 생겨난다.
③ 로스팅 : 타거나 경화될 우려가 있다.
④ 컵 프로파일 : 바디가 줄어들고 향미와 산미, 향기에 영향을 줄 수 있다.
⑤ 컵 퀄리티에 미치는 영향 : 적거나 보통이다.

✐ P11 깨진 콩 Broken bean

① 특징 : 콩의 절반보다 더 크게 부서진 파편
② 원인 : 도정 중에 흔히 생겨난다.
③ 로스팅 : 고르게 볶이지 않음.
④ 컵 프로파일 : 향기, 향미, 산미에 가볍게 영향을 준다.
⑤ 컵 퀄리티에 미치는 영향 : 적다.

✐ P12 구워진 콩 Toasted bean

① 특징 : 연한 갈색을 띤다.
② 원인 : 뜨거운 금속이나 건조하는 도구에 접촉했을 때. 건조 공정을 한 커피에서는 잘 보이지 않는다.
③ 컵 프로파일 : 목질 향으로 인해 향미와 산미가 가볍게 줄어들고

톡 쏘는 수렴성(Astrigency)과 쓴맛이 생긴다.

④ 컵 퀄리티에 미치는 영향 : 보통이다.

■ **가공 과정이나 저장 도중에 손상된 콩**

PS(Process or Storage damaged beans)

🫘 **PS1 카르데닐로 "Cardenillo" bean**

① 특징 : 미생물 때문에 감염되어 노랗거나 빨간색 파우더로 뒤덮여 있다.

② 원인 : 오래된 발효 때문이다. 건조 단계에서 너무 오랫동안 노출되어 있거나 너무 습도가 높은 곳에 보관되어 있었던 경우에 생긴다. 건조 공정을 거친 콩들에게선 잘 보이지 않는다.

③ 컵 프로파일 : 오프플레이버가 강하게 느껴져서 향기, 향미, 산미가 줄어든다.

④ 컵 퀄리티에 미치는 영향 : 많다.

🫘 **PS2 시큼한 콩 Sour bean**

① 특징 : 안팎이 동시에 노란색에서 옅은 갈색이거나, 붉은색에서 짙은 갈색이다. 센터컷을 구분하기 어렵고 실버스킨은 빨갛게 되는 경향이 있다. 식초 냄새가 난다. 배아가 썩어서 콩 밑쪽에 작은 구

멍이 생긴다. 윤기 나는 표면을 가지고 있는 경우도 있다.

② 원인 : 수확하고 펄핑하는 시간이 너무 지나쳤을 때, 탱크가 더럽거나 너무 오래 발효되었을 때, 오염된 물을 사용했을 때, 습도가 지나치게 높은 곳에서 보관되었을 때 생긴다. 너무 익은 체리가 건조 과정에서 천천히 발효되면 콩 내부에서 열이 발생하거나 태아가 썩어버린다.

③ 컵 프로파일 : 향과 맛이 크게 줄어들고, 강하게 시고, 와인이나 식초 같은 맛이 난다.

④ 컵 퀄리티에 미치는 영향 : 매우 많다.

🌶 PS3 얼룩진 콩 Blotchy bean(Spotted, Mottled)

① 특징 : 콩에 군데군데 불균형하게 초록빛, 흰빛, 혹은 노란 얼룩들이 생긴다.

② 원인 : 부서진 파치먼트 때문에 잘못 건조되었거나 건조 후 다시 적셔졌을 때 생긴다. 건조 공정을 거친 콩들에서는 잘 보이지 않는다.

③ 컵 프로파일 : 살짝 케케묵은 향이 나서 향기와 향미가 약간 줄어들고 산미는 많이 줄어든다.

④ 컵 퀄리티에 미치는 영향 : 적거나 보통이다.

▣ 저장 도중에 손상된 콩 S(Storage Damaged Beans)

✎ S1 스폰지 콩, 색바랜 콩, 희끄무레한 콩 Spongy bean, Faded, Whitish bean

① 특징: 흰색기가 돌고 코르크 같은 연성을 가진다. 손톱으로도 자국을 남길 수 있다.

② 원인 : 보관이나 유통 도중에 수분이 지나치게 흡수되거나 효소 활동에 의해서 악화된 것이다.

③ 로스팅 : 콩이 빨리 볶이고 탄화되는 경향이 있다.

④ 컵 프로파일 : 곡물 향과 나무 향이 나면서 향기와 향미, 산미가 줄어든다.

⑤ 컵 퀄리티에 미치는 영향 : 적거나 보통이다.

✎ S2 희고 가벼운 콩 White floater bean

① 특징 : 건강한 콩들에 비해 밀도가 낮아 물에 뜬다. 보통 콩보다 크고 하얗다.

② 원인 : 아직 제대로 원인이 밝혀지진 않았지만 보관 때문이라고 유추된다.

③ 로스팅 : 손실이 크다. 콩들이 그을린 갈색을 보인다.

④ 컵 프로파일: 나무 향이 나고 향미와 산미가 줄어든다.

⑤ 컵 품질에 미치는 나쁜 영향 : 보통이다.

⬤ S3 산폐된 콩 Stale bean

① 특징: 잘 보이진 않지만 겉면에 밝은 반점들로 얼룩져 있다. 오래된 묵은 냄새가 난다.

② 원인 : 너무 오래 보관했거나 안 좋은 상태에서 보관되었을 때.

③ 컵 프로파일 : 나무 향이 나고 향미와 산미가 줄어든다.

④ 컵 퀄리티에 미치는 영향 : 보통이거나 많다.

⬤ S4 하얀 콩 White bean

① 특징 : 아이보리색으로 겉면이 뒤덮여 있는 하얀 콩. 가끔은 다양한 패턴으로도 덮여 있다. 밀도와 구조는 보통의 콩과 같다. 건조 공정을 거친 콩에서 자주 보인다.

② 원인 : 코커스(Coccus) 박테리아로 인해 표면이 탈색된 것으로, 보통 유통 과정이나 보관 도중에 생긴다. 올드크롭에서 자주 생긴다. 건조 후 다시 적셔져서 생긴다.

③ 컵 프로파일 : 산패된 향이 나고 향미가 줄어든다.

④ 컵 퀄리티에 미치는 영향 : 적거나 보통이다.

◉ S5 곰팡내 나는 콩, 먼지내 Mouldy bean, Musty

① 특징 : 눈으로도 곰팡이가 핀 것이 보인다. 보통 케케묵은 냄새가 난다.

② 원인 : 보관과 유통 중 잘못된 온도와 습도 때문에 생긴다.

③ 컵 프로파일 : 향미와 산미가 많이 줄어들고, 곰팡이 특유의 케케묵은 오프플레이버가 많이 난다.

④ 컵 퀄리티에 미치는 영향 : 매우 많다.

◉ S6 저장 해충에 의해 약간 손상된 콩 Bean slightly damaged by storage pest

① 특징 : 콩에서 3개 이하의 작은 구멍이 나 있다. 구멍들의 직경이 1.5mm보다 크다. 구멍들이 깔끔하게 나지 않았고 2차 감염이 일어나지 않아서 베리보러(Berry borer) 콩에 의한 결점과 다르다. 벌레로 인한 감염은 보이지 않는다.

② 원인 : 보관 도중 해충에 의해 공격받았다. 보통 술소바구미(Araecerus fasciculatus)에 의해 공격받는다.

③ 컵 프로파일 : 오프플레이버가 강하게 느껴져서 향미, 산미가 줄어들고, 바디가 약간 손실된다.

④ 컵 퀄리티에 미치는 영향 : 적거나 보통이다.

✎ S7 저장 해충에 의해 심하게 손상된 콩 Bean heavily damaged by storage pests

① 특징 : 콩에서 3개 이상의 구멍이나 있다. 콩의 일부분이 부서져있다. 구멍의 직경은 1.5mm보다 크다. 구멍들이 깔끔하게 나지 않았고 2차 감염이 일어나지 않아서, 베리보러 콩의 결점과 다르다. 벌레로 인한 감염은 보이지 않는다.

② 원인 : 저장 해충으로 인한 공격

③ 컵 프로파일 : 오프플레이버가 강하게 느껴지기 지기 때문에 향미, 산미, 바디가 손실된다.

④ 컵 퀄리티에 미치는 영향 : 보통이거나 많다.

✎ S8 저장 해충의 공격을 받은 콩 Bean infested by storage pests

① 특징 : 콩 속에 벌레가 산 채로 혹은 죽은 채로 들어 있거나 벌레의 파편이나 배설물이 들어 있다.

② 원인 : 저장 해충으로 인한 감염

③ 컵 프로파일 : 오프플레이버로 인해 향기, 향미, 산미가 상실된다.

④ 컵 퀄리티에 미치는 영향 : 많다.

🫘 S9 반점이 난 콩 Spotted bean

① 특징 : 검은 반점, 검은 실버스킨 조각들이 남아 있다.

② 원인 : 높은 수분함량을 가진 콩들이 저장되면서 생긴 것이다.

③ 컵 프로파일 : 심하게 발효된 맛과 화학적인 오프플레이버로 인해 향기, 향미, 바디, 그리고 산미를 상실한다.

④ 컵 퀄리티에 미치는 영향 : 매우 많다.

🫘 DP1 파치먼트 파편 Piece of parchment

① 특징 : 마른 파치먼트 파편들이다. 자연건조 공정을 거친 커피에서 나온 펄핑 파편들이다.

② 원인 : 도정 후에 충분히 제거되지 않았다. 수세식 공정을 거친 콩에서 자주 보인다.

③ 로스팅 : 볶는 도중 탈 우려가 있다.

④ 컵 프로파일 : 약한 풋내로 인해 향미가 약간 줄어든다.

⑤ 컵 퀄리티에 미치는 영향 : 없거나 적다.

◉ DP2 겉껍질 파편 Piece of husk

① 특징 : 마른 외부 껍질의 파편들이
다. 겉껍질과 파치먼트가 함께 절
단되어 있다.
② 원인 : 도정 이후에 충분히 제거되
지 않았다. 건조 공정을 거친 콩
에게서 자주 보인다.
③ 로스팅 : 볶는 도중 탈 우려가 있
다.
④ 컵 프로파일 : 약간의 화학적인 오프플레이버로 인해 향기가 줄어든다.
⑤ 컵 퀄리티에 미치는 영향 : 적거나 보통이다.

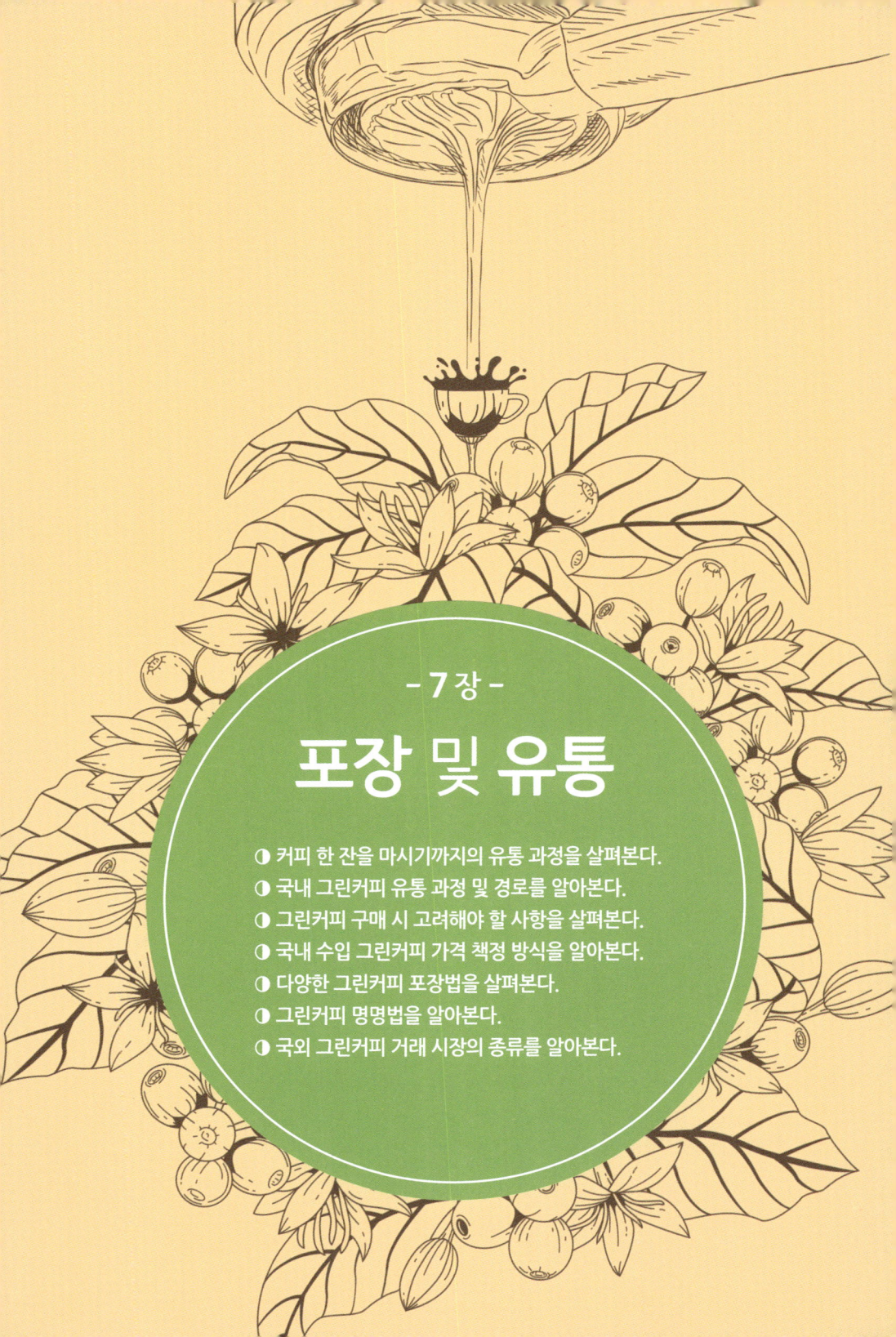

- 7장 -

포장 및 유통

◑ 커피 한 잔을 마시기까지의 유통 과정을 살펴본다.
◑ 국내 그린커피 유통 과정 및 경로를 알아본다.
◑ 그린커피 구매 시 고려해야 할 사항을 살펴본다.
◑ 국내 수입 그린커피 가격 책정 방식을 알아본다.
◑ 다양한 그린커피 포장법을 살펴본다.
◑ 그린커피 명명법을 알아본다.
◑ 국외 그린커피 거래 시장의 종류를 알아본다.

산지에서 소비자에게로 유통되는 도중에 그린커피에는 많은 변화가 일어난다. 유통되는 지역, 기간, 온도, 습도, 운송 방법 등을 적절히 고려하여 가장 좋은 상태의 그린커피를 입수할 수 있도록 하는 것이 좋다. 다음은 커피 씨앗에서부터 한 잔의 커피를 만들어 마실 때까지의 전 과정을 정리한 것이다.

 # 커피 한 잔을 마시기까지의 유통 과정 알기[52]

한 잔의 커피를 즐기기 위해서는 커피 씨앗을 심고 나서부터 최소한 몇 달간의 여정이 걸린다. 각 단계별 여정은 어떠한 과정을 거치는지, 각 여정마다 쉽게 실수하고 간과할 수 있는 점은 무엇인지를 함께 살펴본다.

(1) 커피체리를 수확하기 3~4년 전, 커피 씨앗을 파종한다.

커피 향미에 영향을 주는 가장 큰 요소는 땅에 심는 묘목(꺾꽂이)과 자라는 환경 및 경작 방법에 달려 있다. 나아가 농부의 노력 여하에도 달려 있다. 어떤 토양에서 어떤 품종을 어떤 환경(고도, 강수량, 온도 등) 속에서 심었는지에 따라 차이가 난다. 하지만 잘못된 관개, 부족한 토양 영양분, 극심한 기후 변화(더위나 추위, 홍수나 가뭄)에 따라 나무는 병들기 쉽다. 그 결과, 품질은 떨어지고 농부는 큰 손해를 입게 될 것이다.

52) HANNA NEUSCHWANDER, "Left Coast Roast", Time Press,INC, 2012

(2) 커피체리를 가공하기 5달 전, 커피체리를 수확해야 한다.

커피나무는 보통 약 3~4년 후에 체리를 맺는다. 체리는 똑같은 시기에 한꺼번에 익지 않는다. 따라서 매 시즌에 여러 번 수확을 하게 된다. 특히 소규모 농장일수록 가파른 언덕에 커피나무가 자라는 경우가 많으므로 수확하는 데 손이 많이 간다. 한편, 대규모 농장 역시 이상적으로 잘 익은 체리만을 수확하기 어렵다. 대다수의 커피는 완전히 다 익기 전에 수확되므로 향미에 영향을 주게 된다.

(3) 저장하기 5달 전, 수확한 커피체리를 가공 처리해야 한다.

가공은 수확 후 몇 분이나 몇 시간 안에 바로 진행한다. 가공법에 따라 4주에서 6주 정도 소요된다. 각 가공 공정은 여러 단계 중 위험에 가장 많이 노출되는 단계이다. 자연건조 공정을 할 때 원치 않은 비가 내려 가공 처리를 원활히 하지 못하면 곰팡이가 생기거나 발효되어 썩을 수도 있다. 수세식 공정을 할 때도 콩을 겹쳐서 펼쳐 놓게 되면 썩기 쉬우니 주의해야 한다.

(4) 도정하기 5달 전, 휴지 기간을 위하여 저장해 둔다.

이상적인 커피는 도정하기 전에 휴지 기간을 가지는 것이 좋다. 항온항습한 창고에서 2~3주, 때로는 2~3달까지 휴지하면 더 부드럽고 풍성한 향미를 갖게 된다(김치를 숙성시키는 것과 같다). 하지만 습한 창고에서 오랜 기간 보관하게 되면 발효된 맛을 내고, 몬순기후 같이 습한 날씨는 맛을 부드럽게 만드는 대신 젖은 양털 같은 향미를 나타내기도 한다.

(5) 운송하기 4달 전, 파치먼트 도정 작업을 해야 한다.

도정은 건조된 콩의 마지막 층인 파치먼트를 벗겨내기 위한 최종 작업이다. 중미에서는 보통 커피를 포대에 넣고 실어 보내는 장소에 인접한 수출 회사에서 대단위로 수행한다.

(6) 가게에 그린커피가 도착하기 2~3달 전, 운송이 개시되어야 한다.

고객의 주문을 받고 산지에서 출하하여 배에 실려 있는 기간은 한 달이 걸릴 수 있다. 배를 이용하면 거의 2~6주 정도 소요된다(예를 들어, 아프리카에서 미국까지 2~3달 정도 걸리게 된다). 항구에 도착한 이후에도 트럭이나 기차를 통해 최종 목적지로 운송되기까지 또 시간이 걸린다. 그런데 배에 실리기 전에 48℃가 넘는 길바닥에 놓일 수도 있고 배의 선적 위치가 나쁠 수도 있다. 최악의 경우는 운송 기간 동안 온도가 높은 기관실 위에 놓이게 되는 것이다. 따라서 경륜이 있는 바이어들은 운송 시 이 점을 매우 중요시 여긴다.

(7) 로스팅하기 2~3달 전, 자신의 가게에 그린커피가 도착해야 한다.

가게에 그린커피가 도착하면 로스터는 그린커피를 보관해 둔 채로 모두 소진할 때까지 소비하게 된다. 특별한 커피 맛을 위하여 보통 로스터들은 1년이 지나지 않은 신선한 콩을 구매한다. 그러나 정작 로스팅을 하는 시점은 신선한 상태에 초점을 두기보다 원두가 소비되는 상황에 따라 달라진다. 상황에 따라 그린커피의 보관기간은 한 없이 길어질 수도 있다. 따라서 로스터들은 그린커피가 얼마나 오래 신선함을 유지하는지를 알고 있어야 한다.

(8) 커피를 추출하기 며칠 전, 로스팅을 해야 한다.

개인 카페에서는 특별한 커피맛을 위하여 커피를 추출하기 일주일 전에 로스팅한 후 원두를 어둡고 서늘한 곳에 보관한다. 로스터의 실수로 볶음을 너무 밝게 하거나 너무 어둡게 하여 원하는 볶음도를 잘못 맞출 수도 있다. 또 블렌딩 지식이 부족하면 커피의 향미를 망칠 수도 있다.

한편 커피는 로스팅한 시점부터 지속적으로 가스가 빠져나간다. 로스팅한 지 10일 지난 원두와 3일 지난 원두의 향미는 다르다. 만약 3주 이상 지났다면 향은 거의 달아난 상태일 것이다.

(9) 한 잔의 커피를 만들어 마시기

원두를 분쇄하고 뜨거운 물로 추출하여 마실 수 있는 한 잔의 커피를 만들기 위해서는 4분 정도의 시간이 소요된다. 그런데 추출 과정에서 불결한 위생 도구와 부족한 추출 기술로 인하여 최고의 맛을 망칠 우려가 있으므로 숙달된 추출 기술이 필요하다.

2 국내 그린커피 유통 과정 및 경로

그린커피는 유통되면서 대양을 건너거나 땅을 가로지르며 길고 힘든 여정을 거친다. 이때 극심한 온도 변화에 직면하게 된다. 보통 60kg 단위로 황마 자루에 담아 무게를 재고 출발지와 항구 승선지를 표시한 후 건조하고 통풍이 잘되는 장소에 보관한다. 그 후 컨테이너에 실려 배, 트럭, 기차 등을 이용하여 운송된다. 트리에스테(Trieste), 앤트워프(Antwerp), 바르셀로나(Barcelona), 브레멘(Bremen), 함부르크(Hamburg), 르아브르(Le Havre), 런던(London), 로테르담(Roterdam), 뉴올리언스(New Orleans), 제노바(Genoa), 뉴욕(New York), 마이애미(Miami), 휴스턴(Houston) 등 주요 항구에 도착한 후 수출입 업무절차를 거치게 된다. 많은 양을 다룰 때는 규모가 큰 국제 무역회사에 의해 운송된 후, 여러 단계의 중간 기업체를 거쳐 최종적으로 우리 손에 도달하게 된다. 하지만 요즘에는 직접 생산 현장에서 바이어를 통해 수입하기도 한다. 일반적인 국내 그린커피의 유통 경로는 다음과 같다.

🌰 [그림 7-1] 국내 그린커피 유통 경로[53]

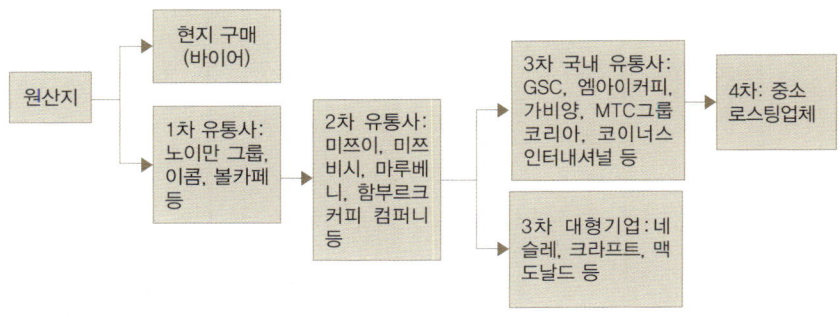

53) 월간Coffee(2012), 2, no 122, p145

먼저, 원산지의 농장은 조합으로 계약을 체결한다. 수출 수매인으로 자격이 주어지면 직접 거래를 할 수 있지만 그렇지 않은 경우는 1차적으로 세계적인 그린커피 유통사인 노이만그룹, 이콤, 볼카페 등을 통해 거래된다. 커피 사업에서만큼은 노이만 그룹이 1위이다. 그 다음은 2차 미쯔이, 미쯔비시, 마루베니, 함부르크 커피 컴퍼니 등을 거쳐 3차로 각국의 그린커피업체, 즉 GSC, 엠아이커피, 가비양, MTC그룹 코리아, 코이너스 인터내셔널 등을 거쳐 4차로 중소 로스팅업체로 납품된다. 대형업체들은 중간 판매자를 거치지 않고 2차 단계에서 바로 구매하기도 한다.

최근에는 커피 농장과의 직거래가 많아졌는데, 품질 대비 가격의 합리성을 획득하기 어렵고, 품질 확인이 어려울 뿐만 아니라 만일 품질 면에서 잘못이 발견되면 회복이 어렵다는 단점이 있다. 그러나 가격 면에서 중개자를 거치지 않고 바로 직수입되므로 낮은 가격으로 저렴하게 구매할 수 있다는 장점이 있다.

3 그린커피 구매 시 고려 사항[54]

소규모의 로스터리업체는 그린커피를 구매할 때 보통 중간 기업체를 통해서 소규모 단위로 구매하게 된다. 소규모의 영세 로스터리를 대신하여 중간업체들은 그린커피를 대형업체를 통해서 또는 직접 산지에서 수입해 오는데, 어떤 과정을 통해서 들여오며 어떠한 점을 중요하게 고려하는지를 살펴보기로 한다.

첫째, 그린커피의 퀄리티를 살펴본다.

수입할 그린커피를 선정하고 구매하기 전에, 산지에 직접 나가거나 산지에서 보내준 여러 가지 샘플을 펼쳐놓고 블라인드 커핑을 통해 선정한다. 어떤 종류인지를 모르는 상태에서 평가하기 위해서이다.

산지로 직접 그린커피를 선정하러 가는 시점은 보통 수확 시기 이전이다. 그 해 수확될 예정인 그린커피는 아직 맛볼 수가 없고, 대신 전년도에 수확된 그린커피 가운데 가장 유사한 품종의 그린커피를 샘플화하여 블라인드 커핑을 통해 선정한다. 만약 중간업체가 산지로 출발하기 전에 선구매를 요청한 영세업체가 있었다면 소규모 업체의 특성에 맞춰 그린커피를 구분하여 찾아 주기도 한다.

블라인드 커핑을 할 때는 올해 수확될 그린커피의 향미를 미리 예상하고 가장 퀄리티 있는 컵을 앞으로 구매할 샘플로 선정한다. 이후 수확철이 지나 거

---

54) 이현수, "생두 수입 및 유통" 세미나, 2014. 9. 15 참조

뒤들인 그린커피 생산품이 나오면 이전에 구매 선정한 그린커피와 생산된 그린커피의 향미 특성이 같은지를 또 한번 커핑을 통하여 점검한다. 그리고 최종 구매를 결정하게 된다.

둘째, 가격을 고려한다.

블라인드 커핑을 통해 선정한 그린커피들의 가격을 살핀다. 수입 가능한 예산과 적합한지를 고려해 본다. 가장 최상의 맛을 가진 그린커피라 할지라도 예산에 맞지 않은 너무 비싼 가격이라면 살 수 없다. 이를테면 1kg에 12만 원 하는 최상급 게이샤를 찾았더라도 국내에 들여와 판매할 수 있는 판로가 없다면 구매하지 않을 것이다. COE 선정 1~2위의 그린커피라고 할지라도 선뜻 구매하지 못하는 것도 그 때문이다. 주어진 여건에서 납득할 수 있는 적정한 근거가 마련되면 구매가 진행될 것이다.

셋째, 시장성을 고려한다.

수요 및 공급업체 간의 시장성을 충분히 조사한 후 구매를 시도한다. 수입할 그린커피의 구매 의사를 국내에서 시장조사를 통해 충분히 파악한 후 최종 구매 및 수량을 결정한다.

Tip. 국내 특정 그린커피 유통 회사의 수입 절차[55]

예를 들어, 중남미 그린커피를 수입하고자 한다면 다음과 같은 절차를 밟는다.

첫째, 수입할 나라의 그린커피 종류를 계획하고 진행 과정을 수립한다.

둘째, 수확시기인 2~4월보다 조금 더 이른 시기인 1~2월초에 중남미를 방문한다. 다양한 그린커피를 커핑하여 퀄리티가 좋은 몇 개의 그린커피를 선정해 둔다.

셋째, 그 해 수확하여 상품화된 그린커피가 판매된다면, 앞서서 선정한 샘플을 1차 유

---

55) 이현수, "실두 수입 및 유통" 세미나, 2014. 9. 15 참조

통업체(이콤, 노이만 등)에게 요청한다. 10~15일 정도 기간이 소요된다.

넷째, 배송 받은 샘플을 커핑하여 앞서 선정한 샘플과 같은 상품인지를 판단한다. 이전 샘플 향미와 다르다면 불량으로 처리하고 답변서와 샘플을 재요청한다.

다섯째, 만약 앞서 선정한 샘플과 같은 상품이라면, 국내 로스터업체 관련자를 불러 함께 커핑하고 시장성을 분석한다. 이때 국내 로스터들에게서 선주문을 받는다.

여섯째, 최종 수량을 결정하고 1차 유통업체(이콤, 노이만 등)에게 선적을 요청한다.

일곱째, 5~8월 사이에 올해 수확한 그린커피가 선적되어 부산항에 도착한다.

여덟째, 국내 통관을 받기 전에 한 번 더 마무리 커핑을 진행한다. 구매 선정한 샘플 그린커피와 선적되어 온 그린커피가 같은 것인지를 최종 판단한다. 만약 다르다면 수입을 철회하고 되돌려 보낸다.

아홉째, 만약 같다면 국내 통관 절차를 거친다. 중량과 수량을 확인하여 세관 검사와 검역을 받는다. 처음 들여오는 그린커피라면 성분 검사와 관능 검사 둘 다 받고, 두 번째 들여오는 같은 그린커피라면 관능 검사만 받는다. 만약 이물질이 발견되면 2차로 성분 검사를 거친다.

열째, 검사를 위해 최소 5일에서 최대 15일 가량을 소요한 후 보유 물류창고로 이송된다.

열한째, 창고에서 선별기로 최종 그린커피를 고른 후 소포장하여 저장한다.

열둘째, 국내 소규모 로스터업체에게 공개 커핑 기회를 마련하여 판매를 시작한다.

4 국내 수입용 그린커피의 가격 책정[56]

국내에 수입하는 그린커피의 가격을 책정하는 기준은 다음 항목들을 합하여 환산해 낸다.

> 현지가격 + 포장가격 + 환율 + 재세공과금 + 운송비 + 기업 마진율

① 현지 가격 : 현지에서 판매되는 가격을 포함시킨다.

② 포장 가격 : 마대 종류와 마대 중량, 포장 방식에 드는 가격을 합한 것이다. 마대 종류는 5~10포대까지 있으며, 등급이 올라갈수록 가격은 높아진다. 마대는 중량별로 25kg, 30kg, 35kg, 60kg, 69kg, 70kg가 있으며 포장 재질에 따라 가격이 달라진다. 그레인프로백은 500~800원, 진공포장은 그레인프로백 가격 + 진공박스 포장 가격이 추가된다.

③ 환율 : 수출되는 국가의 환율을 따진다.

④ 재세공과금 : 관세 검사비, 통관검사비 등

⑤ 운송비 : 컨테이너비, 배편 운임비, 하역비, 물류 창고로 운송비, 각 업체로의 택배비 등

⑥ 기업 마진율 : 인건비, 운영비 등

---

56) 이현수, "생두 수입 및 유통" 세미나, 2014. 9. 15 참조

5 다양한 그린커피 포장법[57]

플라비오 메이라 보렘(Flavio Meira Borem) 외 여러 학자들은 공동 연구논문[58]에서 인위적인 포장 환경(CO₂ 주입 여부와 포장 방법)에 따라 1년 넘게 저장된 그린커피의 색깔, 향미, 아로마의 변화를 살펴보았다. CO_2를 주입한 밀폐된 불투명한 포장 방법(그레인프로)으로 저장된 그린커피는 스페셜티 커피의 향미와 색깔, 아로마를 유지하고 있었으나 단맛과 산미는 황마 포장에 비해 약하게 나타났다. 그러나 황마 포장에서는 원하지 않은 향미와 아로마가 함께 나타난다는 단점을 지적하였다.

이처럼 포장하는 방법에 따라 그린커피의 상태는 많이 달라지므로, 최적의 그린커피 포장법을 알고 활용할 필요가 있다. 최대한 신선도를 오래 보존하기 위하여 여러 가지 다양한 포장법과 보관 방법을 사용하는데, 포장 작업 기기의 규모, 가능한 기술력과 수용력, 가능한 자본력과 노동력, 운영비용, 대기나 기후의 상태, 해충, 곰팡이 등의 잠재적인 문제, 수익률을 토대로 따져봐야 한다.

가. 포대

그린커피를 저장할 때, 일반적으로 많이 사용하는 포장 방법이다. 보통 황마

---

57) 김성혜, Green Bean Packaging Material 생두포장법, 2014.2.17., Terarosa Library

58) http://grainpro.com
　　Flavio Meira Borem 외, "Evlauation of the sensory and color quality of coffee beans stored in hermetic packaing, Journal of Stored Products Reseach 52(2013) 1-6

나 삼베 재질의 포대가 가장 흔하며 포장 단위는 60kg, 69kg 등이있다. 빈 포대의 무게는 약 450g에서 약 1kg까지 다양한 편이다. 기본 포장 단위는 나라마다 조금씩 다르다. 에티오피아와 브라질은 60kg, 코스타리카와 과테말라는 69kg, 콜롬비아는 70kg이다.

포장한 포대를 보관할 때는 나무 팔레트 위에 올려놓기도 한다. 20~30포대 정도의 양을 3~5개씩 묶어 포개어 쌓아 놓는다. 바닥 위에 바로 놓거나 너무 높이 쌓아 두는 것은 피해야 한다. 너무 높이 쌓으면 넘어질 우려가 있고 가장 높은 위치에 놓인 것은 온도가 올라갈 수 있다. 저장을 잘 하기 위해서는 앞뒷면을 교차해서 쌓으면 좋다.

그린커피의 밀도는 수분함량에 따라 다양하게 나타날 수 있는데, 폴리프로필렌의 사용은 통풍을 막을 수 있으므로 추천하지 않는다. 또 이 재질은 더미들을 쉽게 미끄러지게 만들 위험도 있다. 포대 속에 그린커피를 담을 때는 가득 채우는 것보다 70%의 공간을 두고 담는 것이 좋다. 포대를 저장할 때도 벽에 기대두면 통풍을 막을 수 있기 때문에 권하지 않는다.

◢ [표 7-1] 포대 저장 시 장단점[59]

장점	단점
같은 컨테이너를 사용할 수 있다.	노동력이 필요하고 취급이 어렵다.
투자비가 적게 든다.	비탄화수소(Non-hydrocarbon)에 취약한 포대는 오염될 우려 있다.
특별히 다루어야 하는 도구들이 필요치 않다.	폴리프로필렌백은 통풍이 잘 되지 않는다.
저장 가능성은 무제한이다.	사용한 적이 있는 오래된 포대는 낡아서 헤진 흔적이나 구멍이 있으면 사용할 때 그린커피를 흘릴 우려가 있다.
추적하여 찾아보기 용이하다.	팩킹은 대단위 저장 시스템에 비해 번거로운 편이다.

59) Wintgens, Jean Nicolas(2004), "Coffee : growing, processing, sustainable production", WILEY-VCH Veriag GmbH & Co. KGaA

손상된 제품을 골라내기 쉽다.	어떤 나라에서는 팩킹 무게를 제한하기도 한다.
여러 종류의 커피(그린커피, 파치먼트, 말린 체리)에 모두 사용 가능하다.	
적절한 통풍을 통해 품질을 좋게 유지시키기도 한다.	

포대의 종류에 따른 특성은 다음과 같다.

1) 황마와 삼베 포장

황마(黃麻)는 마의 일종이다. 줄기의 굵기는 1~3cm, 높이는 2~4m에 달한다. 인도, 파키스탄에서 가장 많이 생산되며 섬유는 주로 줄기를 이용하여 만들고 엷은 갈색을 띤다. 섬유세포도 5mm 이하로 짧고 약하기 때문에 피복 재료로는 적합하지 않고 주로 부대, 카펫 등에 사용된다. 일명 마대 포장을 말한다.

마대에는 일반적으로 그린커피를 생산한 원산지, 지역명이나 농장명, 그 농장의 로트(Lot) 번호 등이 표기되어 있다. 친환경적인 장점은 있지만, 운송 중에 주변 환경에 영향 받기 쉽다는 단점도 있다. 열, 먼지, 습도 등에 노출되면 상품의 품질을 그대로 유지시키기 어렵다.

2) 그레인프로백[60]

마대 포장의 단점을 보완한 초록색 특수 비닐 포장 방법이다. 1992년 미국 매사추세츠주의 그레인프로 주식회사에서 곡물을 신선하게 보관하기 위하여 안전하고 튼튼한 저장 시스템을 개발하였다. 본사는 콩코드에 두고 필리핀에 제조 공장을 설립한 후 아시아, 아프리카, 남미, 중동 및 유럽 전역에 제품을 공급하고 있다.

그레인프로백은 그린커피뿐만 아니라 옥수수, 땅콩, 쌀 등의 곡물을 저장

---

60) (1) 김성혜, "Green Bean Packaging Material 생두포장법", 2014.2.17., Terarosa Library
　　(2) http://grainpro.com

할 수 있는 세계적으로 가장 많이 사용되는 식품 보관용 비닐이다. 재질은 불침투성의 플리에틸렌이며 사이즈는 25kg과 69kg이 있다. 5겹으로 구성되어 있어 고온 다습한 기후에 강하며 안전하고 아로마와 색상, 신선도를 유지시키기에 효율적이다. 그레인프로백은 외부의 유해가스를 차단하고 포대 내부의 산소를 이산화탄소로 바뀌게 공기 변형을 일으켜 미생물의 번식을 억제시킨다.

〈사진 7-1〉 그레인프로백

3) 진공포장

진공상태로 포장된 그린커피는 마치 벽돌 같은 모양을 하고 있다. COE의 스페셜 커피는 대부분 이 포장법을 사용하고 있다. 박스 한 상자의 무게는 30kg이며 그 속에는 2개(15kg, 2포대) 혹은 4개(7.5kg, 4포대)의 진공팩이 담겨 있다. 진공포장의 원리는 포장지 안에 그린커피를 넣은 후 내부의 공기를 빼내어 압력차에 의해 포장지 필름이 그린커피에 밀착되는 형태이다. 포장 방법은 두 가지가 있다. 봉투에 그린커피를 넣고 그 입구에 노즐을 직접 삽입하여 봉투 속을 탈기하는 방법과 개폐하는 봉투와 그린커피 사이에 2배의 필름을 끼워 넣고 탈기와 용착을 동시에 하는 방식이 있다. 포장 재료로는 염화비닐수지, 염화비닐리틴수지, 폴리에스터, 폴리에틸렌, 폴리프로필렌, 셀로판을 맞붙인 종이와 같은 필름이 사용된다.

진공포장의 장점은 외부 물질로부터 그린커피를 차단시킴으로써 앞에서 소개한 황마나 그레인프로백에 비해 수분을 보호하고 상태를 유지하는 기능이 뛰어나며, 포장할 때 산소가 제거되므로 제품의 산화를 방지하는 효과도 있다.

그러나 진공포장도 100% 완벽하게 그린커피의 품질을 지켜주지는 못한다. 습한 날씨에 진공포장을 한다거나 내부 공기 배출이 완벽하게 이루어지지 않은 경우에는 커피의 습기가 밖으로 배출되지 못하고 포장 속에서 심각한 변질을 일으킬 수도 있다. 또 진공포장은 비용이 비싼 편이다. 고성능 필름 재료 때문이기도 하지만, 진공 상태가 풀어지지 않도록 종이 상자 등에 넣어야 하므로 추가 비용이 많이 든다

나. 사일로(Silos)

그린커피를 대단위로 저장하기 위한 밀폐 형식의 포장 시스템이다. 이것은 자동 환기 설비와 이동 통로가 연결되어 있으므로 공기 환기, 초기 수분함량, 상대습도와 온도에 민감하게 반응한다.

원통 형식의 둥근 구조가 가장 일반적이며 지름이 5~15m 정도이고 메탈과 콘크리트 재질이 있다. 하지만 콘크리트 재질은 수분을 많이 흡수하고 알카라인 성분이 커피를 오염시킬 수 있기 때문에 추천하지 않는다.

다. 컨테이너(Containers)

컨테이너는 저장 기능이라기보다는 대량의 커피를 15일 이상 운송하는 역할을 한다. 컨테이너는 보통 약 6~12m 길이로 냉장 기능이 있거나 없다. 컨테

이너당 약 250~400포대가 적재된다. 운송 중에는 태양에 노출되고 통풍이 안 되기 때문에 신선함을 최대한 유지시키기 위해서는 30일을 넘기지 말아야 한다. 스틸로 만들어진 컨테이너는 열에 쉽게 반응해 온도가 올라가서 수분을 증발시키고 밤에는 응결시킬 수 있기 때문에 커피의 향미를 변화시키기 쉬운 단점이 있다.

라. 항온항습 저장

최상의 커피 퀄리티를 위한 저장 시스템으로 신진대사의 활동을 줄이는 것에 주안점을 두고 있다. 공기 중의 가스(질소(N_2) 78.08%, 산소(O_2) 20.95%, 이산화탄소(CO_2) 0.03%)와 온도, 상대습도를 조절하는 것이다. 산소는 그린커피의 신진대사를 연소시켜 줄여주고, 이산화탄소는 그린커피의 호흡 활동을 줄어들게 만듦으로써 조절한다. 이를 위하여 냉장과 통풍, 습도를 이용한다.

6 그린커피 명명법

그린커피 포장에 제시되어 있는 표기법은 나라마다, 업체마다 조금씩 다르다. 하지만 일반적으로 표기하는 항목들은 다음과 같다.

Brazil	Santos	No.2	Screen19	Strictly Soft
국가명	항구명	결점수(등급)	크기	맛분류

설명하자면, 위의 그린커피는 브라질의 산토스 지역에서 생산된 종이며 등급은 No2이고, 그린커피의 크기는 19×0.4mm=7.6mm이며 상당히 부드러운 맛을 가지고 있다는 의미이다.

포장에는 필수적으로 생산국가명, 산지명이나 수출항구명, 분류 등급을 적는다. 그 다음에는 그린커피의 크기나 품종, 고도, 수확기, 가공방법, 맛의 특징을 정의하여 덧붙이기도 한다. 마이크로랏의 그린커피인 경우에는 농장명, 농장주, 위치 등까지 좀 더 상세하게 정보를 제공하기도 한다.

사용 표기법은 각 생산국마다 표현 방법에 따라 조금씩 다르게 구사될 수 있고, 각 요소들을 복합적으로 섞어서 사용하기도 한다. 특히 맛의 특징은 각국의 맛 표현에 따라 다르게 명명될 수 있으므로 문화적인 특징도 고려해야 한다. 예시로 브라질 생두의 커피 표기 방법을 살펴보자.[61]

---

61) 테라로사도서관(www.terarosalibrary.com) "생두 자루에서 얻는 커피 정보 브라질 생두 자루 살펴보기"

❶ Carmo Coffees : 그린커피 구매 회사의 이름이나 로고 또는 대표 마크

❷ FAZENDA SANTA HELENA AAA : 그린커피 농장의 이름과 등급(헬레나 농장에서 재배된 AAA
등급이라는 정보)

❸ Product of Brazil : 재배 국가 표시(브라질산)

❹ YELLOW BOURBON : 그린커피 품종(옐로 버번종)

❺ PULPED NATURAL : 가공방식(펄프드내추럴 가공)

❻ No.AS013514 : 그린커피마다 부여된 샘플 번호

❼ 002 : ICO에서 부여한 수출 회원 국가의 번호(002는 브라질의 국가번호)

❽ 1352 : 중간 거래소 번호. 지역 농협과 같은 형태로 생산자와 소비자와의 매개체 역할을 한다.

❾ 0153 : 농장 안에서의 재배 구역 표시. 브라질 같은 대형 농장은 같은 농장이라도 토지 상태, 일
조량, 지형의 특징에 따라 차이가 난다. 또한 품종에 따라 구간(마이크로랏)을 구분하기도
한다. 각 랏을 여러 가지 특성에 따라 비료 및 급수량을 조절하기도 한다.

7 국외 그린커피 거래 시장의 종류

"2010년 10월 1파운드당 2달러, 2011년 3월 1파운드당 3달러에 거래되었다."

이렇게 그린커피의 가격 결정은 거래시장에 의해 결정된다. 커피 가격은 같은 거래일 이내에서도 월, 주, 일에 따라 극단적인 변동을 일으킬 수 있다. 예를 들어 가뭄, 서리, 질병, 예기치 못한 사건으로 낮은 전망이 예상되면 커피의 공급과 수요의 불균형으로 인해 시장의 경향과 가격 결정이 불확실한 위험에 처해질 수 있다. 선물시장은 이처럼 불확실한 커피 가격의 위험에 대비하여 존재한다. 미래 시점에 기준을 두고 커피 거래의 양과 질이 결정되며, 운송 기간과 가격이 결정된다.

전 세계 주요 커피 시장은 미국과 영국에서 이루어지고 있다. 2007년 초 이후 미국 뉴욕선물시장(The parent company of the New York Board of Trade)이 아라비카 가격의 기준을 세우고 있고, 2002년 초 이후에는 영국 런던선물시장(LIFFE, The London International Financial Futures and Options Exchange)에서 로부스타 가격의 기준을 마련하고 있다. 그 외에 일본, 브라질 선물시장이 있으며 현재 활발하지는 않지만 인도, 싱가포르 시장도 있다.

일반적으로 선물시장은 다음의 역할을 한다.

- 거래에 대한 시설을 제공하고 운영하는 것
- 거래에 대한 규칙을 설립하고 모니터하며 규칙을 강화하는 것
- 무역 데이터를 유지하고 배포하는 것

사실, 선물시장은 가격을 결정하지 않는다. 다음의 기능으로 가격 설정을 지원할 뿐이다.

- 가격을 찾아내고(Price discovery)
- 가격의 위험을 알리고(Price risk transfer)
- 가격을 전파하고(Price dissemination)
- 가격의 질을 유지하며(Price quality)
- 중재한다(Arbitration)

선물시장의 원활한 운영을 위해서는 현금시장도 뒷받침되어야 한다. 현금시장은 모든 단계에서 영향을 미칠 수 있는 가격 변동과 지속적인 가격 위험에 노출되었을 때 필요하다. 또한, 가격 경쟁이 이루어질 수 있도록 시장 참가자를 충분하게 모집하고 표준화되고 정량화할 수 있는 일반 특성의 기본 상품을 마련하기 위함이다.

커피 선물시장은 현금시장(Cash Market)과 선물시장(Future Market)으로 나뉜다.

현금시장은 가까운 시일이나 즉시에 배송될 수 있는 현물이나 그린커피를 구매하고 파는 것을 말한다. 이는 그린커피의 물리적 품질의 특성과 그 소유권까지 양도되어야 하며, 상품이 전달될 때까지의 현지의 로컬 가격을 나타내주는 것이다. 하지만 커피 선물시장은 열린 경매에서 결정되는 가격으로서 실제 커피(또는 현금 상당)를 기반으로 어떤 미래의 날짜에 지불될 커피의 예상 가격을 말하는 것이다.

- 현금 가격 = 커피의 현재의 가격
- 선물 가격 = 커피의 예상 가격

1) 뉴욕 선물시장[62]

초창기 브라질에서 생산된 아라비카 커피의 선물을 거래하기 위해 1882년 뉴욕에 설립되었다. 뉴욕거래소(NYBT, NEWYORK Bound of Trade)는 1998년 커피, 설탕, 코코아 거래(CSCE, Coffee, Suger, Cocoa Exchange)와 뉴욕 면제품 거래(NYCE, the NewYork Cotton Exchange)를 통하여 확립되었다. 뉴욕 선물 거래소에서는 매일 'ICE(Inter Continental Exchange) Future U.S.'를 제시한다. 오늘의 커피 가격을 표시하는 것이다. "오늘 뉴욕 커머셜 커피의 가격은 얼마이다"라는 의미이다. COE 등급 중 75점 이하의 일반 커머셜(Exchange) 등급의 커피가 얼마로 거래되는지를 나타내는 말이다. 즉, 19개 생산국의 아라비카 마일드 커피 중 커머셜 커피(Commercial Coffee) 가격의 기준을 마련해 준다는 의미이다.

전자 거래 시간은 오전 8:30에 열고 오후 7:00에 닫는다. ICE 플랫폼에는 미리 입찰자가 접근할 수 있도록 사전 오픈 시설을 제공한다. 하지만 주문은 정시 오픈 시간에 진행된다. 여기서는 주문서와 거래 내역을 살펴볼 수 있도록 오후 2:00에서 새벽 1:30까지 정보를 공개한다.

운송은 뉴욕, 휴스턴, 뉴올리언스, 마이애미 항구에서 이루어지며 운송 달은 3월, 5월, 7월, 9월, 12월이다.

모든 커피는 자격증이 있는 패널들에게 평가받은 후 거래가 이루어진다. 평가는 원산지는 알지만 샘플의 제출자는 모르도록 블라인드 테스트와 중립적인 방법으로 이루어진다. 커피 품질은 여섯 가지 방식으로 평가된다.

(1) 그린커피의 냄새 : 악취 또는 외부의 냄새가 배어들지 않았는지
(2) 스크린 사이즈 : 스크린 15 이상이 50%, 스크린 14 이하가 5% 미만
(3) 색깔 : 청록색인가?

---

62) ⑴ 이윤선, "테라로사 커피로드", 북하우스엔, 99~103
　　⑵ The Coffee Guide, http://www.thecoffeeguide.org

(4) 등급 : 결점두 수가 얼마인가?

(5) 로스팅의 균일함

(6) 컵 퀄리티(샘플당 6 Cup으로 평가)

상품 선물의 시장은 미국 상품선물거래위원회(CFTC, Commodity Futures Trading Commission)에 의해 감독된다. CFTC는 미국 공화국에 직접 보고를 하고 있는데, 그 목적은 공적인 거래를 보호하고 수요와 공급을 제대로 운영하기 위하여 조작과 기만. 미래 산업의 남용을 막기 위해, 재정적으로 거래의 수를 확인하기 위해서이다. 선물시장은 거래되는 미래 시점을 정하고 2개월마다 거래된다.

● [표 7-2] 미국 농산물 선물시장의 예

Softs Futures prices as of October 27th, 2014 - 02:12 CDT

종목	월물	현재가	변동	오픈	고가	저가	시간	차트
Cotton #2	Dec 14	63.45	−0.36	63.80	63.80	63.31	01:53	Q / C / O
Orange Juice	Jan 15	140.75s	+0.15	141.70	142.40	140.15	10/24/14	Q / C / O
Coffee	Dec 14	191.50s	−1.80	193.50	193.85	188.45	10/24/14	Q / C / O
Sugar #11	Mar 15	16.38s	+0.22	16.28	16.49	16.23	10/24/14	Q / C / O
Cocoa	Dec 14	3050s	−70	3115	3130	3037	10/24/14	Q / C / O
Lumber	Jan 15	338.50s	+6.60	334.90	340.30	334.80	10/24/14	Q / C / O

2) 런던 선물시장[63]

1958년 처음으로 로부스타의 선물시장이 개장되었다. 런던 선물시장은 런던에 위치해 있으며 로부스타 커피 가격의 기준을 마련해 준다. 선물시장의 마켓심볼은 RC이며 모든 거래가 전자상거래 형식으로 이루어진다.

영국 시간으로 오전 9시에서 오후 5시30분까지 거래되며 국가공휴일은 제외하고 월요일에서 금요일까지 이루어진다. 거래 가격 단위는 미국 달러이며 운송은 1월(F), 3월(H), 5월(K), 6월(N), 9월(U), 11월(X)에 최대 80kg까지 거래된다.

거래 자격은 세 가지로 검열되는데 스크린 사이즈에 의한 크기, 무게 비례한 결점두 수와 외부 물질 수, 향기 테스트(맛을 보지 않고 냄새로만 검열)로 이루어진다. 등급은 다음과 같이 구분한다.

(1) **프리미엄 등급** : 무게에 비례하여 최대 0.5%의 결점두와 최대 0.2%의 외부 물질까지만 허용한다. 300g당 스크린 15 이상의 그린커피가 90% 이상 포함되어야 한다. 또 스크린 13 이상의 그린커피가 최소한 96% 들어 있어야 한다. 이 등급은 톤당 미화 30달러 할증을 허용한다.

(2) **1등급** : 무게에 비례하여 최대 3.0%의 결점두와 최대 0.5%의 외부 물질까지만 허용한다. 300g당 스크린 14 이상의 그린커피가 90% 이상 포함되어야 한다. 또 스크린 12 이상의 그린커피가 최소한 96% 들어 있어야 한다. 이 등급은 톤당 계약 금액을 그대로 허용한다.

(3) **2등급** : 무게에 비례하여 최대 5.0%의 결점두와 1.0%의 외부 물질을 허용한다. 300g당 스크린 13 이상의 그린커피가 90% 이상 포함되어야 한다. 스크린 12 이상의 그린커피가 최소한 96% 들어 있어야 한다. 이 등급은 톤당 미화

---

63) The Coffee Guide, http://www.thecoffeeguide.org

30달러 차감을 허용한다.

(4) 3등급 : 무게에 비례하여 최대 7.5%의 결점두와 1.0%의 외부 물질을 허용한다. 300g당 스크린 13 이상의 그린커피가 최소한 90%까지 들어 있어야 하며 스크린 12 이상의 그린커피가 최소한 96% 포함되어야 한다. 이 등급은 톤당 미화 60달러 차감을 허용한다.

(5) 4등급 : 무게에 비례하여 최대 8.0%의 결점두와 1.0%의 외부 물질을 허용한다. 30Cg당 스크린 12 이상의 그린커피가 90% 이상 포함되어야 한다. 이 등급은 톤당 미화 90달러 차감을 허용한다.

위에 언급된 등급 이하의 커피는 거래되지 않는다.

그 외에 기간에 따른 허용 범위를 보면, 13~48개월 기간의 로부스타 그린커피는 톤당 미화 5달러를 차감하고 48개월 이상의 것은 톤당 미화 10달러를 차감한다.

3) 일본 커피 선물시장[64]

1730년 초에 쌀시장에서부터 시작되었다. 1893년에 도쿄 쌀시장의 탄생으로 법률화되었그, 1952년 도쿄 곡물시장(TGE, Tokyo Grain Exchange)이 1993년 도쿄 설탕시장과 합쳐졌다. 1998년 6월에 아라비카와 로부스타의 선물시장이 거래되기 시작하였다. 거래는 자국인과 일본에 거주하지 않는 외국인에게까지 열려 있고 계약 관계는 여러 바이어에게 공개된다. 아라비카 계약 단위는 69kg의 50포대나 3,450kg이고 운송 단위는 250포대나 17,250kg이다. 로부스타 계약 단위

---

64) TThe Coffee Guide, http://www.thecoffeeguide.org

는 5,000kg이고 운송 단위는 15,000kg이다. 운송 위치는 요코하마, 나고야, 고베에 있다.

4) 브라질 선물시장(BM&F)

브라질의 첫 상품거래소는 1917년 상파울로에서 문을 열었다. 현재의 BM&F(Bolsa de Mercadorias & Futuros)는 1985년에 설립되었는데, 1991년 최초의 상품거래소와 합병되었다. 1997년에는 리우데자네이루의 브라질 선물거래소와 추가로 합병함으로써 BM&F는 메르코수르 자유무역지역(Mercosur free trade area)의 선도적인 파생상품거래소가 되었다. 거래소는 다양한 분야의 사업을 하고 있는데, 그중 하나가 바로 커피이다.

BM&F는 GLOBEX 시스템을 통하여 미국과 기타 지역의 거래소와 연계하고 있다. 이로써 외국의 무역업자와 로스터들은 브라질 선물에 대한 브라질 현물 구매를 헷지(Hedge)할 수 있고, 그 때문에 다른 거래소에서의 헷징에서 오는 차등위험을 피할 수 있다. 계약 크기는 각 60kg 100포대이며 소작농이 감당할 수 있는 규모이다. BM&F가 생산국을 조절하고 증명하고 있다.

현물 커피는 BM&F에서 등급을 나누고 상파울로 시에서 허가된 창고에 저장되어 있는 커피를 여섯 가지 유형과 더 나은 것, 하드 컵과 더 나은 것으로 구분하여 거래된다. 가격은 60kg포대당 브라질 가격으로 계산되고, 모든 계약은 각 거래일의 마지막 날에 처리된다. 세계에서 두 번째로 큰 커피 소비자이다.

아라비카 커피의 선물시장은 3월, 5월, 7월, 9월, 11월까지 2달 간격으로 이루어진다. 기본은 BM&F에서 분류한 4~25 유형과 그 이상 상품과 좋은 상태의 컵 품질과 그 이상 상품을 60kg포대당 미화로 거래된다. 운송은 상파울루, 파라나, 미나이스제라이스와 바이아 주에 있는 BM&F에서 허가된 29개 창고에서 이루어진다.

로부스타 코닐론 품종의 현물 커피는 여섯 가지 유형이나 그 이상이거나 스크린 13 이상인 것을 빅토리아의 허가된 창고에서 거래된다. 로부스타 코닐론 품종의 선물 거래는 1월, 3월, 5월, 7월, 9월, 11월에 이루어진다.

5) 싱가포르 SGX 로부스타 커피 계약

2010년 4월 출시된 이 계약은 2011년 1월에 싱가포르 거래소(Singapore Exchange Ltd.)로 이관되었다. 원하는 다른 장소로 인도할 수는 있다는 것이 흥미롭기는 하지만 현재까지의 활동은 그리 대단하지 않다. SGX 커피는 현물인도 선물계약이며, 거래소가 정의한 특정 품질 기준에 맞는 로부스타 커피 랏(lot)별로 5톤으로 거래된다. 아시아의 거래 시간과 유럽의 거래 시간을 둘 다 포착하기 위하여 10시에서 19시까지의 T 세션과 20시에서 다음 날 2시까지의 T+1 세션의 두 가지 거래 창이 열린다. 베트남 호찌민 시 또는 싱가포르의 보세 창고에 보관되어 있는 커피는 창고 증권을 통하여 거래가 이루어진다.

8 국제커피기구(International Coffee Organization, ICO)

가. 국제커피기구(ICO)의 설립 배경

19세기 초 브라질은 기계화 농법으로 대량 생산하면서 전 세계 커피의 사분의 삼을 생산하게 되었다. 초창기에는 국제 커피 가격에 별다른 관심을 기울이지 않았지만, 신생 농업 강대국으로 부상하며 정치적 영향력을 가지게 되면서 19세기 말부터는 상황이 바뀌기 시작했다.

1906년 브라질 커피 생산자들이 커피의 시장가치를 높이기 위하여 공급량 조절책으로 '공정가격'을 설정하기 위하여 브라질 커피생산자조합(Instituto Brasilero do Cafe, IBC)를 세우고 독점적으로 브라질 커피를 국제시장에 공급했다.

이에 커피 가격이 대폭 상승하자 다른 나라에도 커피 농업의 산업화가 열기를 띄었고 가장 먼저 시작한 나라가 콜롬비아였다. 1930년에는 콜롬비아 커피 수출량이 10배까지 뛰었고 날로 성장하여 콜롬비아 커피생산자조합(Federaction Nacional de Cafeteros, FNC)를 결성하며 새로운 정치세력으로 등장하였다.

FNC는 순식간에 브라질의 IBC에 맞서게 되었다. IBC는 커피 공급량을 제한하여 국제 가격의 하락을 막아 생산국은 수출을 하고 남는 재고는 싼값으로 비회원국에 팔거나 다른 방법으로 폐기처분하기도 하였다.

생산국의 입지를 세우는데 주축을 둔 반면, FNC는 어떤 구속도 없이 공격적인 커피 수출량을 늘리는 입장을 취했다. 브라질은 커피 가격 유지를 위해 수확까지 다 해놓은 커피를 폐기처분해 왔으나 콜롬비아로 인해 그 노력은 수포로 돌아갔다. 이에 화가 난 브라질은 콜롬비아를 끌어들여 협정을 취하고자 하였으나 결국에는 협상되지 못하고 재고를 시장에 쏟아 부어 보복을 하게 되었고 결국 커피 가격은 곤두박질쳐 급기야 커피생산국에 재앙이 발생하게 되었다. 이에 콜롬비아는 미국 시장을 끌어들여 브라질과 양분하기를 협상하고 1940년 미주커피협정(InterAmerican Coffee Agreement, IACA)을 탄생시켰다. 그 후 미국은 최대의 커피소비국으로 위상을 지키게 되었다.

2차 세계 대전이 일어난 뒤 냉전 중에 미국은 라틴아메리카 정부 및 커피산업과 연계하여 효과적인 대공 방위체제를 구축하는 밑거름을 마련해 주었다. 1940년대와 1950년대에 미국은 라틴아메리카가 공산주의 영향력에 편입될 것을 우려하여 라틴아메리카 비공산국가들의 이익을 보장해 주는 목적으로 커피의 시장가격을 적정 수준으로 유지시켜주는 카르텔에 참여할 것을 시사하였다.

전쟁으로 커피물량의 재고가 연간 소비량의 두 배에 육박하여 공급과다로 커피 가격은 바닥으로 하락하였고 이에 브라질과 콜롬비아는 미국의 라틴아메리카 정책을 틈타 미국과 함께 국제커피협정(International Coffee Agreement, ICA)을 체결하였다. 이는 1962년 미국의 대형 커피업체와 국무부의 주장에 의해 탄생되었다.

이듬해, 1963년 국제커피협정(ICA)의 운영조직으로 국제커피기구(International Coffee Organization, ICO)가 조직되었는데, UN에서 파견된 대표와 전미커피협회(National Coffee Association, NCA)의 대의원으로 구성되었다.

ICO는 국제카르텔로서, 커피 생산국과 소비국 양쪽에게 수출과 수입 할당량을 부과하고 회원국 사이의 모든 커피 거래의 인허가서를 발부하였다. 거래 인허가서는 수입국 세관에서 회수하여 런던에 있는 ICO 본부로 송부한 후 각국 거래 할당량을 통제하였고 나아가 커피 공급량까지 조절하였다.

할당량은 등급별로 사전에 허가된 가격대를 유지할 수 있도록 자주 바뀌어졌고 그 할당량을 지키기 위해 ICO의 의사결정권은 각국 시장 점유율에 따라 할당되었으나 사실 브라질, 콜롬비아, 미국의 영향력이 가장 지배적이었다. 연례 협상 때마다 생산국과 소비국은 자국의 유리한 위치를 차지하려고 권력과 위협을 휘둘렀다.

ICA는 5년마다 존속여부를 검토하였고 매번 소비국을 참여시켜서 커피가격을 안정적으로 높게 유지시켜왔다. 하지만 그 당시, 비회원국인 중앙아메리카, 아프리카, 인도네시아에서 엄청난 규모의 커피생산이 이루어졌고 비회원국 간에 더욱더 싼 가격에 커피가 거래되기 시작했다. 1970년대에는 다수확 개량품종의 개발로 인해 지속적으로 통제를 받아오지 않았던 커피 경작지가 늘어났고 커피 가격은 폭발적으로 하락하였다. 또한 ICA는 협정 당시 제시했던 '회원국의 고용확대 및 소득 수준 향상 유지를 위한 다각화 기금 마련'이라는 제 역할을 다하지 못하는 실정에 이르렀다.

1980년대 들어서면서 커피 가격을 높이 유지하려던 ICA의 시장할당 시스템은 자유 시장 무역 정세에 걸림돌이 되기 시작하였고 결국에는 커피 업체들의 협조를 받지 못하게 되었다. 급기야 1993년에는 미국 정부가 탈퇴하였고 마침내 ICA는 유명무실해졌다.

그 후 커피 생산지는 기하급수로 더 늘어나 신자유시장 경제 체제가 도래하였고 커피 시장 경제는 혼란에 빠지게 되었다. 이후 경제를 잡아줄 최대소비국인 미국이 다시 절실하게 필요하게 되어 2005년 ICO의 주된 목적인 경제 통제 조항을 빼면서까지 미국의 재영입을 요청하게 되었다. 현재는 ICO의 가입국으로서 소비국으로는 유럽 연합 28개국과 노르웨이, 스위스, 튀니지, 터키, 미국의 6개국이며 생산국으로는 앙골라, 볼리비아, 브라질 외 40개국이 있다. 커피 소비의 선두주자인 일본은 초기에는 소비국으로 가입되었다가 2007년도에 탈퇴한 것으로 보인다.

나. ICO의 붕괴

한승헌(2009)는 ICO가 붕괴되었다고 여러 자료와 문헌 조사를 통해서 시사하고 있는데, 사실상 1993년 최대 소비국인 미국의 탈퇴가 가장 큰 이유라고 지적하고 있다. 그 외에 ICO의 붕괴 원인을 다음과 같이 정리하고 있다.

첫째, 초기 창설 요건이 어느 정도는 충족되었더라도 초기 요건들이 모두 변화되었다는 점이다. 초기에는 커피 생산국의 수매가격이 낮아 불안정하여 수출 통제 제도를 통하여 생산국을 보호하려는 의도가 있었다.

또한, 공산국 확산에 대한 두려움이 팽배하여 미국, 브라질, 콜롬비아 등이 주축으로 ICA를 체결하고 이를 국제커피기구(ICO)에서 운용하게 되었다.

그러나 30년이 지난 후엔 공산화가 붕괴되었고 소규모 생산국들의 자유 시장 경제가 활성화되었다. 또한 신자유주의의 팽배로 인해, 초창기의 수출 통제 시스템을 그대로 유지하기가 힘들게 되어 ICO의 창설 의도가 희미해졌다.

둘째, 1980년대 후반, 공산권의 붕괴와 자유 경제 시장의 확산으로 가격 통제의 필요성이 사라지고 급기야 주된 국가들 미국, 멕시코 등이 ICO를 탈퇴하는 경지에 이르렀다는 점이다. 1960년대에 ICO를 지지했던 미국 등은 공산권의 붕괴로 ICO를 더 이상 지지해야할 이유가 사라졌고, 한편으로는 자유 시장 경제의 확산으로 ICO에서의 주된 역할과 위상이 필요치 않게 되었다. 이로 인해 ICO에 가입된 소비국들은 하나둘씩 탈퇴하기 시작하였다.

이로써 ICO의 주된 역할과 활동 이념이 차츰 변하게 되었다.

다. ICO의 활동 및 역할

창설 시기의 목적은 커피 생산국의 수출 가격을 안정화시키는 것이었다. 이를 위해 수출 할당량을 통제해 왔으나 그 시스템은 현재는 사라지고 ICO의 역할은 커피 생산의 정보 수집 및 의견 교환, 기술 전수 등으로 많이 바뀌어졌다.

2022년 ICO의 주된 목적은 글로벌 커피 가치 사슬(G-CVC)의 모든 당사자의 이익을 위해 글토벌 커피 부문을 강화하고 시장 기반 환경에서 지속 가능한 확장을 촉진하는 것이다. 정부, 민간 부문, 개발 파트너, 시민 사회 및 모든 이해관계자 간의 대화를 위해 포럼을 제공하고 국제 협력을 통해 커피 부문이 직면한

문제를 해결하고 기회를 육성하고자 한다. 이를 위하여,

1) 커피 생산, 무역 및 소비에 대한 독립적인 공식 통계를 수집하고 집계한다.

2) 기술 협력 프로젝트 및 공공-민간 파트너십의 개발 및 자금을 지원한다. 지속가능성과 커피 소비를 촉진하여 유엔 지속가능발전목표(SDGs) 달성에 대한 커피 부문에 기여하고 지역 사회와 커피 농부, 특히 소규모 농가의 회복력을 높여 커피 생산 및 무역의 혜택을 받게 하여 가족에게 생활소득을 제공함으로써 빈곤을 퇴치하는 데 기여하고자 한다.

ICO의 세부 활동은 국제 커피 협의회(International Coffee Council)의 결정을 통해 5개년 실행 계획 및 연간 활동 프로그램을 세우고 운영한다. 5개년 실행 계획은 지속 가능하고 포용적이며 탄력적인 글로벌 커피 부문의 개발과 개발도상국의 빈곤 감소에 실질적인 기여를 목표로 한다. 이를 위하여,

1) 업계 및 정책 입안자에게 세계적 수준의 데이터, 분석 및 정보를 제공한다.

2) 공공부문과 민간부문간의 대화의 장을 제공하기 위해 기구의 소집권을 사용한다.

3) 공공-민간 파트너십을 통한 프로젝트 및 홍보 프로그램 개발을 촉진한다.

라. ICO의 회원국

커피 생산국(수출국)은 커피를 재배하는 대부분 국가가 회원으로 가입되어 있고 소비국(수입국)은 2007년 이후 현 40개국을 포함한 EU를 제외하고 5개국(Norway, Switzerland, Tunisia, Turkey, USA)에 달한다.

일본은 초창기인 1962년부터 2001년 ICA를 수락하였으나 최근 2007년에 정부수락을 거부한 것으로 나타나 있다. 기록에 의하면, 2009년 9월 29일, 일본 정

Exporting Members (42)	Importing Members (7)
Angola	European Union
Bolivia (Plurinational State of)	Austria
Brazil	Belgium
Burundi	Bulgaria
Cameroon	Croatia
Central African Republic	Cyprus
Colombia	Czech Republic
Costa Rica	Denmark
Côte d'Ivoire	Estonia
Cuba	Finland
Democratic Republic of the Congo	France
Ecuador	Germany
El Salvador	Greece
Ethiopia	Hungary
Gabon	Ireland
Ghana	Italy
Honduras	Latvia
India	Lithuania
Indonesia	Luxembourg
Kenya	Malta
Liberia	Netherlands
Madagascar	Poland
Malawi	Portugal
Mexico	Romania
Nepal	Slovakia
Nicaragua	Slovenia
Nigeria	Spain
Panama	Sweden
Papua New Guinea	Japan
Peru	Norway
Philippines	Russian Federation
Rwanda	Switzerland
Sierra Leone	Tunisia
Tanzania	United Kingdom
Thailand	
Timor-Leste	
Togo	
Venezuela	
Vietnam	
Yemen	
Zambia	
Zimbabwe	

부는 협정 52(2)에 의거하여 2009년 10월 1일부터 1년 동안 ICA 2001년의 연장을
받아들이지 않는다는 통보를 ICO 회장과 UN 사무총장에게 한 것으로 나와 있

었다. 따라서 일본은 ICA 2007에 서명하지 아니함으로써 탈퇴하였다가 2022년 현재 다시 가입한 것으로 보인다.

한편, 미국은 1962년 협정 체결했다가 1993년에 탈퇴하였고, 2005년 2월 3일에 다시 ICA 2001을 승인하였고 2008년 8월 28일 ICA 2007을 수락하여 다시 회원국이 되었다가 2022년 다시 탈퇴한 것으로 나타나 있다.

한국은 ICA 2007을 채택한 98차 ICA 협의회 때 옵저버로 참관한 적이 있다.

■ 참고 문헌

▫ 강승훈, "갓있는 커피 기본, 원두", Coffee&Tea
  http://navercast.naver.com/contents.nhn?rid=173&contents_id=14822, 참조
▫ 김성혜(2014), Green Bean Packaging Material 생두포장법, 2.17., Terarosa Library
▫ 니나 루팅거, 그레고리 디컴(2010), The Coffee book, 사랑플러스
▫ 서필훈, "가공 방식의 현재와 미래", 월간커피 공식 세미나 내용
▫ 신혜경(2011), "수확 후 커피가공 과정의 변천", 한국커피협의회 커피리뷰, 3, 17-50
▫ 신혜경(2012), "그린커피품질결정요소", 5월 8일, 서울 : 한국커피협회 세미나 자료
▫ 신혜경(2012), "그린커피교육과정 개발 모형 연구", 서울벤처대학원대학교 박사 학위논문
▫ 이승재, "커피나무의 식물학적 특성 고찰".
▫ 이정기, 이상규, 김정희(2006), "커피의 과학과 기능", 광문각
▫ 이윤선, "터,라로사 커피로드", 북하우스엔
▫ 유대준(2012), "커피인사이드", Lion
▫ (사)한국커디협회, "바리스타 자격시험 예상문제집", 커피투데이
▫ (사)한국커피전문가협회, "바리스타가 알고 싶은 커피학", 교문사
▫ 中林敏郎 외 (2006), "커피학", 광문각
▫ 장상문, 허경택, 이정기, 김윤호(2006), "커피학", 광문각
▫ 조신호 외 (2013), "식품화학", 교문사
▫ 최낙언(2013), "맛이란 무엇인가", 예문당
▫ 최낙언(2014), "과학으로 풀어본 커피향의 비밀", 서울꼬문
▫ 한승헌(2009), 국제커피기구(ICO)의 창설 및 붕괴 과정 연구, 이화여자대학교 석사논문
▫ Andrea Illy & Rinantonio Viani(1998), Espresso Coffee, Academic Press Limited, London
▫ Andrea illy & Rinantonio Viani(2000), "Espresso coffee : The science of quality", second
  edition, Elsever
▫ Belitz, H. D 외(2009), "Food Chemistry 4th", Springer
▫ Berthaud J. and Charrier A. (1980), "Genetic resources of Coffea", In R.J Clarke and R.

Macra(eds), Coffee: Volume 4-Agronomy, London Elsevier Applied Science

□ Berthou, F., Mathier, C. and Verder, F.(1982) : ASIC, 10th Colloque, Salvador-Bahia,

□ Carvalho, A.(1946), "Geographic distribution and botanical classification of genus Coffea with special reference to arabica species", Bull. Suprint. Serv, Cafe 23, 3-33 (in Portuguese)

□ Clifford M.N. and Willson K.C.(1985), "Coffee: Botany, Biochemistry and Production of Beans and Beverage", Croom Helm, London

□ Coffee Plant, "coffeeresearch.org" Agriculture part

□ http://www.coffeeresearch.org/agriculture/processing.htm

□ Coffee research, http://www.coffeeresearch.org/agriculture/beandevel.htm

□ David Roche & Dr. Robert Osgood(2007), "A Family Album, Roast Magazine", Nov./Dec.

□ Elisabetta Illy(2010), "Aroma of the world", WHITE STAR PUBLISHERS

□ Eskes, A.B. and Leroy, Th., "Coffee Selection and Breeding"

□ Flament, I. "Coffee Flavor Chemistry", JOHN WILEY & SONS, pp.33

□ Flavio Meira Borem 외(2013), "Evlauation of the sensory and color quality of coffee beans stored in hermetic packaing, Journal of Stored Products Reseach 52 1-6

□ Fulvio Eccardi & Vincenzo Sandalj(2002), "Coffee A Celebration of Diversity", Redacta, S.A. de C.V.

□ Frank A, Lee(1983), "Basic Food Chemistry(2nd Edition)", The AVI Publishing Company, INC.

□ GenusCoffea, http://genuscoffea.wordpress.com/coffea-article/

□ Gialluly M.(1958), "Factors affecting the inherent quality of green coffee", Journal, Nov, 12-132

□ Crowe.,T.J., Lan,C.C. and Wintgens,J.N., Major Pests of coffee in the Asia-Pacific Region, & Coffee:Growing, Processing, Sustainable Production,

□ HANNA NEUSCHWANDER, "Left Coast Roast", Time Press.INC, 2012

□ ICO, www.ico.org/botanical.asp

□ Ivon Flament, "Coffee Flavor Chemistry", WILEY

□ Jeremy Block & Rand Pearson(2005), "Kahawa Kenya's Black Gold", Dorman Ltd, Nairobi

□ Jon Thorn(2006)(updated by Michael Segal), "The coffee companion", Running press, pp19-24.

□ Judd, Campbell, Kellogg, Stevens(1999), Plant Systematics, A Phylogenetic Approach, Sinauter Associates, inc.

□ Michael Sivetz,Ch.E.(1979), Norman W. Desrosier, Ph.D., "coffee Technology", AVI Publishing company, inc. 98-109

□ Muller,R.A., Berry,D., Avelino,J., Bieysse, D. Coffee Diseases , Coffee : Growing, Processing, Sustainable Production

□ Pochet P.(1990), La qualite du cafe, de la plantule a la tasse - AGCD- Bruxelles-

□ The Coffee Guide, http://www.thecoffeeguide.org/

□ Willem Boot(2006), "Variety is the Spice of Coffee", Roast Magazine, May/June

□ William H. Ukers(2007), "All About Coffee", Martino Publishing Mansfield Centre, CT

□ Wintgens, J. N., "Factors Influencing the Quality of Green Coffee", Coffee : Growing, Processing, Sustainable Production

□ Wintgens, Jean Nicolas(2004), "The Coffee Plant", Coffee : growing, processing, sustainable production, WILEY-VCH Veriag GmbH & Co.

□ Wrigley G.(1988), "Coffee", Longman, London

□ Shanna Germain(2006), "Ready for Robustas?", Roast Magazine, March/April

□ Sivetz and Desrosier(1979), Elder(1949), Lockhart(1957), Mabrouk and Deatherage(1956), Merritt et al.(1957), Moores abd Heininger(1951), and Winton and Winton(1939) 등

□ Vincent, J. C.(1987) In : "Coffee", Vol. 2: Technology, eds Clarks, R. J. and Macrae, R. Elsevier, London

□ Life(문기자의 나혼자 산다), 국내 대표 커피 로스터리카페 어디까지 가봤니?, http:// beautyhankook.wowtv.co.kr/news/articleView. html?idxno=35527, 2015.4.26.기사

□ 남궁곤, 한승헌, 국제기구의 창설 및 붕괴과정에 관한 연구 : 국제커피기구(ICO: International Coffee Organization, 1963-1989) 사례를 중심으로, 21세기정치학회보. 19. 1. 2009. 5. pp.301-327

□ 니나 루팅거, 그레고리디컴(2010), The Coffee Book, 사랑플러스, 170-184

□ 월드커피리더스포럼 리뷰, 세계커피산업의 지속가능성(로베리오 실바 ICO 위원장 기조연

설), 월간커피, vol 158, 2015.2

□ 신혜경(2015), 국제커피기구(International Coffee Organization, ICO)의 역할이 국내의 커피산
업에 미치는 영향 분석, 한국커피연구, 제1권1호, 41–51

□ 한승헌(2009), 국제커피기구(ICO)의 창설 및 붕괴 과정 연구, 이화여자대학교 석사논문,
2009

□ 히로세유키오 외(2007), 커피학 입문, 광문각, 2007, 116–121

□ ICO 홈페이지, Who we are, About us, https://ico.org/ (2024년 10월 23일 2시)

■ 사진 제공 및 자료 출처 | Wiley-VCH Verlag GmbH & Co. KGaA

97p [그림 3-4], 101p [그림 3-5], 102p [그림 3-6] 오른쪽 그림, 123p [그림 3-10], 124p [그림 3-11], 126p [그림 3-12], 136p [그림 3-13], 138p [그림 3-14] 〈사진 3-15〉, 140p 〈사진 3-16〉〈사진 3-17〉, 141p [그림 3-15], 142p 〈사진 3-18〉, 144p 〈사진 3-19〉, 145p 〈사진 3-20〉, 148p [그림 3-16], 149p 〈사진 3-21〉, 171p [그림 5-1], 172p [그림 5-2], 176p [그림 5-3], 179p [그림 5-4], 181p [그림 5-5], 182p [그림 5-6], 185p [그림 5-7], 186p [그림 5-8], 187p [그림 5-9], 188p 〈사진 5-3〉 위쪽 사진, 189p [그림 5-10], 190p [그림 5-11], 193p [그림 5-12], 195p [그림 5-13][그림 5-14], 196p [그림 5-15], 198p [그림 5-16], 199p [그림 5-17], 200p [그림 5-18], 201p [표 5-1], 236-261 아라비카 그린커피의 결점두 종류 사진 및 내용

* 이 책에 실린 사진의 일부는 정해진 절차에 따라 저작권자의 허락을 받아 사용하였습니다.
  그 외에는 (주)커피투데이와 저자가 직접 촬영하거나 소유한 자료입니다.

커피 향미의 시작

그린커피

개정판 1쇄 발행 2025년 4월 22일

지은이 신혜경
펴낸이 강창범
펴낸곳 (주)커피투데이

출판등록 제2012-16호
주소 경기도 평택시 중앙2로 154-1
물류센터 070-7520-2114
홈페이지 www.coffeetoday.kr
전자우편 coffee2day@daum.net

copyright ⓒ 신혜경

가격 22,000원
ISBN 979-11-86627-26-6 (13570)